MEMOIRES
DE
LA VIE
DE JACQUES-AUGUSTE
DE THOU,
CONSEILLER D'ETAT,
ET PRÉSIDENT A MORTIER
AU PARLEMENT DE PARIS.

OUVRAGE MESLE' DE PROSE ET DE VERS,
avec la Traduction de la Préface qui est au-devant de sa grande Histoire.

PREMIERE EDITION
TRADUITE DU LATIN EN FRANÇOIS.

A ROTTERDAM,
Chez REINIER LEERS.
M. DCC. XI.

AVERTISSEMENT.

EN donnant au Public la premiére Traduction Françoise qui ait paru de ces Mémoires, on n'a eu en vûë que d'exciter quelque personne de Lettres à achever ce qui reste à traduire de la grande Histoire que Mr de Thou nous a laissée ; c'est-à-dire, les Régnes d'Henri III. & d'Henri IV. Dans les meilleures Editions de cet Auteur, les Mémoires de sa vie se trouvent à la tête de son Histoire ; ainsi c'étoit par leur Traduction qu'on devoit commencer. Il seroit à souhaiter qu'une meilleure Plume se fut acquittée de ce travail, & l'on est surpris que tant d'excellens Traducteurs qui sont parmi nous, ou parmi les Etrangers, & qui ont si bien traduit des Historiens fort inférieurs à celui-ci, n'ayent point été tentez de rendre ce service au Public ; on a si bien reçû la Traduction de du Ryer, toute imparfaite qu'elle est. Quoi-qu'il en soit, on a ouvert la carriére, & l'on prie ceux qui ont & plus de talens & plus de loisir de l'achever.

Sorel, dans sa Bibliotéque Françoise, dit que Cassandre continuoit à traduire ce que du Ryer n'a point traduit de Mr de Thou ; mais cette Traduction n'a point paru. On peut voir dans cette Bibliotéque Françoise une belle Apologie de Mr de Thou.

On ne fera point ici l'éloge de Mr de Thou, cet éloge est dans la bouche de tout le monde, ni son Apologie ; il l'a fait lui-même : On se contente d'avertir que ce petit Ouvrage étant mêlé de quantité de Vers différens, on a jugé à propos de les rendre de même en Vers François, pour ne les pas défigurer. A mon gré, l'on ne sçauroit mettre les Vers en Prose,

AVERTISSEMENT.

quelque excellente que cette Prose soit, qu'on n'ôte beaucoup de leur force & de leur agrément, & s'il faut dire la vérité, un Poëte qu'on fait parler ainsi, cesse d'être Poëte. On espére que le tout en sera mieux reçû du Public, qui a déja vû la Traduction du Poëme, qu'on trouvera dans le cinquiéme Livre, & qui fut imprimé il y a six ans : on le donne ici plus correct & en meilleur état. Au reste, on s'est attaché scrupuleusement à suivre le sens de l'Auteur, & si l'on s'est donné quelques libertez, on en rendra raison dans les Remarques.

Comme il est parlé sur la fin du cinquiéme Livre de la Préface de Mr de Thou, qui passe pour un Chef-d'œuvre parmi les Sçavans, on a jugé à propos de la joindre à ces Mémoires. Du Ryer, qui auroit dû la mettre dans son lieu naturel, c'est-à-dire, au commencement de ce qu'il a traduit de cét Auteur, ou ne voulut pas le faire, ou en fut empêché. Elle est assez importante pour la rendre familiére à tout le monde, & l'on en trouvera ici à peu près la même Traduction qui a déja paru en Hollande, au-devant de l'Histoire de l'Edit de Nantes.

On a de plus ajoûté l'Ode intitulée la Vérité, qui dans les bonnes Editions suit immédiatement la Préface ; il en est aussi parlé dans le cinquiéme Livre, & peut-être que le Public en verra la Traduction avec plaisir.

PRÉFACE
DE J. AUGUSTE DE THOU,
DEDIÉE A HENRI IV.

SIRE,

Lorſque je commençai l'Hiſtoire de nôtre temps, je n'ignorois pas que cette entrepriſe m'attireroit des Cenſeurs, de quelque maniére que je m'en acquitaſſe : mais comme je ne me propoſois que de dire vrai, ſans aucune vûë de vaine gloire, le témoignage de ma conſcience me raſſûroit. J'eſpérois d'ailleurs, que les haines venant à ſe calmer avec le tems, nous verrions renaître un jour l'amour de la vérité parmi nous ; principalement ſous un Roi, qui par une protection viſible du Ciel, ayant étouffé le monſtre de la Rebellion & éteint les factions, a rendu la paix à l'Etat, & dans cette paix a ſçû concilier deux choſes, qu'on jugeoit incompatibles, la liberté & la ſouveraine puiſſance.

Outre cela, j'ai travaillé dans un tems où je voyois avec douleur que l'ambition des particuliers entretenoit la Guerre civile, & que l'eſprit du gouvernement nous ôtoit toute eſpérance de Paix. Je croyois alors qu'il m'étoit permis de dire librement ce qui s'étoit paſſé, ſans deſſein cependant d'offenſer perſonne.

Mais aprés avoir conduit juſqu'au temps preſent, parmi l'embarras du Palais, des Voyages & des affaires, un Ouvrage commencé au milieu des Armées & des actions de la Guerre, continué depuis à la Cour de VÔTRE MAJESTE', je me ſuis trouvé dans des ſentimens différens de ceux que j'avois eûs d'abord, lors qu'ayant l'eſprit attaché à la grandeur des choſes que j'avois à raconter, & cherchant du ſoulagement à la douleur que me cauſoient les malheurs publics, j'étois entiérement occupé à méditer & à écrire.

Il parut dans le commencement du ſiécle paſſé deux Traductions Françoiſes de cette Préface ; toutes deux avec Privilége du Roi. La premiére, par Mr de Villiers Hotteman, imprimée en 1604. chez Mathieu Guillemot & l'autre, ſans nom d'Auteur, imprimée en 1614. Colomiez dit dans ſa Bibliotéque choiſie, que Rapin, Grand Prevôt de la Connétablie de France, eſt Auteur de la derniére.

ã

PREFACE.

J'ai fait réfléction que je devois craindre que ce que j'avois écrit pendant le tumulte des armes, & qui pour lors étoit peut-être capable de plaire, ou du moins d'être excusé, non-seulement ne plût moins aujourd'hui, que nos troubles sont apaisez, mais qu'il ne vint encore à blesser les oreilles délicates de quelques personnes difficiles & chagrines ; car c'est le défaut de tous les hommes, d'être plus portez à faire le mal qu'à vouloir écouter le recit des mauvaises actions.

Mais cette réfléxion n'a pû m'arrêter, & puisque la premiére Loi de l'Histoire est de ne rien publier de faux & de dire hardiment la vérité, je n'ai point épargné mes peines pour la tirer des obscuritez qui la cachent, & où l'aigreur qui régne entre les partis, la tient souvent comme captive. Aprés l'avoir reconnuë, je l'ai transmise à la postérité le plus fidellement que j'ai pû, persuadé que si je trahissois sa cause par une fausse politique, je ferois tort au rare bonheur de vôtre Régne, qui donne à chacun la liberté de penser ce qu'il veut, & de dire ce qu'il pense.

Ceux qui me connoissent bien, sçavent que je suis incapable de déguiser mes sentimens ; je n'ai pas mené une vie si obscure, que l'innocence de ma conduite n'ait pû paroître par des actions publiques, même aux yeux des moins équitables. Depuis que vôtre valeur & vôtre clémence ont pacifié nos différens, j'ai tellement oublié les injures personnelles, j'y suis presentement si peu sensible, tant en public qu'en particulier, que je puis dire avec confiance, qu'en ce qui regarde le souvenir de ce qui s'est passé, on n'aura pas sujet de me reprocher, que je manque de modération & d'équité. J'en appelle même à témoin ceux que je nomme souvent dans cét Ouvrage, qui, s'ils ont eu besoin de moi, dans l'emploi dont VÔTRE MAJESTE' m'a honoré, m'ont toûjours trouvé prêt à leur rendre service dans les choses justes, avec toute l'intégrité possible.

Ce que les bons Juges doivent donc faire lors qu'ils délibérent sur la vie & sur les biens des particuliers, je l'ai fait en écrivant cette Histoire. J'ai consulté ma conscience, j'ai examiné avec attention si quelque reste de ressentiment m'écartoit du droit chemin, j'ai adouci autant que j'ai pû les faits odieux par mes expressions, j'ai été retenu dans mes jugemens, j'ai évité

PRÉFACE.

les digreffions, & me fuis fervi d'un ftyle fimple & dénüé d'ornemens, pour me montrer auffi dégagé de haine & de faveur, que de déguifement & de vanité.

J'exige à mon tour, tant de nos François que des Etrangers, qui liront cét Ouvrage, de n'aporter aucuns préjugez à cette lecture, & de n'en donner leur jugement qu'aprés qu'ils l'auront achevée. J'avoüe que ce que j'entreprens eft au-deffus de mes forces, & je ne nie pas que pour le bien executer, il ne falut avoir bien des qualitez qui me manquent; mais l'utilité publique, & l'ardent defir de rendre fervice à mon fiécle & à la Poftérité, l'ont emporté fur toutes les autres confidérations; dans cette vûë, j'ai mieux aimé qu'on m'accufât de témérité que d'ingratitude.

Au refte, je fuis moins en peine de ce qu'on penfera de ma fincérité, fur laquelle je n'ai rien à me reprocher; ni de ce qu'on pourra juger de ma maniére d'écrire, dont j'efpére que vôtre bonté, SIRE, & l'équité de mes Lecteurs, excuferont les défauts; que je ne le fuis de chagriner en bien des endroits, prefque tous ceux qui fe croyant hors de tout danger, ne jugent des malheurs d'autrui, que par paffion, ou fe foucient peu d'y remédier.

Outre tous les maux qui affligent ce fiécle ennemi de la vertu, il eft encore troublé par les différens de la Religion, qui depuis prés de cent ans ont agité le monde Chrétien par des Guerres continuelles. Ces différens ne cefferont point d'y caufer de nouveaux defordres, fi ceux qui ont le principal intérêt à les apaifer, n'y aportent des remedes convenables & plus propres, que ceux dont ils fe font fervis jufqu'ici.

L'expérience nous aprend affez que le fer, les flâmes, l'exil, & les profcriptions, font plus capables d'irriter, que de guérir un mal, qui ayant fa fource dans l'efprit, ne fe peut foulager par des remedes qui n'agiffent que fur le corps. Il n'en eft point pour cela de plus utiles qu'une faine doctrine & une inftruction affiduë, qui s'impriment aifément dans l'ame, quand elles y font verfées par la douceur. Tout fe foûmet à l'autorité fouveraine des Magiftrats & du Prince, la Religion feule ne fe commande point; elle n'entre dans les efprits que lors qu'ils y font bien préparez par l'amour de la vérité, soûtenuë de la grace de Dieu: les suplices ni servent de rien; loin de persuader le cœur ou de le fléchir, ils ne font que l'aigrir & le rendre plus opiniâtre.

Ce que les Stoïciens ont dit de leur sagesse avec tant de faste, nous le pouvons dire à meilleur titre de la Religion. Les tourmens paroissent legers à ceux que son zéle anime; la constance, que cette prévention leur inspire, étouffe en eux le sentiment de la douleur; rien de ce qu'il faut souffrir pour elle ne les étonne; tout ce qui peut arriver de mal aux hommes, ne leur fait point de peine; la connoissance qu'ils ont de leurs forces, les rend capables de tout suporter, pendant qu'ils se persuadent que la grace de Dieu les soûtient. Que le Bourreau soit devant eux, qu'il expose à leurs yeux le fer & les flâmes, ils n'en seront point ébranlez; & sans s'inquiéter de ce qu'ils auront à souffrir, ils ne songeront qu'à ce qu'ils doivent faire; tout leur bonheur est dans eux-mêmes, & ce qui vient du dehors ne fait sur eux qu'une legére impression.

Si Epicure, dont la Philosophie est d'ailleurs si décriée chez les autres Philosophes, a dit du Sage, que quand il seroit dans le Taureau ardent de Phalaris, il ne laisseroit pas de s'écrier: *Ce feu ne m'est point sensible, ce n'est pas moi qu'il brûle.* Croit-on avoir trouvé moins de courage dans ceux qu'on a fait mourir pour la Religion depuis prés de cent ans, par diverses sortes de suplices? ou croit-on en trouver moins à l'avenir, si l'on continuë la persécution? C'est une chose digne de remarque, que ce que dit & que fit l'un d'eux, lorsqu'on le lioit à un poteau pour être brûlé. Etant à genoux, il commença à entonner un Pseaume, qu'à peine la fumée & la flâme pûrent interrompre; & comme le Bourreau mettoit le feu par derriere, de peur de l'effrayer: *Vien,* lui dit-il, *& l'allume par devant; si j'avois craint le feu, je ne serois pas ici, il n'a tenu qu'à moi de l'éviter.*

C'est donc en vain qu'on prétend étouffer dans les tourmens, l'ardeur de ceux qui veulent introduire des nouveautez dans la Religion. Cela ne sert qu'à leur inspirer la constance, & les rendre capables de faire de plus grands efforts; quand des cendres de ceux qu'on a fait mourir, il en renaît de nouveaux, quand leur nombre s'augmente, leur patience se change en fureur; de suplians,

PREFACE.

ils deviennent preſſans & hardis ; & ſi d'abord ils ont fuï les ſuplices, ils ne ſe font plus de ſcrupule de prendre les armes.

C'eſt ce que nous voyons en France depuis quarante ans, & ce qu'on a vû depuis dans les Païs-bas. Tout y eſt enfin réduit à de ſi grandes extrémitez, qu'on eſpéreroit en vain d'arrêter le cours du mal par le ſuplice d'un petit nombre, comme peut-être on auroit pû le faire dans le commencement : deformais qu'il eſt répandu ſur des peuples & ſur des Nations entiéres, qui compoſent la plus grande partie de l'Europe, il n'eſt plus temps d'employer l'épée du Magiſtrat ; on ne ſe doit ſervir que du glaive de la Parole de Dieu ; il faut, par des converſations modérées & d'amiables Conférences, tâcher d'attirer doucement ceux qu'on ne peut plus contraindre.

C'eſt ce que fit ſaint Auguſtin en écrivant à Proculien Evêque du parti Donatiſte. Il pria même Donat, Proconſul d'Affrique, qu'on ne fit point mourir ceux de cette Secte, perſuadé qu'il convenoit à des Orthodoxes de demeurer fermes dans leur réſolution de ſurmonter le mal par le bien. C'eſt dans cet eſprit qu'il écrit au Gouverneur Cécilien, qu'il vaut mieux guérir par des menaces, la préſomption ſacrilége des Séparez, que de la corriger par des ſuplices. Il ajoûte, dans une excellente Epitre, qu'il adreſſe à Boniface, que dans les Schiſmes où il ne s'agit pas de la perte d'une ou de deux perſonnes, mais où il va de la déſtruction de tout un peuple, il faut ſe relâcher de la rigueur, & prévenir par la charité des maux fort conſidérables. Sentimens qui ont tellement prévalu dans l'Egliſe, que dans le Decret de Gratien ils ſe trouvent plus d'une fois.

C'étoit donc l'avis de ce Saint Docteur, dont l'eſprit étoit rempli d'humanité : Que le cours de ces ſortes de maux ne ſe doit point arrêter par la rigueur, par la violence, par l'autorité : Qu'on avance plus par les inſtructions, que par les commandemens ; par la modération, que par la terreur : Que c'eſt ainſi qu'on doit agir, lorſque c'eſt le plus grand nombre qui eſt coupable, & qu'il ne faut être ſévére que lorſqu'il n'eſt queſtion que d'un petit nombre : Que ſi ceux qui ont l'autorité en main ſont obligez quelquefois d'uſer de menaces, ils ne le doivent faire qu'à regret, & n'intimider que par des paſſages de l'Ecriture Sainte,

PRÉFACE.

afin de faire plûtôt craindre Dieu qui menace par leur bouche, que de se rendre eux-mêmes redoutables par leur propre puissance. (Ce sont les paroles de saint Augustin, dans l'Epître à l'Evêque Aurélius.

Et certes, si nous voulons convenir de la vérité, on ne trouve dans l'ancienne Eglise aucun exemple aprouvé du suplice des Hérétiques ; elle a toûjours eu en horreur l'éfusion du sang, ou si l'on s'est porté quelquefois à cét excez, les Evêques, qui avoient une piété véritable, l'ont hautement détesté.

On en voit la preuve dans la condamnation de Priscilien, qui ayant répandu dans les Gaules, & sur tout dans l'Aquitaine, ses pernicieuses erreurs, fut puni du dernier suplice avec ses Sectateurs, dans la ville de Tréves, environ l'an 383. Il y fut condamné par l'Empereur Maxime, assez bon Prince d'ailleurs, mais usurpateur de l'Empire sur Gratien, qu'il fit mourir à Lyon : quoique saint Martin eut tiré parole de l'Empereur, qu'on ne concluëroit point à la mort contre les coupables, & qu'il eût fortement exhorté Itacius, & les autres Evêques délateurs, à se désister de leurs accusations. Aussi les autres Prélats desaprouvérent tous cette procédure comme trés-inique ; & quoique Itacius, aprés avoir causé cette persécution par ses artifices, eût fait son possible pour éviter les censures, il ne laissa pas d'être condamné par Theognifte. Ce ne fut même qu'à l'extrémité, & comme par force, que saint Martin consentit de communiquer avec le parti des Itaciens.

Nous voyons pareillement que saint Ambroise, envoyé dans ce temps-là vers Maxime, par l'Empereur Valentinien II. frére de Gratien, témoigne dans sa Relation, que pendant son séjour à Tréves, il s'abstint de la Communion de ces Evêques, partisans d'Itacius, qui vouloient qu'on punît les Hérétiques de mort : & lorsque ces Evêques furieux eurent obligé Maxime d'envoyer en Espagne des Commissaires armez, avec plein pouvoir de rechercher les Hérétiques, & de confisquer leur vie & leurs biens, le même saint Martin obtint de l'Empereur la révocation de cét ordre inhumain ; tant ce bon Evêque avoit à cœur, non-seulement de conserver les Chrétiens Orthodoxes, qu'on eût pû persécuter sous ce prétexte, mais aussi de déli-

PREFACE.

vrer les Hérétiques, prévoyant bien que si l'on ne détournoit cét orage, il pourroit emporter une grande partie des Fidéles. Et certainement on trouvoit alors peu de différence entre les Orthodoxes & les Hérétiques, on jugeoit plûtôt de ces derniers par l'air de leur visage, & par leurs habits, que par leur doctrine.

Au reste, l'Hérésie de Priscilien ne fut point éteinte par sa mort : au contraire, elle s'affermit davantage, & se répandit de tous côtez ; ses Sectateurs qui l'avoient honoré comme un Saint, pendant sa vie, le révérérent enfin comme un Martir. Ils reportérent en Espagne les corps de tous ceux qu'on avoit fait mourir avec lui, & leur firent de magnifiques obséques : ils poufférent même leur superstition si loin, qu'ils regardérent comme le serment le plus Religieux, celui qu'ils faisoient par le nom de Priscilien. Cela causa depuis, dans les Gaules, une si longue division entre les Evêques, qu'à peine pût-elle être assoupie aprés des contestations qui durérent plus de quinze ans, & qui expoférent le peuple de Dieu & les gens de bien, à l'insulte & à la raillerie.

Toutes les fois que je lis cette Relation dans Sulpice Sévére, qui a écrit l'Histoire de son tems avec autant d'élégance que de bonne foi, je me remets en mémoire ce qui se passoit parmi nous dans mon enfance, lorsque les troubles de la Religion étant survenus, on marquoit d'un coup d'œil, comme dignes de la mort, une infinité de personnes suspectes, non par leurs mœurs ou par leur conduite ; mais par l'air de leurs visages, ou par la maniére de leurs habits. Alors dans la chaleur des disputes, la haine, la faveur, la crainte, l'inconstance, la paresse, & l'orgueil, de ceux qui étoient dans le Gouvernement, fomentoient les factions, & aprés avoir mis le trouble dans l'Etat, expoſoient la Religion aux plus grands périls.

Depuis le tems de Saint Martin, l'Eglise eut plus de modération pour les Hétérodoxes. On se contenta de les bannir, ou de les mettre à l'amende ; mais on ne les punit point du dernier suplice. Nous lisons que l'an 1060. quelques-uns des Sectateurs de Berenger, Archidiacre d'Angers, ayant semé sa doctrine dans le païs de Liége, de Juliers, & en d'autres endroits

PRÉFACE.

des Païs-bas, Brunon, Archevêque de Tréves, se contenta de les bannir de son Diocése ; mais qu'il ne les fit point mourir. On ne voit point que l'Eglise ait usé depuis d'une plus grande sévérité, jusqu'au tems des Vaudois.

On se servit inutilement contre ces derniers des suplices les plus cruels : le mal s'aigrit par ce remede, qu'on employa mal à propos. On leva contr'eux de puissantes Armées, & l'on leur fit la Guerre avec autant d'apareil, qu'on l'avoit faite auparavant aux Sarrazins. Tout l'effet qu'elle produisit, fut, qu'ils furent plûtôt taillez en piéces, dépoüillez de leurs biens & de leurs honneurs, chassez & dispersez de toutes parts, que convaincus & convertis.

Enfin, comme ces malheureux, qui avoient eu recours aux armes pour se défendre, se virent eux-mêmes vaincus par les armes, ils s'enfuïrent dans la Provence, & dans cette partie des Alpes, voisine de nôtre France, ils y trouvérent, dans des lieux écartez, une retraite pour eux & pour leur doctrine. Une partie se retira dans la Calabre, où ils se maintinrent long-tems, même jusqu'au Pontificat de Pie IV. une autre passa en Allemagne, & s'établit dans la Bohême, dans la Pologne, & dans la Livonie ; d'autres, enfin, se retirérent en Angleterre.

On croit que de ces derniers sortit Jean Wiclef, Professeur en Théologie à Oxford, qui aprés bien des disputes & des oppositions sur ses sentimens de Religion, mourut enfin d'une mort naturelle, il y a environ trois cens ans : car ce ne fut que long-temps aprés sa mort, que le Magistrat songea à lui faire son procez, & à faire brûler ses os publiquement. Depuis il a paru plusieurs autres Sectes jusqu'à nôtre temps ; en vain pour les réprimer on a tenté la rigueur des suplices, on en est venu des disputes à des Guerres ouvertes, & des Nations entiéres se sont soûlevées.

C'est ce que nous voyons en Allemagne, en Angleterre, & en France, où il est incertain de dire qui y a plus souffert, de la tranquilité publique ou de la Religion. Le Schisme s'est formé, s'est affermi par la paresse & la négligence de ceux qui pouvoient & qui devoient y aporter le remede.

Au reste, je ne parle pas ainsi, comme si je voulois agiter de nouveau

PRÉFACE.

nouveau cette queſtion tant de fois traitée, ſi l'on doit punir les Hérétiques de mort; cela ne convient ni au tems où nous ſommes, ni à ma profeſſion. Mon but eſt de faire voir que les Princes, qui ont préféré la douceur à la force des armes, pour terminer les guerres de Religion, même à des conditions deſavantageuſes, ont agi avec prudence, & conformément aux maximes de l'ancienne Egliſe.

L'Empereur Ferdinand, Prince trés-ſage, comprit bien l'importance de cette vérité. Pendant les grandes & longues Guerres qu'il conduiſit en Allemagne, ſous ſon frére Charles-Quint, il aprit par lui-même le mauvais ſuccez des armes qu'on avoit priſes contre les Proteſtans; auſſi ne fut-il pas plûtôt parvenu à l'Empire, qu'il établit la paix de la Religion par un Decret ſolemnel, qu'il confirma depuis à diverſes fois; & comme il reconnut que les différens ſur cette matière ſe terminoient plus heureuſement par des Conférences amiables, ſuivant l'eſſai qu'on en avoit fait dans les Diétes que l'Empereur ſon frére avoit tenuës à Wormes & à Ratiſbonne, il réſolut un peu devant ſa mort, & immédiatement après la célébration du Concile de Trente, de ſuivre l'avis de ſon fils Maximilien, qui étoit un Prince d'une rare prudence. Pour ſatisfaire les Proteſtans qui ne s'étoient point trouvez à cette Aſſemblée, il voulut bien encore leur accorder une nouvelle Conférence. Dans cette vûë il choiſit Georçes Caſſander, homme également ſçavant & moderé, afin d'examiner amiablement avec les Docteurs Proteſtans, les Articles conteſtez de la Confeſſion d'Auſbourg; mais la mauvaiſe ſanté d'un homme ſi ſage, & la mort précipitée de l'un & de l'autre, privérent l'Allemagne des fruits qu'on avoit lieu d'en eſpérer.

A l'exemple des Allemans, les Grands de Pologne firent chez eux le même Réglement. Emanuël-Philebert Duc de Savoye, fut le ſeul, qui, rétabli dans ſes Etats à la faveur de nôtre Alliance, s'engagea mal à propos dans une Guerre ruïneuſe, avec les habitans des vallées de Piémont; ſoit qu'il eut pris cette réſolution pour ſe rendre conſidérable en Italie, ſoit qu'il voulut plaire à quelques-uns à ſes propres dépens. Il reconnut bien-tôt la faute qu'il avoit faite, il accorda liberté de conſcience à ces

PRÉFACE.

pauvres peuples, d'une vie d'ailleurs innocente, & garda depuis religieusement la paix qu'il leur avoit donnée.

Je viens à present à ce qui nous regarde, & je vais découvrir une playe encore si récente, que je crains fort que la seule pensée d'y toucher ne m'attire des affaires. Mais, SIRE, puisque j'ai commencé je vais poursuivre, & je dirai en un mot, & naturellement, puisqu'il est permis sous vôtre Régne, que la Guerre n'est pas un moyen légitime de remédier au Schisme de l'Eglise; car les Protestans de ce Royaume, qui diminuoient en nombre & en crédit pendant la Paix, se sont toûjours accrûs pendant la Guerre & parmi nos divisions; & ceux qui gouvernoient l'Etat, ont fait une dangereuse faute toutes les fois que pour suivre les mouvemens d'un zéle indiscret & de leur ambition, ou pour se rendre nécessaires pendant les troubles, ils ont rallumé une mortelle Guerre finie & recommencée tant de fois sous des auspices funestes à la patrie, & malgré le péril où ils exposoient la Religion.

Qu'est-il besoin de paroles, la chose parle d'elle-même ? Les Protestans s'étant saisis, à la faveur des troubles, de plusieurs Villes du Royaume, & les ayant renduës depuis par la paix de de 1563. ne fût-ce pas une merveille de voir renaître tout-d'un-coup la tranquilité ? Que ce calme, qui dura quatre ans, fut doux aux gens de bien, & utile en même tems à la Religion, qui fut mise en sûreté par les Loix de celui qui avoit alors la premiére Charge de la Robe ! Loix dont la France n'aura jamais lieu de se repentir, si elle est assez sage pour les observer.

Mais par une conduite ennemie de nôtre bonheur, nous nous lassâmes de la sûreté publique qu'elles avoient rétablie, & rejettans les conseils de paix, nous nous rembarquâmes dans une nouvelle Guerre, également funeste & au peuple & à ses auteurs. Ceux qui sçavent ce qui se passa à la fatale entrevûë de Bayonne, entendent bien qui sont ceux dont je veux parler; car depuis ce tems-là tout se tourna chez nous à l'artifice & à la Guerre, par l'illusion que nous firent les conseils pernicieux des étrangers.

Ce fut alors que le Duc d'Albe, envoyé en Flandres avec une puissante Armée, ôta d'abord l'autorité à la Duchesse de Par-

PRÉFACE.

me, qui gouvernoit ces Provinces avec une grande modération, porta par tout enfuite le fer & le feu, bâtit des Citadelles de tous côtez, chargea ces pays libres d'impôts extraordinaires, pour fournir aux frais de la Guerre, & ruïnant la liberté des Villes opulentes, les réduifit dans un état pareil à celui d'un puiffant corps qu'on priveroit de fa nourriture. Ces confeils violens & précipitez, furent fuivis du defefpoir & enfin du foulévement des peuples. On crût pouvoir y remédier pour quelque tems; mais l'iffuë trompa les efpérances. La plus grande & la meilleure partie de ces Provinces, & la plus commode pour la navigation, fource de la grande richeffe du pays, s'eft comme arrachée du refte du corps. Elle fe gouverne aujourd'hui par les Etats Généraux, qui depuis ont toûjours fait la Guerre même avec d'heureux fuccez, tant contre les autres Provinces que contre toute la puiffance d'Efpagne.

Pour prévenir ce malheur, François Baudoüin d'Arras, l'un des plus célébres Jurifconfultes de fon tems, avoit long-temps auparavant confeillé aux Etats de ces Provinces, de prefenter Requête à Philippes II. & de lui demander la liberté des Proteftans perfécutez de toutes parts, avec la furféance des fupplices & de l'Inquifition. Il en écrivit même un Traité en François, qui prouvoit, par de folides raifons, qu'on pourroit mieux appaifer les différens de la Religion par des Conférences amiables, & laiffant chaque parti dans fes droits, que par la force & par la voye des armes; que fi l'on continuoit la violence, il prévoyoit que les Proteftans, qui n'avoient encore que des forces médiocres, & qui d'ailleurs étoient divifez entr'eux, fe réüniroient, & qu'enfin des difputes de paroles, on en viendroit aux armes & à la révolte.

J'allégue d'autant plus volontiers, & fur tout à VÔTRE MAJESTE', ce préfage d'un Etranger fur les affaires de fon païs, que ce fçavant homme ayant d'abord embraffé la doctrine des Proteftans; mais l'ayant enfuite abandonnée, aprés une exacte lecture des Péres, conferva neanmoins la même modération d'efprit; & loin d'entrer dans des fentimens de haine contre ceux dont il avoit quitté le parti, comme font la plufpart des autres, fa propre erreur lui fit comprendre qu'on devoit être touché de

PREFACE.

compaſſion pour celle d'autrui : exemple de charité rare dans ce ſiécle ici. Il s'apliqua depuis fortement à corriger, par l'étude des anciens Docteurs, un mal introduit par l'amour des nouveautez & par la témérité. Pénétré de ces ſentimens pleins de prudence & de Religion, il repaſſa d'Allemagne en France ; il en conféra avec le Séréniſſime Roi, pére de VÔTRE MAJESTE', & n'eut pas de peine à les lui inſpirer. Il tint toûjours depuis un rang honorable à la Cour de ce Prince, il eut quelquefois part à ſes Conſeils, & fut mis auprés du Prince, vôtre frére naturel, pour avoir ſoin de ſon éducation.

Qu'on ceſſe donc de nous tant vanter le zéle de ces Etrangers ambitieux, qui pour paroître plus attachez que nous à la vraye Religion, ont fait ſi long-temps vanité, dans le deſſein d'inſulter à nôtre Nation, de n'avoir jamais ſouſcrit de Traité de Paix avec les Hérétiques. Qu'ils voyent maintenant à quoi ſe ſont terminez tous leurs beaux conſeils ; qu'ils pleurent à loiſir la perte de tant de belles Provinces, & la ruïneuſe diſſipation de leurs propres richeſſes. Ne voudroient-ils pas aujourd'hui de tout leur cœur avoir été ſages comme nous, qu'ils condamnoient autrefois avec tant de malignité ? Ne racheteroient-ils pas volontiers, par ce qu'ils ont de plus précieux, tant d'années perduës dans les Guerres civiles ? S'ils les euſſent employées contre l'ennemi commun de la Chrétienté, ils l'euſſent aiſément chaſſé de la Hongrie & de l'Affrique : ce qui eut autant contribué à leur gloire, qu'à leur utilité.

Mais je crains que cette imprudence, que nous blâmons dans les autres, ne nous puiſſe être juſtement reprochée. Nous-mêmes, animez par nôtre propre fureur, ou par les mauvais conſeils de ceux dont nous venons de parler, avons donné lieu à une infinité de troubles. Nous avons vû piller nos Villes, démolir nos Temples, épargnez dans les premiéres Guerres ; déſoler nos Provinces, renouveller les haines aſſoupies par la paix, augmenter les défiances, relever les armes, qu'on n'avoit quittées pour quelque temps, qu'afin de les reprendre avec plus d'animoſité.

Il eſt vrai qu'on fit enfin la Paix ; mais plus elle devoit être agréable & précieuſe, plus elle devint funeſte par ſon infraction,

PRÉFACE.

& par un noir attentat, dont nous devons fouhaiter que la mémoire s'efface dans un éternel oubli. J'entens cette horrible boucherie, qui fe fit deux ans aprés, dans laquelle peu s'en fallut, SIRE, que VÔTRE MAJESTÉ, deftinée par le Ciel au rétabliffement de la France, ne fe trouvât envelopée.

A peine étions-nous échapez d'un écueil fi terrible, que dans l'efpace de deux ans il s'en rencontra de nouveaux, contre lefquels nous allâmes faire naufrage avec la même imprudence. La vengeance Divine nous pourfuivit de prés, & punit le crime de la France par la mort de fon Roi, qui moins par fon inclination que par de mauvais confeils, avoit commis cette faute.

Que fit enfuite fon Succeffeur? A fon retour de Pologne, au lieu de profiter des fages avis de l'Empereur Maximilien, & du Sénat de Venife, chez lefquels il s'arrêta, il préféra le parti de la Guerre, dont ils avoient tâché de le détourner, à celui de la Paix, que les Proteftans lui demandoient avec foûmiffion: mais s'en étant bien-tôt repenti, il leur accorda trois ans aprés un Edit de Pacification, dont depuis il fe fit toûjours honneur, & l'apella fon Edit. Pendant fept ans entiers cette profonde Paix ne fut troublée que par de legers mouvemens, & par quelques courfes de gens de Guerre, tantôt dans un endroit & tantôt dans un autre: mais on ne vit point de prife d'armes confidérable, jufqu'à ce que des efprits remuans, qui ne pouvoient fouffrir que la France fe paffât d'eux dans la Paix, excitérent à contre-temps une Guerre funefte, à laquelle ce Prince fe laiffa entraîner par un aveuglement fatal, & par les mauvais confeils de ceux qui aprochoient alors de fa perfonne.

Quoi-qu'il parut d'abord que ce fut à Vous, SIRE, qu'on en vouloit, ce fut pourtant fur lui que retomba bien-tôt tout le poids des armes. Je frémis encore d'horreur au fouvenir de ce déteftable parricide, qui a laiffé fur la France un oprobre éternel, comme il doit couvrir à jamais de confufion & d'infâmie ceux qui en témoignérent alors tant de joye.

Ce malheur auroit entraîné l'Etat & la Religion, dans une ruïne fans reffource, fi par une faveur inefpérée du Ciel, VÔTRE MAJESTÉ, que Dieu, qui veilloit pour nôtre falut, avoit réfervée à nôtre tems, n'eut fervi de colonne & d'apui à l'Etat

PREFACE.

ébranlé, & n'eût, pour ainfi dire, arrêté par fa vertu la violence de la calamité publique, prête à tout boûleverfer. En cette rencontre, vôtre exemple illuftre nous a été une grande preuve, que quoique tout foit affujetti aux Loix humaines, la Religion feule, comme je l'ai déja dit, ne veut être ni contrainte ni commandée.

Car ayant été dés vôtre enfance expofé à tant de périls pendant les Guerres civiles, ayant été comme affiégé par plufieurs Armées tout à la fois ; aprés tant de Batailles gagnées ou perduës, lorfque par le malheur des tems il étoit également funefte de vaincre ou d'être vaincu, vous avez, au milieu des Guerres, perfévéré dans vos premiers fentimens pour la Religion, comme un homme qui combat de pié ferme ; vous ne vous êtes laiffé ni flâter par l'efpérance ni ébranler par la crainte : mais enfin, quand vous avez vû que tout cédoit à vôtre valeur, vous vous êtes rendu de vous-même aux trés-humbles priéres de vos Sujets, & vous étant laiffé vaincre au milieu de vos Victoires, vous êtes revenu par un effet de la Grace à la Religion de vos Ancêtres.

Depuis ce temps-là, vôtre modération naturelle vous a toûjours fait garder à vos Sujets la même équité, dont vous aviez éprouvé l'utilité par vôtre propre expérience. Vous avez révoqué tous les Edits que le Roi vôtre prédeceffeur avoit publiez malgré lui, contre les Proteftans & contre vous. Aprés une glorieufe Paix, tant avec vos Sujets qu'avec les Etrangers, vous avez confirmé les Edits précédens, donnez en faveur des Proteftans, par un troifiéme ; vous les avez rétablis dans leurs maifons, dans leurs biens, dans leurs honneurs ; vous en avez même avancé quelques-uns aux premiéres Dignitez de l'Etat, dans l'efpérance que les haines & les animofitez venant à fe calmer, la Concorde prefcrite par vos Edits, fe rétabliroit plus aifément; les efprits reprendroient leur première férénité, & ayant diffipé le nuage des paffions, feroient plus capables de choifir ce qui eft le meilleur dans la Religion, je veux dire ce qu'on trouve de plus conforme à l'antiquité.

Auffi eft-ce la voye que les plus excellens d'entre les Péres ont toûjours crû qu'ils devoient fuivre, pour ramener à la Com-

PREFACE.

munion de l'Eglife ceux qui s'en étoient féparez par quelque entêtement d'erreur ou d'animofité : ce qui fait voir que ces fages Docteurs étoient moins animez par le defir de les vaincre, que par la charité. C'eft dans cét efprit que S. Auguftin traite toûjours les Pélagiens de *Fréres*, & qu'Optat de Miléve traite de même les Donatiftes.

C'eft ainfi que faint Cyprien difoit avant eux, qu'il exhortoit & qu'il fouhaitoit qu'aucun des Fidéles ne périt, s'il étoit poffible ; & que l'Eglife, cette bonne mére, eût toûjours la joye d'enfermer tous fes enfans bien unis dans fon fein.

En effet, parmi ceux qui font aujourd'hui d'un autre fentiment que nous, il s'en trouve plufieurs qui, pour me fervir des paroles de faint Auguftin, reviendroient volontiers dans l'Eglife, fi la tempête étoit apaifée, au lieu que la voyant continuër, & craignant même qu'elle ne renaiffe, ou qu'elle n'augmente aprés leur réünion, ils confervent la volonté de fortifier ceux qui font foibles, & fans quitter leurs Affemblées particuliéres, ils font connoître, jufqu'à la mort, par leurs paroles & par leur témoignage, qu'ils approuvent la faine Doctrine qu'ils fçavent qui s'enfeigne dans l'Eglife Catholique. Ils fouffrent cependant avec patience & en faveur de la Paix, les injures qui fe font de part & d'autre, & montrent par leur exemple avec quelle fincérité, quelle ardeur, quelle charité, il faut fervir Dieu.

Comme ces confidérations, SIRE, & ce que j'ai apris de l'expérience, auffi-bien que de l'exemple de VÔTRE MAJESTE', m'ont fait juger que je devois, de tout mon pouvoir, contribuër à la paix de l'Eglife, j'ai affecté de ne parler mal de perfonne ; j'ai parlé même des Proteftans avec eftime, principalement de ceux qui fe font diftinguez par leur fçavoir ; d'autre côté, je n'ai point diffimulé les défauts de ceux de nôtre parti, perfuadé, avec des perfonnes trés-vertueufes, qu'on fe trompe extrémement fi l'on s'imagine que la malignité & les efprits artificieux des Sectaires, donnent plus de cours & de force aux Héréfies, qui troublent aujourd'hui le monde par leur nombre & par leur diverfité, que nos vices & nos fcandales.

J'eftime donc que le vrai moyen de remédier, tant aux égaremens du Parti oppofé, qu'à nos propres vices, eft de bannir

PRÉFACE.

de l'Etat toute forte d'honteux trafic, de récompenfer le mérite, d'établir pour conducteurs de l'Eglife des perfonnes de fçavoir, de pieté, d'une vie exemplaire, d'une prudence, & d'une modération déja éprouvée. De pourvoir aux Charges de l'Etat, non des gens de néant, que la faveur ou l'argent y pourroient élever ; mais ceux qui s'en rendront dignes par une intégrité reconnuë, par une folide piété, par leur defintéreffement : en un mot, par la feule recommandation de leur vertu ; autrement la paix ne peut durer, & il faut néceffairement que les Etats fe ruïnent, fi dans la diftribution des emplois les Souverains ne fçavent pas diftinguer les bons d'avec les méchans, & *fi*, felon le proverbe des Anciens, *ils laiffent manger aux Frêlons ce qui n'apartient qu'aux Abeilles.*

Rien n'eft plus opofé à la fidélité, que nous devons premiérement à Dieu, & enfuite à VÔTRE MAJESTE' ; rien n'eft plus contraire, à ce que nous tous, qui fommes dans les Dignitez & dans les Charges, devons à vôtre peuple, que l'efpérance d'un profit honteux. Si nous entrons par là dans nos emplois, il eft fort à craindre que nous ne tournions enfin toutes nos vûës de ce feul côté, comme vers nôtre Pôle, & que nous laiffant aveugler à l'avarice, fans confidérer ce qui eft jufte, nous ne fauffions toutes les promeffes que nous avons faites à Dieu & aux hommes. L'avarice eft un monftre cruel & infatiable, qu'on ne doit point fouffrir ; elle ne dit jamais, *c'eft affez* ; quand on lui donneroit, avec les immenfes richeffes de la France, les Montagnes d'or de Perfe & les Trefors des deux Indes, on ne raffafieroit pas fon avidité.

Les vices ne gardent point de mefure, & ne fe peuvent borner. Leur progrez reffemble à celui des corps, qui roulent dans un précipice ; rien ne les arrête, que leur propre ruïne. Mais la vertu, felon la penfée de Simonide, reffemble à un cube ; elle réfifte par la fermeté de fa baze, à toutes les révolutions du monde & de la fortune. Comme elle s'accommode aux différens états de la vie, elle tient l'efprit de l'homme dans une incorruptible liberté ; elle eft contente d'elle-même, propre à tout par elle-même. Puifqu'elle eft donc d'un fi grand ufage, fi dans un état l'on la confidére, fi l'on lui donne le rang qu'elle mérite, on trouvera

PRÉFACE.

vera, fans furcharger l'Epargne, & même en foûlageant les peuples, dequoi faire des libéralitez à ceux qui s'en rendront dignes.

Pour le gouvernement de l'Eglife, quoiqu'il ne regarde Vôtre Majesté qu'indirectement, il eft pourtant digne de fes foins; qu'elle prie, qu'elle preffe, qu'elle interpofe même fon autorité envers ceux qui y préfident, afin qu'on s'y conduife de la même manière. Que Vôtre Majesté, SIRE, afpire à cette nouvelle gloire; qu'elle penfe continuellement que cet heureux loifir, dont nous joüiffons, ne peut durer, fi l'on ne l'employe à avancer la gloire de Dieu, qui nous l'a donné; fi l'on ne s'aplique fortement à terminer les différens de la Religion. Il femble que c'eft un grand deffein que je vous propofe; plufieurs perfonnes même, contentes de la douceur prefente de leur condition, & peu touchées des confeils qui peuvent être falutaires à l'avenir, jugeront qu'il ne doit pas être formé témérairement dans le tems où nous fommes.

Mais fi l'entreprife eft grande, la récompenfe y fera proportionnée. Un grand génie, tel qu'eft celui que Dieu vous a donné, ne peut ni ne doit s'attacher à rien de médiocre. Et certes, aprés avoir réprimé les dépenfes fuperflûës & l'impunité des brigandages, aprés avoir apris aux particuliers à régler leur entretien, fuivant leurs moyens; obligation que la France vous a & vous doit avoir éternellement: rien n'eft plus digne de l'élévation où vous êtes, que de rétablir l'ordre & la difcipline dans les Loix divines & humaines, où les Guerres précédentes ont jetté tant de confufion. Vôtre Majesté y trouvera cét avantage, que la colére de Dieu étant apaifée, & tant les Prélats que les Juges, s'aquittant dignement de leurs devoirs, la vérité triomphera du menfonge, la candeur & la charité fincére détruiront l'artifice & la diffimulation, les Loix réprimeront à la fin l'avarice & le luxe; vices qui tous opofez qu'ils font ne laiffent pas de fe trouver enfemble dans ce fiécle corrompu. Les bonnes mœurs feront cultivées, la pudeur & la modeftie, dont on fe moquoit ouvertement, reviendront en eftime; la vertu reprendra fon prix; & l'or, au contraire, perdra le crédit & l'autorité exceffive, que la corruption des cœurs lui avoit acquife.

Ce font-là vos vœux, SIRE; j'ai fouvent oüi dire à Vôtre

PRÉFACE.

Majesté' qu'Elle voudroit avoir acheté ce bonheur par la perte d'un de ses bras. Ce sont les vœux de tous vos Sujets : & c'est aussi, si je l'ose dire, mon sentiment touchant le bien public. Si je m'y suis étendu, si j'en ai parlé trop librement, je suplie Vôtre Majesté' d'excuser la franchise d'un homme, qui élevé dans la liberté que vôtre Régne a renduë à la Patrie, s'est crû obligé, pour prévenir l'envie & la médisance, d'abuser de vôtre temps par une si longue Préface.

Je dévrois la finir ici, aprés tout ce que je viens d'établir, pour deffendre ou pour excuser mon Ouvrage ; mais quelques-uns de mes amis m'ont averti qu'on ne manqueroit pas de dire, que j'aurois pû me dispenser d'entrer si-tôt dans le détail de ce qui concerne nos Libertez, nos Immunitez, nos Loix & nos Priviléges : qu'on jugera même que ce que j'en ai dit contribuë moins à vôtre gloire & à celle de l'Etat, qu'il n'est propre à chagriner quelques Etrangers. Quoi-que je pûsse répondre bien des choses à cette objection, je craindrois, en m'y étendant, d'être regardé comme un homme qui prend plaisir à se forger des phantômes pour les combattre ; d'ailleurs j'aurois peur, en ne disant rien, de donner lieu à la critique de mes ennemis. Voici donc en peu de mots ce que je pense sur ce sujet.

C'est une maxime que j'ai reçûë par une Tradition héréditaire, non-seulement de mon pére, qui étoit d'une probité généralement reconnuë & fort attaché à l'ancienne Religion, mais aussi de mon grand-pére & de mon bisayeul, qu'aprés ce que je dois à Dieu, rien ne me doit être plus cher & plus sacré que l'amour & le respect que je dois à ma Patrie, & que je devois faire céder toutes les autres considérations à celle-là. J'ai aporté cét esprit à l'administration des affaires, persuadé, selon la pensée des Anciens, que la Patrie est une seconde Divinité, que les Loix viennent de Dieu, & que ceux qui les violent, de quelque prétexte mandié de Religion qu'ils se couvrent, sont des sacriléges & des parricides.

Si donc il se trouve parmi nous des esprits dangereux (plût à Dieu qu'il n'y en eût point) qui ne pouvant ruïner le Royaume à force ouverte, tâchent, par des voyes sourdes & obliques, de l'ébranler, en violant les Loix qui en sont l'apui, & qui l'ont

PREFACE.

élevé jufqu'à ce degré de puiffance & de grandeur où nous le voyons. En vérité, nous ferions indignes de porter le nom de François, & de paffer pour de bons Citoyens, fi, principalement fous vôtre Régne, nous ne nous opofions de toutes nos forces à un mal qui fe gliffe infenfiblement.

Nos Ancêtres, qui étoient fi pénétrez de la Religion & de la piété, ont toûjours regardé ces Loix comme le gage Sacré de la confervation publique, & comme le *Palladium* de nôtre France. Ils ont crû que tant que nous le garderions, nous n'aurions rien à craindre des Etrangers ; que fi nous le laiffions perdre, nous n'aurions rien qui fut en fûreté contre leurs entreprifes ; que s'il nous eft ravi par nôtre lâcheté ou par nôtre négligence, nous devons craindre que l Ulyffe, qui nous l'aura volé par fes artifices, ne fuborne quelque Sinon, qui introduife dans l'Etat un cheval fatal, pour détruire le plus beau païs de l'Europe, par un embrafement auffi funefte que celui de Troye : Mais un fi grand mal ne peut nous arriver, tandis qu'il plaira à Dieu de nous conferver vôtre Perfonne facrée, & celle de Monfeigneur le Dauphin.

Ce feroit ici le lieu de m'étendre fur les loüanges & fur les glorieux exploits de VÔTRE MAJESTE', à qui nous fommes redevables de nôtre vie, de nôtre Patrie, & de nos biens. C'eft ce qu'attendent de moi ceux qui font plus d'attention à la grandeur de vos actions & à l'abondante matiére de vos loüanges, qu'à la médiocrité de mon génie : mais outre que mon deffein n'a point été de faire ici un Panégyrique, je fçai d'ailleurs que VÔTRE MAJESTE' prend plus de plaifir à mériter les loüanges qu'à les entendre.

VÔTRE MAJESTE' eft décenduë de la plus illuftre & de la plus ancienne Maifon qui ait jamais porté le Sceptre. Né dans les Monts Pyrenées, vous vous êtes avancé au milieu des difficultez & des Guerres ; vous avez heureufement évité tous les piéges dreffez contre vôtre Berceau. Dans vôtre adolefcence & dans vôtre âge parfait, vous avez, par vôtre vertu, repouffé les efforts de vos ennemis ; vous avez été conduit comme par la main de Dieu du fond de l'Aquitaine, où apellé auprés du Roi dans un temps de difcorde & de confufion, afin que nul autre

PRÉFACE.

que le Succeffeur légitime, ne pût s'emparer du Trône qui devoit bien-tôt demeurer vâquant.

Parvenu à la Couronne, vous avez tempéré l'autorité souveraine par la douceur, aimant mieux par vos bienfaits gagner les cœurs aliénez, que de les tenir dans le devoir par la crainte : auffi vos ennemis ont pris une telle confiance en vous, qu'ils ont crû trouver plus de fûreté dans vôtre clémence, que dans la force de leurs armes; moins fâchez d'être vaincus, que ravis de vous voir le Vainqueur. De fuplians devenus tout-d'un-coup vos amis, ils ont été reçûs dans vôtre maifon, plus pénétrez encore du fouvenir de leurs fautes, que vous n'y aviez été fenfible : la facilité que vous avez à pardonner, les a fait repentir de n'être pas rentrez plus promptement dans leur devoir.

Mais voyant la rapidité de vos Victoires, & que rien ne vous réfiftoit, quel autre parti pour eux, que celui de fe foûmettre & de recourir à vôtre clémence, plûtôt que de hazarder des combats contre VÔTRE MAJESTÉ, qui a porté la valeur à un fi haut point, que le fort de la Guerre ne fe déclaroit plus qu'en vôtre faveur, & que la Victoire fembloit avoir oublié fon inconftance pour ne s'attacher qu'à fuivre vos étendarts.

Ce bonheur infeparable de vos armes s'eft foûtenu d'ailleurs par vôtre vigilance, par vos travaux infatigables, par vôtre conftance à fuporter les rigueurs des faifons, & par vôtre habitude à vous contenter de la nourriture la plus fimple. Vous expofant le premier à la tranchée, n'interrompant point les fatigues du jour par le repos de la nuit, marchant à toute heure par les pluyes & fur les glaces, ne dormant que legérement & par reprifes, fans altérer vôtre fanté, tantôt fur un cheval, tantôt fur la terre, envelopé d'un fimple manteau. Ainfi par l'exemple, qui eft la plus flâteufe maniére de commander, vous établiffiez parmi vos Troupes une exacte difcipline, que d'autres Chefs ont peine à faire obferver par l'autorité du commandement, quand les Soldats ne font pas payez.

Ces avantages vous rendoient fi redoutable à vos Ennemis, qu'ils n'ofoient paroître devant vous. Souvent fupérieurs par le nombre de leurs Troupes & de leurs munitions, ils fe tenoient à couvert dans des Places fortes, perfuadez qu'il leur étoit auffi

PRÉFACE.

glorieux de se deffendre, qu'il vous étoit glorieux de les vaincre. Ce n'est donc pas merveille, si aprés tant d'attentats sur vôtre autorité, ils ont saisi avec tant d'empressement l'occasion de faire leur paix, voyant d'un côté leur grace assûrée en recourant à vôtre clémence, & n'osant espérer de l'autre un retour favorable de la Victoire qui vous accompagnoit toûjours.

Si la Guerre vous rend si terrible à vos ennemis, le repos ne vous rend pas moins cher à vos Sujets. Vous avez encouragé tout le monde à cultiver les beaux Arts, qui sont les fruits de la Paix, par les immunitez & les récompenses. C'est ce que témoignent hautement ces somptueux & durables édifices, qu'on a vû s'élever de tous côtez en si peu de temps ; ces Statuës d'un ouvrage admirable, ces excellentes peintures, ces riches tapisseries travaillées avec tant d'art, qui seront autant de monumens à la postérité, de l'étenduë de vôtre génie & de vôtre amour pour la Paix : mais ce qui est plus considérable, & dont nous devons vous féliciter, c'est le rétablissement des belles Lettres, dans les lieux d'où les fureurs de la Guerre les avoient bannies. L'Université de Paris a repris son premier lustre sous vôtre protection ; vous l'avez même embellie d'un rare ornement, en y apellant l'illustre Casaubon, l'une des grandes lumiéres qu'ait ajourd'hui la République des Lettres ; vous avez confié à juste titre à ce sçavant homme la garde de vôtre Bibliotéque véritablement Royale.

Tant d'actions si mémorables, tant de Lauriers que vous avez cueillis, loin de vous animer à étendre vos Conquêtes, n'ont servi qu'à vous faire entretenir plus fidellement la Paix avec vos voisins, & à faire goûter la douceur du repos à vos Sujets fatiguez des Guerres précédentes. Persévérez, SIRE, dans vos généreux desseins ; rendez aux Loix leur juste autorité, comme vous avez commencé de le faire si heureusement. Conservez à vos peuples cette Paix que vous leur avez acquise au prix de tant de travaux. N'oubliez jamais cette maxime, que la force & l'apui d'un Etat, ce sont ses Loix ; & que comme dans le corps humain les parties qui le composent ne peuvent agir que par l'esprit qui les anime, ainsi dans le corps politique il n'y a que les Loix, qui en sont l'ame, qui le puissent faire agir & subsister : les

PRÉFACE.

Magistrats & les Juges n'en sont que les Ministres & les Interprétes, & nous devons tous leur obéïr avec soûmission, si nous sommes véritablement jaloux de nôtre liberté.

Dans la confiance du retour de cette liberté, sous vôtre Régne, & dans les premiers avantages que j'en ai déja ressentis, j'ai composé l'Histoire de nôtre temps, dont je mets presentement la première Partie en lumière. J'ose la dédier à VÔTRE MAJESTE' pour des raisons qui me regardent, autant que l'Ouvrage même. Je ne pourrois oublier, sans une noire ingratitude, qu'ayant commencé à entrer dans les Charges sous le Roi vôtre prédécesseur, VÔTRE MAJESTE' m'a encore élevé plus haut ; & comme mon emploi m'obligea d'être continuellement à vos Armées & à la Cour, que même VÔTRE MAJESTE' m'a confié plusieurs importantes négotiations, j'ai aquis dans leur maniement les connoissances nécessaires à l'Ouvrage que j'entreprens ; & par le commerce des personnes illustres qui ont vieilli à la Cour, j'ai examiné avec attention, & sur la régle de la vérité, ce qui se trouvoit répandu touchant nos affaires, dans les écrits de quelques-uns de nos Auteurs inconnus.

A la suite de VÔTRE MAJESTE', & dans le tems de mes emplois, j'ai toûjours cultivé ces connoissances, jusqu'à ce qu'enfin le devoir de ma Charge m'a attaché au Palais. Davantage, j'ai l'honneur, SIRE, d'être connu de VÔTRE MAJESTE' depuis long-tems. Il y a vingt-deux ans que le feu Roi m'ayant envoyé vers vous en Guyenne, avec quelques autres Députez du Parlement, le bon accueil de VÔTRE MAJESTE' me fit espérer dés-lors que vous agréeriez un jour les fruits de mon esprit, s'il étoit capable d'en produire.

Une autre raison m'oblige encore à vous dédier mon Ouvrage ; c'est que comme mon entreprise est fort délicate, & qu'elle peut m'exposer à la calomnie, il me faut un puissant apui contre la médisance & la malignité. J'ai besoin, principalement pour examiner la vérité des choses passées, de cette vive pénétration de VÔTRE MAJESTE' qui sçait si bien ordonner celles qu'il faut faire.

C'est à ses lumiéres que j'ai résolu de me soûmettre, soit que vous m'autorisiez à mettre le reste au jour, soit que vous jugiez

PRÉFACE.

qu'il faille fuprimer cette premiére Partie. Je la donne moins préfentement au Public, que je ne vous la préfente à examiner comme un effai de tout l'Ouvrage ; prêt à déférer comme à un Oracle, à ce qu'il vous plaira d'en ordonner, & fûr de l'aprobation publique, fi je puis mériter la vôtre.

Que fi malgré vôtre agréement il fe trouve encore des Critiques, ce feront fans doute ces perfonnes, qui élevées dans un degré éminent par le caprice de la fortune, & dans cette élevation n'ayant rien fait qui ne foit digne de mémoire, prendront comme un affront un recit fimple & exact de la vérité : mais puifque leurs mauvaifes qualitez ont prefque toûjours été funeftes à la Patrie, je trahirois ma confcience & je ferois tort à ma réputation, fi la crainte de leur déplaire m'empêchoit d'en inftruire la poftérité.

Il eft tems de finir cette Préface par des Vœux ardens, grand Dieu, Auteur de tous les biens, qui avec vôtre Fils unique, & le Saint Efprit, êtes Dieu en trois Perfonnes; mais un feul Dieu en bonté, en fageffe, en miféricorde & en puiffance ; qui étiez avant les fiécles, qui êtes, & qui ferez toûjours tout en toutes chofes ; qui par vôtre fageffe conduifez les Empires légitimes ; fans quoi, ni les familles, ni les Etats, ni les peuples, ni le genre humain, ni la Nature même, que vous avez tirée du neant, ne peuvent fubfifter. Je vous fuplie, au nom de toute la Nation, qu'il vous plaife de nous conferver, comme le plus grand des biens, ce que vous avez donné à la France, & même à toute la Chrétienté ; que vous le mainteniez par vôtre Grace, & qu'un bien-fait fi précieux pour nous, ne finiffe jamais.

Accompliffez ce fouhait fi fimple, que tous nos autres Vœux y feront compris. Conférvez le Roi, conférvez le Dauphin ; delà dépend nôtre paix, nôtre union, nôtre fûreté, nôtre bien, tout nôtre bonheur. Infpirez au Roi de falutaires confeils pour bien regir cét Empire, qu'il a fauvé d'une ruïne évidente. Que le Dauphin cependant croiffe comme un Arbre heureux & de bon augure, planté fur les bords d'un Fleuve agréable ; qu'il puiffe un jour, aprés une longue fuite d'années, fervir d'ombre à nôtre poftérité, & qu'il la faffe joüir d'un loifir tranquille, pour favorifer le progrez des beaux Arts, des belles Lettres, & de la piété.

PRÉFACE.

Laissez régner long-tems l'un & l'autre sur les François, dans l'ordre le plus agréable, aux gens de bien. Que sous leur Régne l'ancienne Foi & Religion, les anciennes mœurs, les Coûtumes de nos Ancêtres, les Loix de l'Etat, soient rétablies : Que les Monstres des nouvelles Sectes, les Religions inventées depuis peu, toutes les productions de l'oisiveté, pour faire illusion à l'esprit, soient abolies: & qu'ainsi le Schisme & les divisions cessant, la Paix soit dans la Maison de Dieu, le repos dans les consciences, & la sûreté dans l'Etat. Enfin, grand Dieu, je vous prie & vous conjure, par la grace de vôtre Saint Esprit, sans laquelle nous ne sommes ni ne pouvons rien, que tous ceux qui maintenant, & à l'avenir, liront l'Histoire que je leur presente, soient persuadez d'y trouver la vérité ; qu'ils y découvrent ma liberté, ma bonne foi, & comme je n'écris point par contrainte, qu'ils ne puissent jamais soupçonner mon Ouvrage de partialité ni de flâterie.

MEMOIRES
DE LA VIE
DE JACQUES-AUGUSTE
DE THOU,
CONSEILLER D'ESTAT
ORDINAIRE,
ET PRÉSIDENT A MORTIER
AU PARLEMENT DE PARIS.

Depuis l'an 1553. jusqu'en 1601.

Il nous manque seize ans de cette Vie, car il mourut en 1617.

LIVRE PREMIER.

JACQUES-AUGUSTE DE THOU nâquit dans la Maison de ses Péres à Paris le 9. d'Octobre 1553. sur les sept heures du matin. Le même jour il fut presenté au Baptême dans l'Eglise de saint André des Arts par René Roulier Evêque de Senlis, par François Demié Conseiller au Parlement, d'une famille Noble du Limousin, & par Marguerite Bourgeois épouse d'Augustin de Thou son oncle. Ils le nommérent JACQUES ; le pére l'avoit ainsi souhaité pour renouveller un nom, qui outre le raport avec celui de la mére, étoit comme héréditaire dans sa famille, & qui avoit été porté de suite par trois de ses Ayeulx avant Augustin de Thou Grand-pére de l'Enfant.

Son oncle Adrien de Thou, présent à la Cérémonie, ajoûta

1553.

le nom d'Auguste, comme un nom heureux. Ce Magistrat d'un génie supérieur & d'une probité incorruptible, étoit alors Conseiller-Clerc au Parlement de Paris. Depuis il fut pourvû d'une Charge de Maître des Requêtes, avant que le nombre eut avili cette Dignité. Une mort prématurée l'enleva dix-huit ans aprés, & dans le temps que le Roi Charles IX. qui l'estimoit fort, lui destinoit l'Ambassade d'Espagne.

Entre ses Ancêtres, Jacques second du nom avoit épousé Marie Viole, dont la famille avoit donné plusieurs Conseillers au Parlement, & un Guillaume Viole Evêque de Paris.

Guichard, frére de ce Jacques, s'étoit marié avec Anne de Ganay, sœur de Jean de Ganay, depuis Chancelier de France, dont Guichardin parle avec éloge en plusieurs endroits. On consulta sur ce Mariage Nicolas Boyer, Jurisconsulte célébre pour ce tems-là, comme on le peut voir dans sa quarantiéme Consultation.

Comme la branche aînée qui avoit toûjours porté les armes, étoit périe ou passée dans d'autres familles, Jacques troisiéme du nom, décendu de la seconde, prit le parti de la Robe. De Geneviéve le Moine des Lallemans, il laissa Augustin de Thou, qui fut choisi par François premier pour remplir une Charge de Président à Mortier au Parlement de Paris, & qui en mourut revêtu peu de tems aprés au mois de Mars 1545. Le Parlement prié à son Convoi répondit par la bouche de son premier Président, que l'intégrité & l'éminente vertu d'Augustin de Thou, qui avoient paru durant sa vie avec éclat dans le Parlement, ne méritoient pas seulement que la Cour honorât ses obséques, comme Elle étoit accoûtumée à honorer celles de ses Présidens, mais qu'Elle en pleurât encore la perte aussi long-tems que la Justice y régneroit : Ce qui fut mis sur les Registres.

Il avoit épousé Claude de Marle arriére-petite-fille d'Henri de Marle Chancelier de France, massacré à Paris avec le Connétable d'Armagnac l'an 1418. sous le régne de Charles VI. Il eut de cette Dame, en l'espace de vingt années, Christofle de Thou, & vingt & un autres enfans tant de l'un que de l'autre sexe.

De Jacqueline Tuleu, Dame de Céli, proche parente du Chancelier Olivier, & petite-fille de Denise de Ganay, sœur du Chancelier de ce nom. Chriſtofle de Thou eut trois fils & quatre filles, outre ſix autres enfans morts en bas âge.

Jean de Thou l'aîné mourut jeune, après avoir laiſſé à la Cour de France de grandes idées de ſon mérite. Il eut de Renée Baillet René de Thou, & trois filles ; reſtes d'une famille plus nombreuſe. Renée, l'aînée, épouſa Jean Bourgneuf de Cuſſé, premier Préſident au Parlement de Bretagne ; Iſabelle, la ſeconde, Jean de Longueval de Manicamp, Comte de Buquoi en Flandres ; & Jacqueline, la troiſiéme, Fédéric de Hangeſt d'Argenlieu.

Chriſtofle de Thou moins âgé de deux ans que ſon aîné, périt par un accident déplorable durant les Guerres de la Ligue avec un fils du même nom, qu'il avoit eu de Françoiſe Allégrin.

Jacqueline, l'aînée des filles, prit l'Habit de Religieuſe dans l'Abbaye de Mallenouë, dont elle mourut déſignée Abbeſſe. Marie fut Abbeſſe des Clairets au Perche; Anne épouſa Philippes Hurault, Comte de Chiverni, Chancelier de France ; & Catherine, Achilles de Harlai, premier Préſident du Parlement de Paris.

JACQUES-AUGUSTE DE THOU, dont on écrit la vie, fut le dernier des fils de Chriſtofle. On eut bien de la peine à l'élever, comme il diſoit lui-même l'avoir apris de ſa Nourice. Des trenchées, une inſomnie, & des cris preſque continuels, firent apprehender de le perdre. On ne le nourrit pendant deux ans que de lait, parce qu'il avoit pour toute ſorte de boüillie une averſion invincible, qu'il a toûjours eûë depuis. Pour le ſévrer on ſe ſervit d'une certaine pâte, qui eſt en uſage en Italie, faite avec de la mie de pain, de la farine de froment ſéchée au four, & de l'huile d'olive : ce qui le rendit ſi délicat & ſi maigre, que juſqu'à l'âge de cinq ans on deſeſpera de ſa vie. Depuis il commença à engraiſſer, tel qu'on le voit peint à l'âge de ſept ans par George le Venitien, qui étoit au Cardinal de Lorraine, & qui logeoit dans le voiſinage à l'Hôtel de Fécamp.

Cette délicateſſe fut cauſe qu'on eut plus d'attention à ſa ſanté qu'à cultiver les talens de ſon eſprit, qui promettoit déja beaucoup. Ennemi de la pareſſe, il mépriſa les amuſemens & les plaiſirs, principale occupation des enfans de ſon âge, & s'apliqua entiérement à la peinture : talent héréditaire dans ſa famille, & l'un de ses penchans le plus marqué ; car Adrien son oncle, Jean & Christofle ses fréres, peignoient fort bien. Pour lui, il copioit déja correctement avec la plume les estampes d'Albert Dure ; si bien qu'avant que de sçavoir lire, il formoit déja ses lettres. Enfin, si-tôt qu'il eut atteint l'âge de dix ans, on le fit étudier, & peu de temps aprés on le mit au Collége de Bourgogne avec René Roulier neveu de l'Evêque de Senlis un de ses parrains. A peine y avoit-il été un an, qu'une fiévre violente lui étant survenuë, on fut obligé de le reporter chez son pére.

1563.

Le Grand & le Jay ses Médecins le croyant sans espérance, l'abandonnérent pendant trois jours ; sa mére même, qui apprehenda que s'il mouroit dans une antichambre qui donnoit dans le cabinet de son pére, son mari ne voulut plus rentrer dans cet apartement, le fit transporter dans une chambre plus éloignée. Gabrielle de Mareüil, héritiére de l'illustre Maison des Mareüils en Périgord, qui venoit souvent dans la maison pour ses affaires, fut la seule qui en prit soin dans un abandon si général. Elle assistoit continuellement le malade, & passoit souvent les nuits auprés de lui. Monsieur & Madame de Thou la priérent de ne se point fatiguer pour un enfant sans espérance : mais elle leur répondit, que loin de desespérer de sa santé, elle étoit persuadée par la bonne opinion qu'elle avoit de son tempérament & de son bon naturel, qu'un jour il en auroit de la reconnoissance pour elle & pour sa famille.

Elle maria dans ce temps-là Renée, sa fille unique, issuë de son Mariage avec Nicolas d'Anjou Marquis de Méziéres, à François de Bourbon Prince Dauphin d'Auvergne. De ce Mariage vint Henri Duc de Montpensier, l'amour & les délices de son siécle ; mais qui malheureusement lui fut trop tôt enlevé. De Thou l'honora toute sa vie, comme il en fut pareillement aimé.

Il falut six mois pour le rétablir d'une si grande maladie : aussi-tôt on le remit au Collége. Henri Monantheüil de Rheims fut le premier qui lui donna des leçons, ensuite Jean Martin de Paris, & enfin Michel Marescot & Pierre du Val de Normandie, Philosophes célébres, furent ses Maîtres, qui tous exercérent depuis la Médecine à Paris avec une grande réputation. Monantheüil élevé dans le Collége de Presles & attaché à la doctrine de Ramus, joignit à la profession de la Medecine celle des Mathematiques, qu'il enseigna dans le Collége Royal jusqu'à sa mort. Ce fut sous ce Professeur que de Thou aprit les élemens d'Arithmétique & de Geométrie.

 Il disoit depuis qu'il avoit remarqué dés ce temps-là une faute essentielle où tombent ceux qui abandonnent avec trop de confiance l'éducation de leurs enfans à des Régens; qu'il croyoit qu'ils agiroient plus prudemment s'ils les faisoient observer de prés par des personnes sûres, qui leur fissent faire un bon emploi de leur temps, & qui prissent garde que leurs actions & leurs paroles ne s'éloignassent jamais de la modestie. Qu'il avoit crû devoir en avertir dans un temps où cette faute étoit ordinaire; & que si Dieu lui faisoit la grace de lui donner des enfans, qu'il eut depuis en grand nombre, il seroit plus attentif à leur éducation, qu'on n'avoit été à la sienne. Qu'il avoit étudié tard, & qu'il n'aprouvoit point la précipitation de ceux qui font instruire leurs enfans à peine âgez de cinq ans. Qu'il s'étonnoit que l'illustre Quintilien par un conseil moins utile que loüable, eut tant recommandé aux enfans d'étudier de bonne heure, lui qui perdit un fils d'une grande espérance, pour l'avoir poussé trop jeune à l'étude. Perte heureuse pour la postérité, puisqu'elle lui fournit l'occasion d'écrire avec tant d'éloquence les Livres qu'il nous a laissez de l'éducation des enfans, & où il se plaint amérement de la perte du sien.

 De Thou avoit plus d'inclination pour les sciences, que de force & de mémoire pour les aprendre : aussi profita-t'il davantage par son assiduité & par le commerce des gens de Lettres, que par un grand travail. La foiblesse de son tempérament ne lui permettoit pas de forte aplication ; d'ailleurs le peu de contrainte où il avoit été élevé dés son enfance en toutes choses, ayant été comme abandonné à lui-même, l'accoûtuma à une liberté qu'il conserva dans toutes les actions de sa vie, & principalement dans ses études. Ce grand amour pour les sciences en fit naître un pareil dans son cœur pour tous les Sçavans, dont le nom ou les écrits étoient en réputation dans l'Europe. Il se proposa de les voir & de les entretenir. Adrien Turnébe étant venu dans ce temps-là voir son ami Geoffroi Faye, celui ci mena de Thou lui rendre visite, & de Thou se l'imprima si fortement, que l'image de cét homme célébre, qui mourut peu de temps aprés, lui demeura toûjours dans l'esprit même en dormant.

1570. Cinq ans aprés sa sortie du Collége, il alla entendre Denis Lambin & Jean Pellerin Professeur en Langue Grecque au Collége Royal, Ce dernier y expliquoit le Texte Grec d'Aristote, dans le tems que l'illustre François Just de Tournon encore fort jeune prenoit ses leçons. Jean Daurat avoit déja cessé d'enseigner, & s'étoit retiré dans l'Abbaye de Saint Victor. De Thou l'y voyoit souvent, & lui demandoit des nouvelles de Budé, qu'on lui avoit montré dans son enfance, de Germain Brice, & de Jacques Tousan. L'entretien de Daurat étoit pour lui une grande instruction. Daurat lui fit connoître Ronsard, qui avoit été son écolier. De Thou, qui se sentoit du talent pour la Poësie, lia avec lui une amitié si étroite, que Ronsard qui fit faire alors une nouvelle édition de ses Ouvrages par Jean Galand, lui dédia ses Orphées avec un éloge magnifique. Il fut, par le même moyen, des amis de Jean-Antoine Baïf & de Remi Belleau, dont depuis il cultiva l'amitié avec un grand soin.

Sur la fin de l'année 1570. remarquable par le quatriéme Edit de Pacification, & par le Mariage de Charles IX. avec Elizabeth fille de l'Empereur Maximilien II. de Thou partit de Paris pour aller à Orleans étudier en Droit avec Christophle-Auguste de Thou son cousin germain fils de l'Avocat Général, & avec

1571. René Roulier son camarade de Collége. Il employa l'année suivante à prendre des leçons de Jean Robert, de Guillaume Fournier, & d'Antoine le Conte arrivé depuis peu de Bourges. Il seroit de l'interêt public qu'on recueillit en un seul volume les écrits de ce dernier, qui sont dispersez de tous les côtez. Adrien de Thou son oncle & Madame de Harlai sa sœur, moururent cette même année.

Dans un âge si peu avancé la lecture des écrits de Jacques Cujas lui avoit donné tant d'estime pour lui, que desirant passionnément de l'entendre, il quitta ses camarades avec lesquels il vivoit dans une grande union, & s'en alla en Dauphiné. En paſſant il s'arrêta ſix mois à Bourges : il y alla entendre Hugues Doneau & François Hotman, dont les grandes Queſtions ont été depuis imprimées. De Bourges il ſe rendit à Valence en Dauphiné, où Cujas expliquoit Papinien, & où François Roaldez & Edmond de Bonnefoi enſeignoient. C'étoit un an avant les troubles de Paris.

Ce fut à Valence que commença ſon amitié pour Joſeph Scaliger, venu exprés dans cette Ville avec Loüis de Montioſieu & Georges du Bourg pour voir Cujas, qui l'en avoit prié. Cette amitié née dans la converſation, s'augmenta toûjours, & ſe conſerva depuis ou par Lettres, ou par un commerce plus étroit, pendant trente-huit ans, ſans interruption. Il ne pouvoit cacher ſa joye, quand des eſprits d'un caractére auſſi violent que malin, lui reprochoient cette liaiſon. Il ſe faiſoit honneur en public de leurs médiſances. Le ſouvenir d'un commerce ſi doux, ſi honnête & ſi ſçavant, lui étoit ſi cher, qu'il diſoit ſouvent que ſi Dieu lui en donnoit le choix, il étoit tout prêt de le racheter aux dépens des mêmes reproches, des mêmes traverſes, & des mêmes outrages, que leur haine injuſte lui avoit attirez. Que c'étoit-là toute la réponſe qu'il avoit à faire à leurs calomnies empoiſonnées.

En effet, on peut aſſûrer avec ſincerité, qu'autant de temps que de Thou a pû joüir de l'entretien de ce grand homme, jamais il ne la oüi traiter aucune queſtion de controverſe ſur les matiéres de Religion, jamais il ne s'eſt aperçû qu'il en ait écrit à perſonne; du moins, ſi Scaliger en a parlé quelquefois, ce n'a été que malgré lui, & dans des rencontres où étant fort preſſé il ne pouvoit s'en défendre. Loüis Seigneur d'Abin, de l'illuſtre Maiſon de Châteigner, qui a rempli avec éloge l'Ambaſſade de Rome, Jean Seigneur de la Rocheposai, & Loüis Evêque de Poitiers, ſes fils, en ſont des témoins irréprochables. Inſtruits l'un & l'autre dans la maiſon paternelle par cet homme célébre, le dernier particuliérement ayant demeuré long-tems avec lui en Hollande, s'ils ſont ſortis de ſes mains plus ſçavans, ils n'en ont pas été moins attachez à la Religion de leurs Ancêtres.

Il y avoit dans Scaliger, la Religion à part, une érudition ſi profonde, & si fort au-dessus de la portée ordinaire, qu'il n'y a point d'honnête homme qui ne dût souhaiter avec autant de passion de l'entendre & de recevoir ses leçons, que d'admirer & de respecter en lui les rares talens dont il avoit plû à la bonté divine de le combler.

Mais on est assez malheureux de croire que la Religion qui de jour en jour faisoit autrefois de nouveaux progrez, qui se fortifioit par la foi, par la charité, & par une parfaite confiance en la bonté de Dieu, ne peut aujourd'hui se maintenir que par les conseils de la chair & du sang, par la brigue, par la cabale, & par les fausses vûës de la politique ; sans faire réflexion que plus nous avons de confiance aux illusions de nôtre esprit, (& plût à Dieu qu'on n'en eut pas tant) plus nous diminuons celle que nous devons à la Providence divine, qui gouverne si sagement. Delà, la colére de Dieu contre nos péchez ; delà l'emportement de nos passions, & cet abandon presque général, a un sens réprouvé, qui nous aveuglant sur nos devoirs nous fait commettre les fautes les plus essentielles. Ne faut-il pas donc craindre qu'un mal si dangereux ne s'augmente tous les jours par la négligence de ceux qui dévroient s'y oposer, & qui se confians témérairement sur leurs propres forces & sur leurs foibles lumiéres, décident souvent à contre-temps de ce qui concerne la Religion ? Ne doit-on pas craindre encore que ce qui reste de gens sages & équitables, qui se sont préservez de cette corruption par leur amour pour la paix, & par leur attachement à l'ancienne discipline, ne se laissent entraîner dans les mêmes égaremens ? Même, qu'il n'arrive un jour qu'on cherchera de tous côtez inutilement le régne de Dieu, qui ne subsistera plus que dans un petit nombre de gens de bien, qui l'auront conservé par la douceur & par un esprit d'union & de charité.

Ce sont les plaintes dont on a souvent oüi de Thou s'entretenir avec Nicolas le Févre, quand ils cherchoient à se consoler ensemble de l'état déplorable de la Chrétienneté dans ces derniers temps. Ces conversations ne finissoient jamais sans s'animer mutuellement à persévérer dans l'exactitude de leurs devoirs, malgré la haine du public ; persuadez que les gens de bien seroient toûjours exposez à la violence & à la calomnie, & qu'ils devoient

voient recevoir comme une marque certaine de la bonté de Dieu, & comme des gages de la récompense qu'ils en doivent attendre. Ceci soit dit en passant au sujet de l'amitié que de Thou conserva toute sa vie pour l'illustre Scaliger: amitié qui lui fut reprochée par une espéce de gens d'un caractére aussi ennemi de la vraye doctrine que de la vertu. Son pére, qui ne vouloit pas que son fils fut si long-tems éloigné de lui, soit qu'il prévit nos malheurs, soit qu'il eut d'autres raisons, le rapella un an aprés qu'il fut parti pour Valence. Il pria Charles de Lamoignon de le ramener avec lui à Paris. C'étoit un homme de bien & son parent éloigné, qui comme Maître des Requêtes avoit été envoyé avec d'autres Commissaires pour l'inspection des Gabelles dans la Provence, le Languedoc & le Dauphiné. Celui-ci ayant obtenu de Cujas le congé du jeune de Thou, l'emmena premiérement à Grenoble. Ce fut-là que de Thou vit François de Beaumont, apellé communément le Baron des Adrets. Lamoignon alla à l'Evêché saluër ce Baron qui y logeoit, & qui étoit prêt à partir pour Saluces avec les Troupes destinées pour les Garnisons des Places qui sont au pié des Alpes. Comme Lamoignon se promenoit avec lui dans le jardin, de Thou qui étoit encore dans l'habitude de peindre, s'apliqua si fortement à considérer un homme qui avoit tant fait parler de lui, qu'aprés son départ il le peignit de mémoire si parfaitement, que tout le monde le reconnoissoit.

1572.

Des Adrets étoit alors tout blanc; mais d'une vieillesse encore forte & vigoureuse, d'un regard farouche, le nez aquilin, le visage maigre & décharné, mais marqueté de taches rouges comme du sang meurtri, tel que l'on nous dépeint Sylla; du reste, l'air d'un véritable homme de guerre.

De Thou arriva enfin à Lyon avec Lamoignon; delà il passa par Moulins, Nevers & Gien, où il prit la Loire & vint à Orléans. Il n'y séjourna que peu de jours pour voir ses amis, & delà se rendit à Paris auprés de son pére.

Il trouva cette grande Ville occupée des préparatifs des nôces du Roi de Navarre, & fut dans l'Eglise Nôtre-Dame pour les voir. Aprés la Messe il sauta par-dessus une barriére qu'on avoit faite pour empêcher la foule, & entra dans le Chœur. Il y écouta

B

avec une grande curiosité la conversation de l'Amiral de Coligny, & de Montmorenci Danville, qu'on persécuta si fort depuis. L'Amiral fut blessé quelques jours après; mais sa blessure en fit, pour ainsi dire, une cruelle à la paix. La sûreté, la tranquilité de l'Etat en furent renversées. Ce fut en vain qu'on voulut y remédier par une paix frauduleuse, confirmée par plusieurs Edits de la même nature; elles ne furent enfin rétablies qu'après qu'on eut mis, par un dangereux exemple, plusieurs Villes & plusieurs fortes Places entre les mains des Protestans, pour leur servir de sûreté, & pour finir une Guerre intestine, qui se renouveloit tous les jours.

Voilà ce que les troubles de Paris coûtérent au Roi & à l'Etat. Si l'on jette la vûë sur les horreurs qui en ont été les funestes suites, on conviendra sans peine qu'elles ne sçauroient être ni loüées ni aprouvées, que par ceux qui ont un intérêt particulier d'entretenir dans le Royaume une Guerre perpétuelle, & de nous ôter toutes les voyes de la réconciliation. Qui pourroit donc condamner un vrai François, ami du repos de sa patrie, qui aux dépens de sa fortune a toûjours conseillé la paix, qui a détesté & déteste encore les conseils violens; qui s'est toûjours persuadé que pour faire cesser les mouvemens de l'Europe, qui ont si fort ébranlé la Religion, il n'y a point de plus sûrs moyens que la paix, la douceur & la charité?

Il est constant que le premier Président, dont l'exemple sera toûjours pour son fils une régle assez sûre de ses services & de son zéle pour l'Etat, eut tant d'horreur pour tout ce qui s'étoit passé dans cette fatale journée, qu'étant tombé peu de tems après sur un endroit des Sylves du Poëte Stace, il l'apliqua de sa main sur la marge du Livre au massacre de la Saint Barthelemi, de ce beau caractére qui lui étoit particulier; mais si connu dans les Regiftres du Parlement. Ce Livre, que le fils conserve dans sa Bibliothéque, est un fidelle témoin de ce que le pére avoit pensé de cette action contre les faux raports de ceux qui ont prétendu que ce Magistrat l'avoit approuvée.

De Thou a laissé dans l'histoire de son temps, comme une chose certaine pour être sortie de la bouche de l'Amiral & qu'il avoit aprise de Villeroi, que l'Amiral ayant reçû plusieurs avis du danger où il s'expofoit, s'il fe trouvoit aux nôces du Roi de Navarre, ne voulut jamais les croire, qu'il répondit toûjours, qu'il aimoit mieux mourir & être traîné par les ruës de Paris, que de recommencer la Guerre civile & de donner lieu de penfer qu'il eut la moindre défiance du Roi, qui depuis fi peu de temps l'avoit remis dans fes bonnes graces.

De Thou difoit encore qu'un peu auparavant, comme il alloit à Vienne en Dauphiné, un certain Capitaine nommé Maye le joignit en chemin, & lui dit qu'il faloit que l'Amiral fut dans un étrange aveuglement, pour négliger avec tant d'imprudence le confeil de fes amis. Qu'à moins qu'il n'eut perdu l'efprit, il lui étoit aifé de croire qu'après une fi prompte réconciliation, tant de marques affectées de faveur, & l'empreffement qu'on avoit de le faire venir à ces nôces, n'étoient qu'un piége pour attirer avec lui de toutes les Provinces les chefs de fon parti. Que ce qu'on n'avoit pû faire pendant leur union feroit exécuté de concert fur chaque particulier qui demeuroit fans défiance pendant la joye publique. Que pour réfuter Maye il fe fervit des meilleures raifons qu'il pût trouver, & lui reprefenta qu'on avoit grand tort de juger fi mal du Roi & de ceux de fon Confeil, que ce Capitaine pour toute réponfe, lui dit, qu'il en appelloit à l'événement. Qu'enfuite ils entrérent enfemble dans Vienne, où les habitans eurent à peine aperçû Maye, qu'il fe fit un foûlévement. Que cette émeute penfa lui coûter cher, pour avoir voulu défendre un homme qui l'accompagnoit, mais qu'il ne connoiffoit point. Que ce peuple fe plaignit que dans la derniére Guerre, Maye les avoit ruïnez par les courfes, le pillage, & les meurtres, qu'il avoit fait fur leurs terres. Que lui qui crut que le péril où étoit ce Capitaine touchoit fon honneur & la fûreté publique, fit tout fon poffible pour apaifer cette émotion, qui finit enfin aux conditions que Maye fortiroit de la Ville & iroit loger dans un Faubourg.

De Thou marqua dans le Journal de fes Voyages l'avanture de cét homme, qu'il ne connoiffoit point & qu'il n'a jamais vû depuis; car après la Saint Barthelemi ce Capitaine ayant recommencé fes brigandages, fut affommé par des Païfans.

Il en ufoit ainfi, ou dans le deffein qu'il avoit déja pris d'écrire l'hiftoire de fon temps, quoiqu'il n'y ait point parlé de cette avanture, non plus que de plufieurs autres particularitez qu'on n'y trouve point & qu'on n'y doit point chercher, ou feulement pour laiffer aprés lui la preuve d'un fait, qui lui fut prédit avant l'événement: car on remarque que Dieu par fa Providence fait fouvent connoître aux gens de bien, en fortifiant leur prudence naturelle, les chofes extraordinaires qui doivent arriver, comme les méchans les prédifent par les mouvemens d'une confcience intimidée, ou les Aftrologues par l'expérience de leur Art, fi cet Art n'eft pas une chimére; afin que les hommes avertis fe préparent à fuporter ces accidens avec plus de patience fans fe plaindre d'avoir été furpris: C'eft ce qu'il a fait remarquer exactement, quand l'occafion s'en eft prefentée.

Retournons à cette terrible journée de la Saint Barthelemi; cette Fête arrivoit cette année-là un jour de Dimanche. De Thou fortit le matin pour entendre la Meffe. Il ne pût voir fans horreur les corps de Jerôme Groflot Baillif d'Orleans & de Calixte Garrault, qu'on traînoit à la riviére par la ruë la plus proche. Il fut obligé de regarder ces objets affreux fans ofer jetter une larme, lui dont le tendre naturel ne lui permettoit pas de voir la mort d'une bête innocente fans émotion. La peine que cela lui fit, l'obligea de ne plus fortir, de peur de rencontrer de pareils fpectacles.

La fureur de ces maffacres étant un peu apaifée, il alla quelques jours après voir fon fecond frére, qui logeoit prés la porte Montmartre: celui-ci le mena fur une hauteur, d'où ils pouvoient découvrir Montfaucon. Le peuple y avoit traîné ce qui reftoit du corps de l'Amiral, & l'avoit attaché à une piéce de bois de traverfe avec une chaîne de fer. Auffi-tôt l'idée de ce Seigneur qu'il avoit vû quelques jours auparavant dans l'Eglife de Nôtre-Dame, & qu'il avoit confidéré avec attention, fe réveilla dans fon efprit. Il rapella dans fa mémoire ce Capitaine fameux par tant de combats, par la prife de tant de Villes, & fur le point de triompher des Païs-bas, dont il voyoit le cadavre, aprés mille indignitez, attaché à un infâme gibet. Ces réfléxions lui firent admirer la profondeur des jugemens de Dieu, la foibleffe de nôtre condition, dont les bornes fi étroites devroient arrêter la chimére de nos vastes desseins, & nous renfermer à tous momens dans la pensée de ce qui nous doit arriver un jour infailliblement.

Le Maréchal de Montmorenci, par sa retraite, avoit évité le massacre; ce qui fut le salut de toute sa Maison si utile à l'Etat. Il fit enlever de nuit ce malheureux cadavre d'un lieu si infâme, le fit aporter à Chantilli, & cacher dans un lieu secret, enfermé dans un cercüeil de plomb, défendant qu'on le mit dans la Chapelle, de peur qu'on ne l'en vint tirer: On le porta depuis à Châtillon sur Loin dans le Tombeau de ses Ancêtres.

Aprés ces tems malheureux, de Thou quitta la Maison de son pére & vint loger chez Nicolas de Thou son oncle Conseiller au Parlement, qui en avoit une fort belle dans le Cloître Nôtre-Dame, dont il étoit Chanoine. Elle avoit été bâtie par Guillaume Briçonnet Evêque de Meaux, fils du Cardinal Briçonnet: il fut aussi Chanoine de la même Eglise, & demeura quatorze ans de suite dans cette maison. Son oncle fut pourvû quelque temps après de l'Evêché de Chartres, par le décèds de Charles Guillard. Ce fut-là que de Thou commença sa Bibliothéque, qu'il augmentoit tous les jours & qui devint depuis si nombreuse. Destiné à l'état Ecclesiastique & regardé comme le successeur de son oncle, il se donna entiérement à l'étude du droit Canonique & à la lecture des Auteurs Grecs.

1573.

Mais comme il avoit une grande passion de voir l'Italie, il aprit dans ce tems-là que Paul de Foix, personnage d'un rare mérite, & distingué depuis peu par ses Ambassades d'Angleterre & de Venise, étoit prêt à partir pour aller de la part du Roi remercier le Pape & les autres Princes d'Italie qui avoient envoyé féliciter Sa Majesté sur l'élection de son frére au Royaume de Pologne, & qu'il devoit delà passer en Allemagne & en Pologne. Ainsi il ne voulut pas négliger une si belle occasion, & s'étant fait recommander à Paul de Foix par son beau-frére de Chiverni Chancelier du Roi de Pologne, il alla le joindre à Gien avec Christofle-Auguste de Thou son cousin germain, & avec Messieurs de Marle & de la Borde-Arbaleste.

Il est à propos de faire connoître ici cet homme illustre, à qui de Thou témoigne avoir tant d'obligation, & de marquer quelques particularitez de sa vie. Il étoit de l'ancienne Maison de Foix, ou Fox, comme on le trouve dans les anciens Titres, issu des Comtes de Carmain * ; car cette Maison est divisée en plusieurs branches. Il demeura jeune avec peu de bien pour un homme de sa naissance, & ce bien fort embarassé de procez ; ce qui fut cause qu'on le destina à l'Eglise. Comme il avoit fait ses humanitez avec une merveilleuse facilité, il parloit fort bien la langue Grecque, & écrivoit en Latin élegamment : avec un esprit propre à toutes les sciences, il étudia le droit, qu'il aprit en peu de tems, & s'y attacha toute sa vie, suivant, entre tous les Jurisconsultes, les sentimens de Cujas. Depuis il s'apliqua entierement à la Philosophie, & principalement à celle d'Aristote, dont il honora toûjours les Sectateurs ; entr'autres, Daniel Barbaro Noble Venitien, qui disoit ordinairement, que s'il n'étoit pas Chrétien, il suivroit Aristote en toutes choses. Il eut pour interprétes de ce Philosophe plus d'amis que de précepteurs; entr'autres, Jacques Charpentier Docteur célébre dans l'école de Paris, par ses leçons publiques, & par ses querelles particuliéres avec Ramus. Il eut encore Augustin Nyphus petit-fils de ce fameux Philosophe de Suessa, qu'il prit dans sa maison avec plusieurs autres Sçavans, comme Charles Utenhoüe, Hubert Giffen, & Robert Constantin, qui méritérent par leurs écrits l'estime de leur siécle & de la posterité.

Depuis qu'il eut quitté le Parlement de Paris pour s'attacher aux négociations, il partageoit si bien son temps, qu'aprés avoir fini ses affaires, ausquelles il s'apliquoit avec une grande exactitude, il employoit le reste du jour à l'étude ; desorte qu'il n'en perdoit pas un moment. Il avoit chez lui un jeune Lecteur qui devant quelqu'un des Sçavans de sa suite, lui lisoit toûjours quelque passage, ou des Jurisconsultes, ou d'Aristote, ou de Cicéron, qu'il portoit toûjours sur lui. Il en usoit ainsi, ou pour soulager sa vûë, ou pour fortifier sa mémoire : car il ne lisoit jamais, mais écoutoit avec tant d'aplication, qu'aprés la lecture, il répétoit & expliquoit ce qu'on venoit de lire. Ainsi le Lecteur & ceux de sa maison qui l'écoutoient, non-seulement s'instruisoient par ses sçavantes réfléxions, mais enrichissoient encore leur mémoire & se formoient le jugement.

*Les Comtes de Carmain étoient Foix par femmes. Voyez le Laboureur, additions aux Mémoires de Castelnau, & Messieurs de Sainte-Marthe, Hist. Genealog. de la Maison de France, Tom. 2

Cette maniére lui avoit donné des idées si claires & si précises, que tout ce qu'on lui avoit dit, & tout ce qu'il avoit répondu, lors qu'il traitoit avec les Princes & les Ministres des Rois des plus importantes affaires, lui étoit tellement present à l'esprit, qu'il le faisoit transcrire de suite, sans oublier la moindre circonstance. Comme il ne lisoit jamais, il n'écrivoit point non plus, sinon dans les cas où le secret ne pouvoit se confier à personne.

On n'ajoûtera rien ici de son souverain amour pour la vertu, de son zéle pour l'Etat & pour le bien public, de son aversion pour le vice & pour les séditieux, de l'élevation de son génie, de ses soins, de sa candeur, & de sa foi inviolable pour ses amis. Toutes ces vertus étoient tellement réünies dans ce grand homme, elles s'y mêloient avec tant de Noblesse, qu'on ne pouvoit s'empêcher de l'aimer ou de l'admirer. Ajoûtez un air vénérable répandu sur son visage, un port majestueux dans toute sa personne, un accueil obligeant, un son de voix agréable; mais grave, sans bassesse & sans flâterie. Ces qualitez, qui lui gagnoient tous les cœurs, ne le firent pas toûjours regarder de bon œil à la Cour. Il n'eût pas de peine à s'en appercevoir, & ne se sentant pas né pour rester inutile dans une vie privée, avec de si grands talens, il fut presque toûjours occupé dans les Ambassades, comme dans un exil honorable qu'il s'étoit choisi. De Thou disoit souvent que si de Foix étoit satisfait de lui-même, comme celui qui contentoit tout le monde dans tout ce qu'on pouvoit attendre d'une vertu aussi pure & aussi consommée que la sienne: pour lui, il ne le seroit jamais des éloges qu'il lui pouroit donner, que ce qu'il en diroit seroit toûjours fort au-dessous de ce qu'il en pensoit.

Lorsqu'il le vint trouver à Gien, il trouva Arnaud d'Ossat auprés de lui. De Foix prêt à partir pour l'Italie avoit pris d'Ossat dans sa maison, & l'avoit tiré du barreau, qu'il suivoit pour cultiver la science du droit qu'il avoit aprise de Cujas. Quelques années auparavant d'Ossat, qui avoit étudié sous Ramus au Collége de Presles, avoit soûtenu sa doctrine, comme il paroît par quelques dissertations de Charpentier, contre l'exposition de d'Ossat.

16 MEMOIRES DE LA VIE

Extrait de la vie du Cardinal d'Ossat, composée par Mr Amelot de la Houssaye. Elle se trouve au-devant de ses Lettres de l'édition de Paris, in-quarto, chez Boudot; de l'édition de Hollande, à Amsterdam, chez Pierre Humbert 1708. En 1564 il fit imprimer une petite Dissertation, intitulée, Expositio Arnaldi Ossati in disputationem Jacobi Carpentarii de Methodo, qui est une défense de la Dialectique de Pierre de la Ramée, contre Jacques Charpentier Docteur en Médecine. Ce petit Ouvrage critique lui fit d'autant plus d'honneur, qu'il en fit beaucoup à la Ramée, qui avoit été son Maître en Philosophie au Collége de Presles, & qu'en donnant au public ce petit échantillon de son esprit, il satisfit encore pleinement au devoir de la reconnoissance

Cependant il n'avoit point pris de parti dans les querelles violentes & les injures personnelles de Ramus & de Charpentier, qui ont tant fait de bruit. Comme il étoit très-judicieux & qu'il n'avoit pas moins d'amour pour la vérité, que de reconnoissance pour son Maître, il avoit embrassé la doctrine d'Aristote, malgré la critique feinte ou véritable de Ramus.

Il expliquoit alors Platon à Paul de Foix ; mais comme les écrits de ce divin Philosophe, quoique pleins de fleurs & d'une agréable variété, sont coupez de digressions tirées de loin, de recits pris de la fable, de demandes & de réponses à la maniére des Dialogues. De Foix accoûtumé à la précision d'Aristote, qui ayant son objet en vûë en écarte tout ce qui est étranger, se servoit de d'Ossat, qui lui développoit pendant le chemin les vrais sentimens de Platon ; ce que de Foix répétoit ensuite. Ceci ne se passoit qu'entr'eux ; mais quand on étoit décendu de cheval, il faisoit appeller de Thou, & ceux qui mangeoient à sa table.

Tandis qu'on aprêtoit le repas, François Choesne, qui lui servoit de Lecteur, depuis Président à Chartres, lui lisoit devant d'Ossat les sommaires de Cujas sur le Digeste. De Foix les expliquoit exprés plus amplement, parce qu'ils sont fort concis dans la vûë, que Cujas en étant averti, s'étendît davantage sur le Code : ce que fit Cujas par un ouvrage plus étendu, qu'il dédia à de Foix. On peut voir dans la Préface, combien ce grand homme, qui ne donnoit rien à la faveur, avoit d'estime pour lui. Aprés le repas, de Foix se faisoit lire par le même Choesne les Commentaires d'Alexandre Picolomini, sur les secrets de la Physique. C'étoit ce que lui & d'Ossat expliquoient alternativement avec le plus de plaisir.

Le premier des Princes d'Italie qu'ils visitérent, fut Philibert Emanuel Duc de Savoye, qu'ils trouvérent malade d'une fiévre quarte. Ce Prince étoit venu de Nice à Turin, & laissoit le soin

, qui est la marque la plus certaine d'un bon cœur. Charpentier répondit à d'Ossat ; mais ce fut par des injures, comme font ordinairement ceux qui n'ont rien de meilleur à dire. Il le traite de Magistellus trium litterarum, ou selon nôtre mot vulgaire, de sot en trois lettres. Il lui reproche sa premiére condition de Précepteur, & je ne sçai quoi qu'il ne veut pas dire encore, pour faire penser de son Adversaire le mal qu'il n'osoit en dire, & qu'il n'en pensoit pas lui-même. Aussi Mr Baluze n'a-t'il pas manqué de relever cette impudente modération. Pour moi, dit-il, je n'entends pas ce que Charpentier veut dire, en parlant ainsi d'un homme très-sage & très-sçavant, de qui il n'a jamais, que je le sçache, couru aucun mauvais bruit.

Il faut encore ajoûter qu'il appelle d'Ossat, Thessalum, à cause de son nom d'Arnaud, parce que les Arnautes étoient un peuple de Thessalie. Turlupinade indigne d'un homme de Lettres.

soin de presque toutes ses affaires à la Duchesse Marguerite son épouse, qui avoit autant d'esprit que de vertu. De Foix connu de cette Princesse avant & depuis qu'elle fut mariée, & rempli pour elle d'une estime respectueuse, passa quelques jours à Turin. Le commerce des belles lettres fit lier à de Thou dans cette Cour une amitié fort étroite avec Guy de Monlins de Rochefort, du païs Blézois, & déja fort âgé. Aprés son retour en France, il continua ce commerce par la liaison qu'il eut avec le frére de Rochefort, & le renouvella quelques années aprés avec lui-même à Bâle, où ce sçavant homme mourut. La connoissance de l'histoire naturelle, que Rochefort expliquoit avec beaucoup d'agrément, & qu'il enrichissoit par la solidité de son jugement de plusieurs expériences, l'avoit mis fort bien dans l'esprit du Duc & de la Duchesse, qui le distinguoient autrement qu'un Médecin, quoiqu'il exerçât cette profession avec assez de succez.

Le Duc ayant fait préparer une barque, de Foix décendit par le Pô à Cazal, avec toute sa suite. Cette Ville est la Capitale du Montferrat, & renommée par la force de sa Citadelle. Ce fut delà que de Thou, qui prit congé de Paul de Foix, alla avec ses amis faire une promenade de deux jours dans le Milanez. Avant que d'entrer dans Pavie, ils s'arrétérent au lieu malheureux où François I. avoit combatu & avoit été pris. Ils y furent voir la Chartreuse qui passe dans l'Europe pour la plus belle, & qui est célébre par les tombeaux des Vicomtes de Milan. Là il aprit du plus ancien Chartreux, qu'il interrogeoit, suivant sa coûtume, avec un grand soin, une particularité digne d'être sçûë & qu'il mit sur son Journal, ne croyant pas qu'elle eut été remarqué ailleurs. Ce bon Religieux lui dit, que le Roi ayant été pris proche des murs de leur Convent, que le canon avoit renversez, fut conduit par une bréche dans leur Eglise. Que là s'étant mis à genoux devant le grand Autel dans le tems que les Religieux étoient au Chœur & qu'ils chantoient le Pseaume 118. aprés qu'ils eurent achevé le Verset 70. & fait la Pause ordinaire, le Roi les prévint, & dit par cœur à haute voix le Verset suivant, qui se rencontroit si à propos pour sa consolation : *Seigneur, il m'a été trés-utile que vous m'ayez humilié, afin que j'aprenne vos ordonnances.*

Quand de Thou eut vû les Eglises de Pavie, il vint à Milan,

de-là par Lodi à Plaifance, où de Foix étoit déja décendu par le Pô, & d'où il alla à Mantouë faluër le Duc Guillaume. Ce fut-là que de Thou connut Camille de Caftiglione fils du Comte Balthafar, qui s'étoit fait un grand nom par fon favoir, par fes poëfies, & principalement par fon *Homme de Cour*, qu'il avoit fait d'imagination, comme Cicéron avoit fait fon *Orateur*. Ce fils étoit fi femblable à fon pére en fageffe, ou en inclination, de vifage, ou de taille, qu'il fembloit que le pére avoit voulu revivre en fa perfonne.

Entr'autres raretez qu'Ifabelle d'Eft grand'-mére des Ducs de Mantouë, Princeffe d'un excellent efprit, avoit rangées avec foin dans un bel ordre & dans un cabinet magnifique, on fit voir à de Thou une chofe digne d'admiration ; c'étoit un Cupidon endormi, fait d'un riche marbre de Spezzia fur la côte de Gennes, par Michel Ange Buonarotti, homme célébre, qui de fes jours avoit fait revivre la Peinture, la Sculpture & l'Architecture, fort négligées depuis long-tems. De Foix, fur le raport qu'on lui fit de ce chef-d'œuvre, le voulut voir. Tous ceux de fa fuite, & de Thou lui-même, qui avoit un goût fort délicat pour ces fortes d'ouvrages, aprés l'avoir confidéré curieufement de tous les côtez, avoüérent tous d'une voix, qu'il étoit infiniment au-deffus de toutes les loüanges qu'on lui donnoit.

Quand on les eut laiffez quelque temps dans une admiration qui alloit jufqu'à la furprife, on tira, comme d'une machine, un autre Cupidon enveloppé de plufieurs bandelettes de foye. Il étoit encore tout gâté de la terre d'où on l'avoit tiré, & d'un ouvrage antique tel que nous le reprefentent tant d'ingénieufes Epigrammes, que la Gréce fit jadis à l'envi à fa loüange. Alors toute la compagnie comparant l'un avec l'autre, avoit honte d'avoir jugé fi avantageufement du premier, & convint que l'ancien paroiffoit animé, & le nouveau un bloc de marbre fans expreffion. Quelques domeftiques leur dirent que Michel Ange, qui étoit plus franc que les habiles gens comme lui, ne le font ordinairement, pria inftamment la Comteffe Ifabelle, aprés qu'il lui eut fait prefent de fon Cupidon & qu'il eut vû l'autre, qu'on ne montrât l'ancien que le dernier, afin que les connoiffeurs puffent juger en les voyant de combien en ces fortes d'ouvrages les anciens l'emportent sur les modernes.

De Mantouë l'on vint à la Mirandole, où l'Artuisie, connu depuis dans les Guerres civiles, commandoit une garnison de François. De Foix y fut reçû avec beaucoup de politesse par Fulvie de Corregges, veuve & mere des Pics, Princes de la Mirandole. Il n'y séjourna que deux jours ; delà passant à Concordia, Ville de cette Principauté, il se rendit à Ferrare. Le Duc Alphonse lui fit un accueil favorable, & à tous ceux de sa suite, qui ne trouvérent point de différence entre cette Cour & celle de France, tant ce Prince allié de nos Rois & élevé dans leur Cour, en avoit pris les maniéres. De Foix voulut y conférer avec François Patrici Dalmara, qui y expliquoit Aristote d'une façon singuliére & fort éloignée des précédentes interprétations. Aussi l'accusoit-on de vouloir introduire de dangereuses nouveautez, comme il paroît par quelques-unes de ses Dissertations imprimées. De Thou le vit aussi, mais il ne lui parla pas.

Delà, de Foix fut conduit à Venise dans une Galére que le Duc de Ferrare avoit fait parer magnifiquement. Il entra de nuit dans cette Ville par le grand canal, mais par un si beau clair de Lune, que tout le monde fut charmé de voir dans la mer l'image de ces beaux édifices, qui le bordent dés deux côtez. Ce spectacle les fit souvenir de ce que raporte Philippes de Comines Ambassadeur à Venise du tems de Charles VIII. que dans toute l'Europe il n'y a point de Ville remplie de si beaux Palais, qui sont presque tous bâtis de marbre.

De Foix alla loger chez du Ferrier Ambassadeur de France ; ceux de sa suite se logérent aux environs : pour de Thou, il prit un appartement dans l'Auberge de Dona Justina, qui lui avoit été destiné par du Ferrier, ami particulier du premier Président son pére. Ce sage vieillard lui choisit cette maison, parce que c'étoit la seule femme de son genre qui fut exempte de soupçon. De Foix fut conduit à l'Audience par du Ferrier, suivant l'usage, & fut reçû fort honorablement par le Sénat, tant par raport à sa naissance, que par raport à l'estime qu'il s'étoit acquise dans son Ambassade ordinaire auprés de la République.

Cependant les amis que de Foix avoit à Rome, lui mandoient qu'il auroit de la peine à être bien reçû du Pape ; que le Saint

C 2

Pére n'avoit pas oublié la Mercuriale, où l'on avoit accufé de Foix, ni fa condamnation par les Commiffaires ; que quoiqu'ils l'euffent jugé contre les formalitez ordinaires, & qu'il eut été depuis abfous par le Parlement affemblé, cela n'empêcheroit pas qu'on ne l'inquiétât encore. Là deffus il jugea à propos de s'arrêter quelque part, pour recevoir de nouveaux ordres du Roi, & pour attendre que ceux qui s'étoient chargez de fon affaire en Cour de Rome, lui ménageaffent un accez favorable. Pour cela il choifit Padouë, la plus forte Place des Venitiens en terre ferme, fameufe d'ailleurs par les plus célébres Profeffeurs en toute forte de fciences.

Il s'y retira avec de Thou, qui ne le quittoit guéres, & avec ceux de fa fuite, qui n'étoient pas allez voir le païs. Pendant ce féjour, de Thou prit le tems avec fon coufin germain de voir le pays des Venitiens, qui eft en deça des montagnes. Il vifita Vicenze, Pefchiére, le fameux Lac de Garde, Veronne, connuë par fon ancienneté & par les Tombeaux des Scaligers, originaires du pays. Breffe, voifine & alliée de Veronne, & la Patrie de Catulle ; Bergame, qui s'étend du côté des montagnes, d'où il revint par Crefme, Efte & Crémone, à Padouë.

Jérôme Mercurial de Forly, dans la Romagne, y enfeignoit encore. Il avoit conçû de l'eftime pour de Thou, qui quoique fort jeune, le voyoit familiérement. Il s'étoit fait un grand nom par fon fçavoir & par fes écrits, dont la plufpart avoient été rendus publics par fes difciples. Il n'y avoit pas long-tems qu'il étoit revenu de la Cour de l'Empereur Maximilien ; depuis il fut appellé à Florence par le Grand Duc, avec des apointemens confidérables. Il enfeigna long-tems la Médecine dans l'Académie de Pife, & revint enfin à Florence, où il vécut jufqu'à un grand âge.

Nyphus étoit auffi à Padouë, & y expliquoit Ariftote. Il vouloit foûtenir la réputation de fon grand-pere, & celle que luimême s'étoit acquife à Paris, où il avoit enfeigné avec un grand concours d'Auditeurs, dans le temps qu'il étoit à Paul de Foix. C'étoit un homme prefque infociable, médifant & jaloux, qui faifoit gloire de ne loüer prefque jamais. Il étoit piqué contre Jules Céfar Scaliger, de ce qu'il n'avoit pas fait affez de cas de fon grand-pére Nyphus, & que dans ses discours ordinaires, il lui préféroit Pomponace son précepteur. Comme la réputation de Jules étoit trop bien établie pour qu'il pût médire de son esprit ni de sa doctrine, il se déchaîna contre Joseph Scaliger ; mais le mérite de l'un & de l'autre étant au-dessus de la calomnie, il les attaqua sur leur naissance. Ayant apris que de Thou étoit des amis particuliers du fils, il le tira à part, & avec un grand discours de déclamateur, il tâcha de persuader à ce jeune homme, qui ne croyoit pas legérement, que Jules Scaliger étoit fils de Benoît Bourdon, ou Burden. Ce fut lui qui donna lieu à cette Fable, que d'autres esprits aussi malins appuyérent depuis, à leur honte, dans de grands libelles, qui ne sont dignes que de la main du bourreau.

Quand les Ministres de France & les amis de Paul de Foix lui eurent mandé qu'on le recevroit bien à Rome, il partit de Padoüe sur la fin de l'Hyver, & passant par Buigo & Lignago, arriva à Bologne première Ville de l'Etat Ecclésiastique. Allessandro d'All-armi, accompagné de la principale Noblesse de la Ville, vint au-devant de lui avec un grand cortége de carrosses, & lui offrit son logis, qu'il fut enfin obligé d'accepter, aprés s'en être défendu quelque temps. De Foix dans le séjour qu'il y fit, y fut traité avec toutes les marques de distinction, & visité par tous les Ordres de la Ville.

Charles Sigonius l'y vint saluër. Ce sçavant homme avoit eu plusieurs contestations avec François Robortel d'Udine, qui étoit mort alors, mais fatigué de la véxation des Allemans du parti de Robortel, il avoit quitté Padoüe, où il avoit d'abord fixé ses études, & s'étoit retiré à Boulogne à la priére de Jacques Buoncompagnon. Il y composa, avec bien du jugement, & avec une grande exactitude, l'*Histoire de Rome du dernier siécle*, qu'il dédia à Buoncompagnon. Dés le temps qu'il étoit à Padoüe, il avoit donné au public l'*Histoire de Rome* du siécle précedent, & plusieurs autres ouvrages dignes de la postérité.

Durant ce séjour à Boulogne, de Thou ne le quitta guéres. Comme Sigonius avoit de la peine à s'exprimer en Latin, de Thou fut obligé, pour ne se pas priver de sa conversation, de se servir du mieux qu'il pût de l'Italien. Sigonius lui avoüa enfin, qu'il étoit l'Auteur, non-seulement des Livres du Sénat Romain, imprimez sous le nom de Jean Zamoski, Palatin de Belski, Seigneur d'une réputation fort établie & fort étenduë, mais encore de la Pologne, de Pierre Craffenski, & du Commentaire sur les Loix des Romains touchant la diftribution des terres,

<small>C'étoient les Loix Romaines, sur la difpofition de certaines terres qu'on diftribuoit au peuple & aux soldats.</small> *Leges Agrariæ*, donné sous le nom de Bernardin Lauretano. De Thou vit encore les *Mémoires d'Ulyſſe Aldobrandin ſur l'Histoire naturelle.*

De Boulogne on se rendit à Florence par l'Apennin, qui étoit tout couvert de neiges. A peine l'eut-on décendu qu'on entra dans un pays si doux & si agréable, qu'il sembloit que l'on fût dans un autre climat, quoiqu'il soit au pié de ces affreuses montagnes. Le Prince François de Médicis sortit au-devant de Paul de Foix, & le conduisit dans le Palais où il logeoit avec Jeanne d'Aûtriche sa femme. Le Grand Duc Cosme son pére vivoit encore, & s'étoit retiré dans le Palais Piti, qui étoit joint à l'autre par une galérie couverte sur la riviére d'Arne. Il s'étoit remis des soins du Gouvernement sur son fils, & s'en étoit réservé le titre & les honneurs. De Foix, avec toute sa suite, alla le saluër. Il le trouva dans une grande Salle auprés du feu & en bonnet de nuit. Cosme avoit été fort bel homme; mais il avoit alors la couleur du visage jaunâtre & brune, & étoit frapé de la maladie dont il mourut peu de tems aprés. Comme il entendoit avec peine & parloit de même, Camille Martelli, qu'il avoit épousée aprés la mort d'Eleonor de Toléde sa première femme, ne l'abandonnoit point. Elle lui faisoit entendre ce qu'on lui disoit, & répondoit souvent pour lui.

Antoine-Marie Salviati Evêque de Saint-Papoul, depuis Cardinal, ne quittoit point de Foix, comme faisoit aussi Robert Ridolfi, qui s'étoit sauvé depuis peu d'Angleterre, où le Pape l'avoit envoyé pour quelques négotiations secrettes avec Marie Reine d'Ecoffe. Pierre Vittori, vieillard vénérable, venoit encore souvent lui rendre visite, & quand de Foix étoit occupé, il entretenoit ordinairement de Thou.

Il se plaignoit qu'on commençoit à négliger les belles lettres en Italie; qu'il donneroit volontiers plusieurs Ouvrages au public, s'il ne craignoit qu'on ne les estimât pas ce qu'ils valoient;

que les Imprimeurs étoient ignorans & pareffeux ; que depuis quelques années il avoit mis fon Æfchyle corrigé & augmenté entre les mains d'un jeune François affez fçavant (c'étoit d'Henri Etienne dont il parloit) qui après l'avoir fait attendre longtems, s'étoit aquitté de l'impreffion fort négligemment ; qu'il avoit fait auffi plufieurs Notes prifes des Anciens, fur les Lettres de Cicéron à fes amis, & principalement à Atticus, qu'il apprehendoit de perdre dans un fiécle fi malheureux.

Il mena de Thou à la Bibliothéque de Saint Laurent, & lui fit voir un gros volume, qu'on appelle l'*Ocean*, & qui eft un Recueil manufcrit des Interprétes Grecs d'Ariftote, avec un Virgile écrit en lettres capitales. Non, fans fe plaindre avec douleur de la diffipation de la fameufe Bibliothéque de Médicis, que le malheur de leurs féditions avoit fait tranfporter à Rome, & même hors de l'Italie. C'eft la même que Catherine de Médicis acheta depuis, & qu'elle fit aporter en France malgré l'opofition du Grand Duc. Elle la garda en particulier tant qu'elle vécut, ayant un Bibliothéquaire à fes gages. Aprés fa mort, de Thou en augmenta la Bibliothéque du Roi, qu'il enrichit de ce Tréfor acheté des créanciers de cette Reine.

Le Livre des Pandectes ne courut pas la même fortune. Ceux de Pife le trouvérent autrefois à Conftantinople, & l'aportérent d'abord à Pife, d'où l'on le transféra à Florence, & où l'on le mit dans la Maifon de Ville ; ce qui l'empêcha d'avoir le même fort que la Bibliothéque de Médicis. Depuis on l'a confervé avec grand foin dans le Palais avec les raretez les plus précieufes du Grand Duc. De Thou, qui le feüilleta, remarqua, & par l'ancienneté des caractéres & par la relieure, que c'étoit l'original des exemplaires que nous en avons ; car la tranfpofition qu'on y voit aujourd'hui fur la fin, paroît vifiblement tirée de celui-ci, fuivant la remarque d'Antoine Auguftin : ce qui fit reffouvenir de Thou de la paffion de Cujas pour voir ce Livre. Cujas lui avoit fouvent dit qu'il configneroit volontiers deux mille écus pour pouvoir s'en fervir un an de temps, afin de réformer les Pandectes. Car quoique l'édition de Lélio Taurelli paroiffe fort exacte, cét homme fçavant & laborieux prétendoit, par fes propres lumiéres & par fon examen, découvrir dans l'original beaucoup de choses, qui avoient pû échaper à Taurelli, & même des fautes d'impression. Etant à Turin, il avoit fait son possible pour se satisfaire là-dessus; il avoit employé le crédit du Duc & de la Duchesse de Savoye, auxquels il en avoit parlé, & qui s'étoient offerts d'être sa caution envers le Grand Duc; mais ce Prince avoit toûjours répondu que le Livre ne sortiroit point de sa place : que si Cujas vouloit venir à Florence, il seroit content de lui, & le maître absolu du Livre. Ce qui faisoit dire à Cujas, qu'il ne lui manquoit que cette satisfaction pour remplir cette profonde connoissance qu'il avoit de la Jurisprudence, & que son regret là-dessus lui dureroit jusqu'à la mort.

De Thou vit encore à Florence Georges Vazari d'Arezzo, excellent Peintre & Architecte, qui le conduisit par tout. Il remarqua les portraits de Jean & de Garsias de Médicis, fils du Grand Duc. Ayant sçû leur sort funeste assez confusément, il pria Vazari en particulier de lui avoüer si ce qu'il en avoit apris étoit véritable. Celui-ci ne répondit que par un silence, qui marquoit assez la vérité de ce qu'on en disoit en secret. Il lui dit cependant que Cosme n'avoit rien fait qu'avec justice; mais qu'il avoit caché cét accident tout autant qu'il l'avoit pû, de peur que dans les commencemens de sa Principauté, ses ennemis ne saisissent cette occasion de le rendre odieux.

Voi le Livre 92. de la grande Histoire.

De Florence on vint à Sienne, où le souvenir des François étoit encore récent. De Thou, qui songeoit déja a écrire l'histoire de son temps, en visita la situation exactement, pour se former par la connoissance des lieux, une plus juste idée de son long siége. De Foix, dans le séjour qu'il y fit, alla voir Aléxandre Picolomini, Docteur vénérable par sa vieillesse & par ses cheveux blancs. Comme il ne s'étoit point fait annoncer, & qu'il le surprit, il le trouva seul appuyé sur un oreiller, & qui retouchoit ses Commentaires sur Aristote. Picolomini fit à de Foix de grands remerciemens de l'honneur de sa visite, & beaucoup d'excuses de l'absence de ses Valets. Aprés que de Foix eut pris sa place & qu'il eut ordonné à ceux de sa suite, dont étoit de Thou, de s'asséoir, ce vieillard leur parla long-tems de ses études; que dans un âge où les divertissemens que les autres peuvent prendre innocemment, ne lui étoient plus permis, il en goûtoit les
fruits

fruits avec beaucoup de plaisir: qu'il ne disoit pas cela seulement pour faire voir la consolation qu'il avoit trouvée dans sa vieillesse, mais pour faire connoître par son exemple aux jeunes gens qui l'écoutoient, combien il est utile de ne se pas abandonner à l'oisiveté, mais de s'apliquer à l'étude de la Philosophie.

De Sienne, de Foix prit le chemin de Luques, chargé des Lettres du Roi & du nouveau Roi de Pologne, pour la République & pour les principaux de la Noblesse qui étoient la plûpart de leurs amis. Ils le reçûrent, & toute sa suite, non-seulement comme Ambassadeur, mais comme leur ami particulier. Delà il se rendit à Rome en trois jours, aprés avoir passé par Montefiascone & par Viterbe, d'où il alla voir Banagnia, que le Cardinal Gambara a fort embelli, & qui est célèbre par l'abondance de ses fontaines & par ses eaux artificielles. 1574.

De Foix entra de nuit à Rome par Pontemolle, & fut conduit à l'Audience secrette du Pape par l'Ambassadeur ordinaire. Quelques jours après il eut Audience publique, où de Thou, & les principaux de sa suite, furent admis à baiser les piés de Sa Sainteté.

Alors par un grand abus, & sans égards pour l'honneur de la France & pour de Foix, son procez de la Mercuriale terminé, il y avoit plus de douze ans, fut examiné de nouveau & renvoyé à une Congrégation de Cardinaux. On le peut excuser de s'être soûmis à leur jugement, sur ce qu'ayant passé par Avignon pour voir le Cardinal d'Armagnac son proche parent, qui lui avoit promis de lui résigner ses grands Bénéfices, comme il fit effectivement depuis, ce vieillard de prés de quatre-vingt ans avoit exigé de lui, avant toutes choses, qu'il finît ses affaires en Cour de Rome. D'ailleurs, des personnes mal-intentionnées, & qui ne l'aimoient pas *, lui avoient fait espérer malicieusement que son affaire seroit bien tôt terminée, s'il la remettoit entre les mains du Pape. Ainsi il fut la victime de sa bonne foi, qui l'engagea dans un labyrinthe d'affaires, dont il eut toutes les peines imaginables de sortir au bout de dix ans. *C'étoit principalement le Cardinal Pellevé.

Il ne faut pas oublier ici une particularité remarquable, dont de Thou ayant oublié la datte, n'a point parlé dans l'Histoire générale, quoiqu'elle soit marquée dans ses Recueils. On y trouve, que de Foix fatigué de la maniére indigne dont on le traitoit dans cette Cour, & de ses follicitations inutiles auprés des Cardinaux, alla trouver un jour le Cardinal Prosper de Sainte-Croix de la faction de France, & qu'il lui demanda son conseil pour pouvoir sortir à son honneur & sans se broüiller avec le Pape, d'une affaire si honteuse pour lui, & où le Roi n'avoit point de part.

<small>* Il avoit été, dit Amelot de la Houssaye, dans ses Notes sur les lettres du Cardinal d'Ossat, Nonce en France & en Portugal, d'où il apporta l'usage du Tabac en Italie, où cette herbe encor appellée Santa Croce à cause de lui.</small>

Au commencement de nos Guerres civiles * Sainte Croix avoit été Nonce en France, & nommé Cardinal à la recommandation de la Reine. Instruit des secrets de l'Etat, il avoit traité les intérêts du Pape & de cette Princesse, avec une prudence & une fidélité particuliére, comme le témoigne le Duc de Nevers dans les Mémoires de son Ambassade auprés de Sixte V. Comme il avoit conservé la même affection, & qu'il sçavoit que la Reine avoit une grande considération pour de Foix, qui lui devoit sa fortune & ses emplois, il le mena dans une grotte de sa vigne, un jour que les chaleurs étoient déja fort grandes, quoi qu'on ne fut qu'au commencement de Mai. Il voulut que de Thou fut du secret & qu'il les y accompagnât; il l'estimoit par rapport à l'amitié qu'il avoit faite en France avec le Président de Thou son pére. Là, après s'être étendu sur son sincére attachement pour le Roi & pour la Reine, & sur son estime particuliére pour la vertu & pour le mérite de Paul de Foix, il lui dit :

„ Vous m'obligez, Monsieur, de découvrir en vôtre faveur des
„ secrets que l'on voile ici du plus religieux silence, & de vous fai-
„ re connoître l'esprit de cette Cour & la sévérité dont elle use avec
„ les étrangers, lorsque l'occasion s'en presente, & qu'elle n'a rien
„ à craindre. Elle n'a pas de plus grande joye que d'embarasser par
„ la longueur de ses délais & de sa procédure éternelle, quelque
„ personne de distinction qui s'est soûmise à son jugement. L'é-
„ clat qui s'en répand dans le monde, fait naître dans les esprits
„ une crainte respectueuse de son autorité ; cependant cette sévé-
„ rité n'a lieu qu'autant que la foiblesse ou la crainte, qu'inspi-
„ re la Religion, la font valoir : quand il se trouve un Prince assez
„ ferme pour s'exempter de ces bassesses, alors on use d'adresse

& de déguisement avec lui, & toute cette rigueur disparoît. Sça- «
chez donc que le respect qu'on a pour cette Cour n'est fondé «
que sur l'opinion des hommes & sur leur patience : ce qui per- «
droit les autres Etats, comme a fort bien remarqué ce rusé Flo- «
rentin, fait subsister celui-ci. Que cela vous soit dit une fois, «
c'est une marque de ma confiance ; que ce m'en soit une de vô- «
tre discrétion & de celle de celui qui vous accompagne, quoi- «
qu'il soit encore jeune, je vous prie que personne ne le sçache. «
Je suis fâché que vous ne m'ayez demandé au commencement «
ce que vous me demandez aujourd'hui, vous auriez évité par «
une bonne conduite, ce que vous aurez bien de la peine à ré- «
parer par la soûmission. «

Je veux cependant, pour vous instruire, vous faire part d'un «
fait arrivé ici il n'y a pas long-tems. Vous avez connu Galeas de «
S. Severin Comte de * Cajazze, que l'on m'a dit être mort en Fran- « *Il y a eu
ce depuis peu ; il avoit gagné les bonnes graces du Roi Trés- « sous Fran-
Chrétien, & avoit suplanté Adrien Baglioni, qui vient de mou- « Galeas de
rir, & qui étoit frére de ce brave Astor qui a défendu Fama- « Saint-Sé-
goûste en Chypre & que les Turcs ont fait massacrer inhumai- « Grand E-
nement †. Dans vos derniéres Guerres le Roi fit Saint-Sévérin « France. Ste
un des premiers Colonels de l'Infanterie Légére de France. Aprés « Marche
la Paix faite, il y a plus de quatre ans, Saint-Severin vint à Bou- « la Maison
logne pour voir ses parens, recüeillir le peu de bien qu'il avoit « Tom. 1.
dans le pays, & le transporter en France. Ceux qui s'en étoient « Voi l'Hi-
emparez apréhendérent qu'il n'y rentrât, & par intérêt, ou en « Chipre par
haine de la nouvelle Religion qu'ils l'accusoient de professer, « Gratiani.
le défererent à l'Inquisition. Aussi-tôt on l'arrêta, & l'on le con- «
duisit à Rome. «

A cette nouvelle, le Roi entra dans une furieuse colére, & «
dépêcha sur le champ à Rome Saint-Goart de la Maison de Vi- «
vonne, homme de qualité parmi vous, & presentement Ambas- «
sadeur en Espagne, à ce que j'ai appris. Ce Prince le chargea «
expressément de redemander un homme qui étoit à son service «
& sur qui personne n'avoit de jurisdiction que lui, avec plein pou- «
voir de le ramener, à quelque prix que ce fût. Saint-Goart en «
arrivant exposa d'abord ses ordres à Sa Sainteté : le Pape qui a «
joûtoit à la sévérité de cette Cour la dureté de son naturel, lui «

,, répondit : Qu'il étoit surpris que le Roi Trés-Chrétien prit si
,, fort les intérêts d'un Hérétique, qu'il dévroit voir punir avec
,, joye. Que cependant puisqu'il demandoit un criminel avec tant
,, d'instance, il examineroit cette affaire avec attention, pour mar-
,, quer au Roi son maître les égards qu'il avoit pour sa demande.
,, S. Goart renvoyé avec cette réponse pour la première fois,
,, demanda quelques jours aprés une nouvelle Audience. Voyant
,, qu'on la remettoit de jour en jour & qu'on renvoyoit cette af-
,, faire à une Congrégation de Cardinaux, il dit : Que c'étoit avec
,, douleur qu'il se voyoit forcé d'executer ses ordres, & de gar-
,, der aussi peu de mesures qu'on en gardoit avec lui. Que si dans
,, trois jours on ne donnoit satisfaction au Roi, & si l'on ne lui
,, remettoit son Officier, il seroit obligé de se le faire rendre,
,, qu'il le déclaroit à Sa Sainteté, afin de lui donner le tems d'e-
,, xaminer, avec sa prudence ordinaire, s'il étoit plus avantageux
,, à Sa Dignité, & à celle du Saint Siége qu'il lui objectoit toû-
,, jours, d'accorder ce qu'un Roi Trés-Chrétien, qui a tant mé-
,, rité de l'Eglise, lui demandoit, ou de se broüiller avec lui par un
,, déni de justice. Que le Roi son maître ne pouvoit plus long-
,, temps refuser sa protection à son Officier, qui la lui demandoit,
,, ni s'empêcher de croire qu'en le retenant en prison on ne vou-
,, lut offenser Sa Majesté de dessein formé. Que c'étoit au Pape
,, à examiner promptement les intérêts de Sa Dignité, & ceux du
,, Roi Trés-Chrétien ; que dans trois jours il se presenteroit sans
,, demander Audience.
,, Au bout de trois jours, Sa Sainteté en ayant usé avec la mê-
,, me rigueur, il vit bien que le Pape vouloit éluder sa deman-
,, de par la longueur & l'embaras de la procédure ; ainsi il lui dé-
,, clara qu'il ne lui étoit plus permis de rester à Rome, que le Roi
,, ne lui avoit donné que quinze jours pour attendre la résolution
,, de Sa Sainteté ; qu'ils étoient passez, & que ce temps avoit été
,, suffisant pour se déterminer. Que puisqu'il n'avoit rien obtenu,
,, il étoit enfin obligé de déclarer que le Roi lui avoit ordonné
,, de retirer son Ambassadeur & de le ramener avec lui (c'étoit
,, Charles d'Angennes Evêque du Mans, qui depuis fut Cardinal)
,, que s'il arrivoit quelque affaire de conséquence, le Roi envo-
,, yeroit ses Ambassadeurs : que cependant les affaires ordinaires

se traiteroient par ses Agens & par ses Banquiers en Cour de Rome.

Aprés cette déclaration, sans attendre de réponse, il dit qu'au sortir de l'Audience il alloit ordonner de la part du Roi à l'Ambassadeur ordinaire, déja averti, qu'il eut à le suivre dans deux jours.

Ces paroles prononcées par Saint-Goart, avec une grande presence d'esprit & avec une liberté digne des anciens François, mirent le Pape dans la nécessité pressante de rejetter ou d'acheter l'amitié du Roi. Embaras semblable à celui du Roi Antiochus, quand autrefois Popilius Lænas le pressa de la part du Sénat, par la description d'un Cercle. Le Vieillard, aussi lent que hautain, en fut extrémement ému : cependant il dit à S. Goart, qui se retiroit ; Qu'il y penseroit davantage, & que le Roi seroit satisfait.

Quand il fut sorti, le Pape fit de grandes plaintes, s'emporta, demanda l'assistance de Dieu & des hommes, jetta les yeux de tous côtez, & s'écria : Que c'étoit fait de la Religion, qu'il n'y avoit plus de liberté dans l'Eglise ; qu'un jeune Prince, qui portoit le nom de Trés-Chrétien, prenoit, par de mauvais conseils, la défense des Hérétiques ; & ce qui étoit de plus outrageant, lui avoit envoyé un yvrogne, qui prétendoit par son audace effrontée, lui donner la Loi & à tout le Sacré Collége. Aprés ces plaintes, & plusieurs semblables, il consulta derechef avec les plus sensez des Cardinaux qu'il avoit nommez pour cette affaire, & voyant que Saint-Goart se disposoit secretement à executer ce qu'il avoit dit, on résolut qu'avant que ces contestations éclatassent, on lui rendroit incessamment Saint-Severin ; mais qu'on avertiroit Saint-Goart en particulier de ne point parler de ses ordres plus injurieux au Saint Siége qu'avantageux à Sa Majesté ; que c'étoit assez qu'il eut obtenu du Pape ce qu'il avoit demandé.

Comme Pie V. dans sa colére l'avoit appellé yvrogne, cela donna lieu de rechercher la vie de Saint-Goart, & l'on trouva que non-seulement il ne bûvoit point de vin ; mais qu'à peine bûvoit-il trois verres d'eau dans une année.

Si vous m'eussiez demandé conseil dés le commencement,

„ ajoûta Sainte-Croix, je vous aurois donné ces inſtructions, non-
„ ſeulement par raport à vôtre caractére, mais encore par raport
„ à nôtre amitié. Aujourd'hui que vôtre affaire a pris un autre
„ tour, par l'artifice de ceux qui vous ont engagé, il ne vous re-
„ ſte d'autre voye que celle de ſortir d'ici le plus honorablement
„ que vous pourrez, à la premiére occaſion qui ſe preſentera. Un
„ plus long ſéjour ne vous feroit pas ſeulement inutile, mais hon-
„ teux au Roi & à vôtre Dignité. Quand vous ſerez de retour,
„ tâchez d'employer l'autorité du Roi, comme je viens de vous
„ dire, qu'elle avoit réüſſi ſous un autre Pape que celui-ci, quoi-
„ que dans une affaire bien différente. Sans cela tous vos ména-
„ gemens & vos ſoûmiſſions ſeront inutiles, vous n'obtiendrez rien
„ que par la longueur & par une perte de temps, deſagréable &
„ ruïneuſe. Aprés cela le Cardinal de Sainte-Croix pria de Foix
„ de ſe ſouvenir du conſeil; mais d'oublier celui qui le lui donnoit.

Cependant ce procez étant toûjours entre les mains des Cardinaux, d'Oſſat, juſqu'alors Secrétaire de Paul de Foix pour ſes
études, commença par lui à s'apliquer aux affaires; il mit cette
cauſe dans un ſi grand jour, en fit un mémoire ſi net & ſi exact,
dont on donna des copies aux Cardinaux, que les plus éclairez
jugérent que s'il demeuroit long-temps à la Cour de Rome, il
s'y feroit connoître avec diſtinction, & parviendroit un jour aux
plus grandes dignitez.

Quelque tems auparavant, de Thou, qui en avoit demandé
permiſſion à Paul de Foix, étoit parti pour Naples ſur la fin de
Février, lorſque le Printemps commence en ce pays-là. Aprés
avoir paſſé par Vélitri, Terracine, & Fondi, premiére Ville du
Royaume de Naples, il y arriva par cette caverne pleine de
pouſſiére d'écrite par Senéque, & creuſée dans la montagne Pau-
ſilippe. Il y vit Jean-Baptiſte de la Porte, connu par ſon *Hiſtoire des choſes cachées dans la Nature*, que l'Auteur augmenta
depuis. Delà, il fit une promenade juſqu'à Salerne & Sorrien-
to, admirant par tout la douceur de l'air & la beauté du pays.
Il vit Mergolino *, lieu célébre par le tombeau de Sannazar,
& par celui de Virgile qui n'en eſt pas loin: l'aſpect de la mer

* J'ai ſuivi les Cartes de Hondius, c'eſt la fameuſe Mergilina, dont Sanazar, à qui cette Maiſon de plaiſance appartenoit, parle ſi ſouvent dans ſes poëſies.

rend ce lieu fort agréable. Il se hâta de revenir à Rome par Pouzol, & par les lieux remarquables d'alentour ; mais si défait & si fatigué des mauvais gîtes, qu'il paroissoit plûtôt revenir d'une longue & fâcheuse maladie, que d'un voyage.

Les affaires de Paul de Foix n'interrompoient point ses études. D'Ossat, pendant les chaleurs de l'aprés-dîné, lisoit devant lui, & en presence des Gentilshommes de sa suite, la Sphére d'Aléxandre Picolomini, & l'expliquoit alternativement avec de Foix, suivant leur coûtume. De Thou étoit un des plus assidus à les entendre. Son séjour à Rome fut de six mois. Il les employa à lier, à son ordinaire, amitié avec les plus sçavans hommes, principalement avec Marc-Antoine Muret, dont il avoit entendu l'éloge de la bouche de Joseph Scaliger, & que Jules Scaliger son pére n'estimoit pas moins qu'il en étoit estimé. Ainsi tout le temps qu'il n'étoit point auprés de Foix, qu'il quittoit fort peu, il le passoit auprés de Muret, auquel il demandoit son sentiment de tous les habiles gens qui étoient à Rome.

Muret lui apprit le malheur de Scipione Tettio de Naples, homme à son gré universel ; mais qui accusé d'Athéïsme avoit été condamné aux Galéres, où peut-être il étoit mort. Il regrettoit * aussi Aonius Palearius de Vérulo, & Nicolas le Franc de Benevent, dont l'un, à ce qu'il disoit, avoit été brûlé pour son indiscrete ingénuité sur les matiéres de Religion, & l'autre condamné à être pendu, sous le Pontificat de Pie V. pour avoir parlé trop librement au gré de la Cour de Rome.

<small>* Il a écrit un Poëme Latin de l'immortalité de l'ame.</small>

De Foix avoit été logé à Aracéli, Convent de Cordeliers au-dessus du Palais Saint Marc, où le Pape venoit ordinairement passer les chaleurs. Muret y venoit souvent, & mena plusieurs fois de Thou chez Paul Manuce, qui ne quittoit plus le lit. De Thou vit encore Latino Latini, Laurent Gambara, & Fulvio Ursini logé au Palais Farnése, & celui qu'il voyoit le plus familiérement aprés Muret. Ottaviano Pantagolo, homme illustre entre les gens de Lettres, étoit déja mort ; de même qu'Onufrio Panvini son éleve, & si cher à Scaliger qui l'avoit connu à Rome, & qui l'aimoit par raport à sa patrie, & à la grande connoissance qu'il avoit des antiquitez Romaines, Sacrées ou profanes. Ce fut à Palerme que mourut Panvini.

Dans ce temps là, de Foix ennuyé de son séjour à Rome, & fatigué de la longueur de son affaire à laquelle on donna d'abord un mauvais tour, fut accablé de la nouvelle de la mort de Charles IX. quoiqu'elle lui fournît une occasion aussi honorable que funeste de sortir de Rome. Le Pape Grégoire avoit déja dépêché le Cardinal Philippes Buoncompagnon son neveu, en qualité de Légat, pour saluër le nouveau Roi de France, qu'on disoit être arrivé de Pologne sur les Frontiéres des Vénitiens. De Foix ayant pris congé du Pape, suivit aussi-tôt le Légat, & passant par Orvieto, Terni, Narni, Forli, Spolette & Urbin, il laissa Pézaro à droit, & traversant le fameux Rubicon, arriva à Rimini en poste avec toute sa suite. Dans le peu de séjour que de Foix fit à Urbin avec le Duc, de Thou n'eut que peu de tems pour examiner la beauté de l'Architecture du Palais & la belle Bibliothéque qu'on y conserve. Elle lui fut montrée par Fédéric Commendon, qu'il avoit plus d'envie de voir que la Bibliothéque, dont il ne regarda que la situation en passant.

Ils prirent à Rimini une Chalouppe à deux rames, & arrivérent à Ravenne avec un vent assez violent. De Thou y vit Hieronimo Rosso, excellent Historien des antiquitez de cette Ville, dont on a fait deux éditions, & qui a tâché d'imiter Sigonius dans la profonde recherche des antiquitez de sa Patrie. De Foix arriva à Vénise dans la même Chalouppe, avant le Légat, qui couroit par un autre chemin.

Là, s'étant joints à du Ferrier, ils vinrent ensemble par le Frioul saluër le nouveau Roi dans la Dalmatie. Belliévre & Pybrac étoient auprés du Prince. Pybrac venoit d'échaper un grand péril, qui fut le sujet d'un long entretien. Delà, l'on se rendit à Vénise, & l'Histoire a pris soin d'écrire la réception qu'on y fit au Roi, aussi-bien que dans tous les lieux de son passage en Italie. A Vénise, de Thou s'occupa dans les Boutiques des Libraires; il y trouva entr'autres plusieurs Livres Grecs fort rares en France, dont il enrichit sa Bibliothéque qu'il avoit déja commencée.

En quittant cette Ville, il alla prendre congé de du Ferrier, & lui demander un passeport. Du Ferrier, ami particulier du premier Président son pére, depuis le jour de la Mercuriale, se sépara du fils avec des marques sincéres de son amitié. Instruit

qu'il

qu'il étoit destiné à l'Eglise suivant l'usage des familles nombreuses, ce sage & vertueux Vieillard l'avertit de penser sérieusement à l'état qu'il embrassoit, d'examiner ses forces avant que de s'y engager davantage, qu'il paroîtroit par-là qu'il avoit plus d'égards pour la gloire de Dieu & pour les biens incorruptibles du Ciel, que pour ceux de la terre ; qu'autrement ces grandes richesses, qu'on nommoit Bénéfices, dont la plufpart abusoient, & dont ils ne se servoient qu'à satisfaire leur cupidité, seroient un poison aussi mortel à son ame qu'à son honneur. Paroles, qui pénétrérent de Thou si vivement, que depuis il aporta toutes les précautions possibles pour choisir un genre de vie.

De Vénise, toute la Cour se rendit à Ferrare, d'où le Roi dépêcha de Foix à Rome, pour remercier le Pape des Brefs honorables qu'il lui avoit envoyez. De Foix, accompagné du jeune de Thou, prit son chemin par Boulogne, & delà par Florence. Le Grand Duc François vint au-devant d'eux en deüil. Cosme son pére étoit mort quelques mois auparavant, d'autant moins regretté, qu'étant depuis long-tems épileptique, on ne devoit plus le compter parmi les vivans.

De Thou, qui se souvint de l'empressement extraordinaire de Muret pour voir l'*Histoire de Zozime*, qui est un abregé d'Eunapius, dont Muret n'avoit jamais pû voir l'exemplaire, qui est dans la Bibliothéque du Vatican, pria de Foix d'obtenir du Grand Duc, qu'il pût avoir pour quelques mois celui de Florence en sa disposition ; ce qui lui fut d'abord accordé : mais comme on sçût que Pie V. en avoit défendu la lecture à Florence, aussibien qu'à Rome, le Grand Duc s'en excusa depuis.

L'emportement de Zozime contre les Chrétiens, dans un temps où la superstition régnoit encore, & ses Satyres contre Théodose & Constantin étoient toûjours presentes à l'esprit du pieux Vieillard, & il craignoit encore dans le sein paisible du Christianisme, & dans un temps où les erreurs du Paganisme étoient abolies ; ce que du temps d'Evagrius les Chrétiens, encore mal affermis, avoient apprehendé.

Après avoir passé à Sienne, on arriva à Rome dans le tems que la campagne d'alentour étoit embrasée par le feu qu'on met aux chaumes après la moisson. De Thou, fit sçavoir à Muret

E

ce qui s'étoit passé sur le sujet de Zozime, & l'assura que si-tôt qu'il seroit de retour en France, il feroit son possible pour le satisfaire, s'il pouvoit trouver cette Histoire ou dans le Royaume ou en Allemagne; ce qu'il fit effectivement depuis, mais trop tard, comme on le dira dans la suite.

De Foix, s'étant acquité de sa commission en peu de jours, partit de Rome pour revenir trouver le Roi. Ayant laissé Florence à droit & passé à Sienne, il vint à Lucques, où il fut reçû comme la première fois avec de grandes marques d'amitié. Delà, passant par Pise, Pistoya, Pietra Santa, il arriva dans l'Etat de Gennes. Il en vit la Capitale & se rendit en Piémont, où le Roi étoit déja arrivé. Alors pour ne point embarasser la Cour dans les défilez des montagnes, on ordonna à ceux qui la suivoient de prendre le chemin de Lion.

De Thou y trouva son frére aîné qui étoit Maître des Requêtes. Il y resta quelque temps pour apprendre la résolution de la Cour. On y délibéra d'abord de la Guerre contre les Protestans. De Foix, dans le Conseil, eut prise avec Villequier sur ce sujet; mais en secret cette Guerre étoit résoluë. De Thou disoit avoir vû de Foix en soûpirer de regret, & soûtenir qu'on ne seroit pas long-temps sans se repentir d'une résolution si pernicieuse, & prise avec tant de précipitation.

De Thou fit à Lion ce qu'il avoit fait à Venise; il y acheta bien des Livres de Jean de Tournes & de Guillaume Roüillé, qui travailloit à l'impression de sa Botanique avec le secours de J. Dalechamps, & de sa Bible suivant la correction de Salamanque.

Aprés un mois de séjour, l'aîné de Thou s'en retournant à Paris, alla avec son frére trouver Paul de Foix, qu'il remercia de la part de son pére & en son particulier. Il le pria de trouver bon qu'il remenât son frére auprés du premier Président. De Foix lui témoigna que la compagnie d'un jeune homme si sage lui avoit fait un grand plaisir, & qu'il ne le laissoit partir qu'à regret, dans un temps où la Cour devoit bien-tôt se rendre à Paris; mais comme la Guerre étoit résoluë, & que le Roi devoit décendre en Provence, ils ne voulurent pas tarder plus long-temps à satisfaire leur pére. Ils le trouvérent avec leur mére à Cély en Gastinois. Ce Magistrat s'y occupoit à ses vendanges pendant les Vacations, & les reçût avec bonté.

Au retour d'Italie, de Thou s'appliqua pendant quatre ans à 1575. la lecture; il n'y profita pas tant que dans la conversation de ses doctes amis. Les principaux étoient Pierre & François Pithou fréres, Antoine Loysel, Jacques Houllier, digne fils du grand Houllier, & Claude du Puy. Ce dernier, reçû Conseiller au Parlement dans ce tems-là, épousa Claude Sanguin proche parente des de Thou. Par cette Alliance les liens de leur amitié, formez par le sçavoir & par la vertu, furent serrez plus étroitement par ceux du sang. Sur tous les autres, Nicolas le Févre fut celui qu'il cultiva davantage & qu'il conserva plus long-tems. C'étoit un homme dont le rare sçavoir & la droiture, la gravité & la douceur, égaloient la sagesse & la piété. On en parlera davantage dans la suite.

Au commencement de l'année suivante, le Roi qui croyoit a- 1576. voir pacifié la Provence & le Languedoc, & qui aprés la mort du Cardinal de Lorraine avoit reçû des assûrances de son Mariage, qu'il souhaitoit depuis long tems, traversa le Duché de Bourgogne, se rendit en Champagne & vint à Rheims, où il fut Sacré. Le lendemain il épousa Loüise de Lorraine, fille du Comte de Vaudemont. Le premier Président, avec Jean & Jacques de Thou ses fils, allérent l'y trouver.

Sur la fin de la même année, le Duc d'Alençon & le Roi de Navarre se sauvérent de la Cour, & se retirérent en différentes Provinces. Leur départ rejetta le Royaume dans de nouveaux troubles. La Reine-mére qui vouloit regagner son fils, se rendit à Loches, accompagnée des Maréchaux de Montmorenci & de Cossé, qu'elle avoit exprés fait sortir de prison, pour moyenner la paix entre les deux fréres. Le Maréchal de Montmorenci, qui avoit une grande autorité, oublia généreusement tous les mauvais traitemens qu'il avoit reçûs, & fit cette réconciliation avec une fidélité qui a peu d'exemple. Peu de temps aprés on craignit que les broüilleries ne recommençassent, & l'on dépêcha de Thou au Maréchal de Montmorenci, avec des ordres secrets de se servir de son crédit pour les prévenir. Il y réüssit, & les suspendit pour quelque temps. L'accommodement fut suivi d'un Edit révoqué si-tôt que la Guerre recommença.

La même année de Thou vit par occasion une partie des Pays-bas; peu s'en fallut même qu'il ne passât en Angleterre. Il étoit allé pendant les Vacations à Beauvais; il y trouva Christofle de Thou son cousin germain, Grand Maître des Eaux & Forêts de France, avec Jean de Longueil de Maisons leur parent. De Beauvais, ils allèrent tous trois de concert à Abbeville, à Bologne & à Calais, & furent fort bien reçûs par les Gouverneurs. Ayant ensuite passé l'Aa, qui sépare la France des païs-bas, ils vinrent à Gravelines le long des Dunes; d'où ayant laissé Bourbourg à droit, ils arrivérent le même jour à Dunkerque, qui brûlée dans les derniéres Guerres, avoit été depuis fort bien rétablie. Elle apartient, aussi bien que Bourbourg & Gravelines, à la Maison de Luxembourg, & est depuis échûë au Roi de Navarre son principal héritier. Aprés y avoir passé la nuit, le lendemain ils allérent à Niewport, Ville située sur le sable de la mer, & fort bien bâtie, comme toutes les Villes des Païs-bas.

Les troubles commençoient déja dans le Païs, par l'insolence des Soldats Espagnols, que les peuples ne pouvoient plus souffrir, & dont les Officiers n'étoient plus les maîtres : ainsi tout étoit en armes. Une troupe de François qui marchoit dans un tems si peu convenable, & que le bruit de ce qui se passoit sembloit avoir attiré, leur devint suspecte; aussi en entrant à Aldenbourg on les arrêta, & l'on les conduisit à Bruges avec une escorte de Flamans, dont ils n'eurent pas lieu de se plaindre. Là, le Conseil du Franc, qui est le Magistrat de la Ville, les interrogea séparément, & comme il reconnut que c'étoit la seule curiosité de voyager qui les amenoit, il leur fit dire par François Nanci leur Commandant, qu'ils pouvoient voir la Ville avec liberté; mais qu'ils feroient plus sagement de retourner chez eux.

Nanci, qui étoit un homme poli, demanda civilement à de Thou des nouvelles de Messieurs Pithou & du Puy : ce qui donna lieu à de Thou de lui en demander à son tour de Hubert Goltzius, qui quoique né dans la Franconie s'étoit venu établir à Bruges, d'où il étoit alors absent. Ils admirérent la beauté des bâtimens de cette Ville, qui semblent autant de Châteaux & de Palais; comme aussi le nombre de ses canaux & des ponts de pierre qui les traversent. La Ville étoit assez mal peuplée, &

l'on prétendoit que l'affront qu'y reçût l'Empereur Maximilien, il y a plus de cent ans, & dont il ne pût se venger, en étoit cause : car ce Prince accorda de grands priviléges aux Marchands d'Anvers dont le commerce devint florissant par la ruïne de celui de Bruges; desorte qu'il demeura tout entier entre les mains de ceux du Brabant. De Bruges, ils se rendirent à Gand, Ville célebre par ses troubles domestiques, qui ont causé sa ruïne. On pouvoit connoître la grandeur où elle avoit été, par l'état où elle se trouvoit encore.

Aprés avoir passé l'Escaut ils vinrent à Anvers. Cette Ville est dans une situation avantageuse, les bâtimens en sont fort beaux, & elle est encore riche, malgré la Citadelle qu'on y a faite. Fédéric Perrenot de Champigni y commandoit. On les conduisit chez lui, & de Thou prenant la parole, s'excusa sur l'envie de voyager si naturelle aux jeunes gens, quoique dans un temps peu propre pour la satisfaire. Ayant obtenu la liberté de voir la Ville, chacun se dispersa suivant son inclination.

De Thou fut chez Christofle Plantin, où malgré le malheur des tems il trouva encore dix sept presses d'Imprimerie. Il aprit de lui l'état malheureux des Pays-bas, & que si le Conseil n'y donnoit ordre, ils étoient sur le point d'être ruïnez par les Espagnols.

Aprés avoir séjourné quelque tems à Anvers & fait réflexion qu'il n'y avoit pas d'apparence dans un temps de confusion de passer en Hollande, où ils avoient eu dessein d'aller, ils songérent à leur retour. Ils vinrent d'abord à Malines, & delà à Louvain. Ils convinrent que tant pour la beauté, que pour le nombre des Colléges & des Académies, Louvain ne le cédoit en rien à Padoüe. Ils visitérent le Convent des Célestins, que Guillaume de Croüi de Chiévres, le sage Gouverneur de Charles V. avoit fait bâtir pour lui servir de sépulture, & à ceux de sa Maison.

De Louvain ils revinrent par Bruxelles, qu'ils trouvérent dans une grande émotion. La veille, les Etats, comme de concert, avoient fait arrêter ceux du Conseil Royal, soupçonnez de favoriser le parti d'Espagne. Leur Chef étoit Guillaume de Horne de Hése. Ainsi nos voyageurs n'eurent que peu de jours pour voir cette Cour des Gouverneurs des Païs-bas, & ce grand nombre de Palais qu'ils ont fait bâtir sur une éminence. Aprés que de Thou eut rendu visite à Ulric Vigilius de Zwichem, & eut entretenu par la permission de la Garde qu'on leur avoit donnée, Mondoucet Agent du Roi dans cette Cour, ils se retirérent, & vinrent à Mons en Hainaut par N. Dame de Hall. La mémoire de la surprise de Mons par Chaumont Guitry, étoit encore toute récente. Les troubles de Valenciennes les empêchant d'y entrer, ils revinrent par Cambrai, qui n'est qu'à sept lieuës de Péronne.

Ce fut par-là que finit leur Voyage des Pays-bas. Nos troubles domestiques, aussi dangereux que ceux de ces Provinces, étoient alors fort échauffez ; on y avoit donné lieu sans réfléxion, & suivant de mauvais conseils. Le Roi mieux conseillé les appaisa depuis par un nouvel Edit, qu'il donna l'année suivante. Durant le séjour que la Cour fit à Poitiers, le Roi dépêcha souvent en poste, & dans les chaleurs excessives de l'Eté de cette année, l'aîné de Thou, vers le Parlement & vers le premier Président son pére. Cét homme robuste, qui se fioit à ses forces & à son courage, courut la derniére fois en vingt-quatre heures depuis Poitiers jusqu'à Longjumeau. Jamais il ne pût revenir d'un effort si violent ; attaqué d'abord d'une fiévre lente, qui s'augmentant insensiblement, devint continuë, & l'emporta. Dans le cours de sa maladie, il perdit plusieurs de ses enfans encore jeunes. Il ne lui resta d'une famille si nombreuse qu'un fils qui vit encore, & trois filles.

1578. De Thou fut sensiblement touché de ces pertes, & de la longue maladie d'un frére qu'il voyoit diminuër de jour en jour, & qu'il regardoit comme le soûtien de sa famille. Quoique pénétré de douleur, il ne l'abandonna point, non plus que Renée Baillet sa belle-sœur, Dame trés-vertueuse, qui étoit inconsolable de la perte qu'elle prévoyoit de son mari.

Le malade languit dix-neuf mois, & pendant ce temps-là, de Thou fut reçû Conseiller au Parlement à la place de Jean de la Garde de Seigne, Conseiller-Clerc.

Pendant la maladie dont la Garde mourut, de Thou ne fit jamais de priéres plus ardentes, que celles qu'il fit à Dieu de redonner la santé à ce Magistrat.

Il n'ignoroit pas que le Roi, à la recommandation de son pére, lui destinoit cette Charge ; mais la douceur du repos & le charme de ses études, lui faisoient regarder cet emploi si fort éloigné de son genre de vie, qu'il ne pouvoit se résoudre à le quitter, pour un autre plein d'agitation, & dont les occupations étoient différentes.

C'est ainsi que toute sa vie non-seulement il a fuï les dignitez dûës à son mérite & à sa naissance ; mais que par un esprit de pénétration il trembloit lors qu'il étoit obligé de les accepter. Il craignoit toûjours de les trouver au dessus de ses forces, & de ne répondre pas avec assez de capacité aux espérances du Public. Mais aprés ces refléxions, il déposoit ses craintes & toutes ses vûës dans le sein de la Providence divine, persuadé qu'en la suivant il rempliroit dignement les emplois qu'elle lui destinoit. Car dés sa jeunesse, & n'étant qu'un simple particulier, jamais personne ne s'attacha davantage au bien de l'Etat, jamais personne ne fut plus sensible à ses malheurs, même lorsqu'ils arrivoient malgré sa prévoyance, il en étoit frapé jusqu'à altérer sa santé ; ce que ses amis lui reprochoient souvent ; au lieu qu'il recevoit ses propres pertes avec une résignation & une fermeté dont on voit peu d'exemples.

Aprés la mort de la Garde, on aporta à de Thou les provisions de sa Charge : c'étoient les premiéres que Hurault de Chiverni, son beau-frére, revêtu depuis peu de la Dignité de Garde des Sceaux, avoit scellées. Pour satisfaire son pére, & les empressemens de sa famille, il se soûmit à l'examen ; il s'y presenta en tremblant, bien different de ceux qui approchent de ce lieu redoutable avec une voix arrogante & un front d'airain. Séguier y présidoit avec Prevôt de Morsan, & Belliévre, fait depuis peu Président à la place de Baillet, & qui monta depuis aux plus grandes dignitez. De Thou fut interrogé pendant deux heures, en presence d'un grand nombre de Conseillers, suivant l'usage ; entr'autres par du Puy de Saint Valérien, oncle de du Puy de Vatan, qui depuis eut une mort ignominieuse. Ce Magistrat fort versé dans le droit civil & dans le droit Canonique, disputa contre lui avec opiniâtreté. Enfin, le Parlement ayant donné son Arrêt & pris son serment, Belliévre le conduisit à la première Chambre des Enquêtes. On remarqua qu'il dit en le menant, comme par un esprit prophétique, qu'un jour celui qui le suivoit le précederoit dans les plus grands emplois. La modestie du jeune de Thou, & sa destination à l'état Ecclesiastique, lui firent faire alors peu d'attention à ce présage.

Voici sa conduite dans cette Charge. Il parloit peu, s'appliquoit fortement à ce qu'on disoit, avoit du respect pour ses Présidens, traitoit ses confréres avec honneur, déféroit à ses anciens, & vivoit avec les jeunes avec amitié & politesse. Angenout, Doyen de sa Chambre, homme qui avoit beaucoup de lumiére & d'expérience ; d'ailleurs, d'une probité digne des premiers siécles : du Drac, Jourdain, Brûlard de Silleri, aujourd'hui Chancelier de France, & Marillac de Ferriéres, furent entre les autres, ses amis particuliers.

Il fut deux ans sans raporter de procez, même depuis il s'en deffendit autant qu'il pût. Comme un des derniers de sa Chambre, quand il falloit opiner, il avoit une attention extraordinaire aux opinions & suivoit celle qui lui paroissoit la meilleure, aprés avoir loüé celui qui l'avoit ouverte. Il n'en disoit pas davantage, à moins qu'il n'eut de nouvelles raisons pour confirmer son avis. Quand il commençoit à parler, il ne pouvoit vaincre son émotion ; dans la suite il élevoit sa voix, & poursuivoit avec tranquilité. Cette émotion & son peu de mémoire, lui faisoient souvent perdre ce qu'il avoit médité, dont il ne se ressouvenoit qu'aprés le Jugement. Voulant prévenir cette incommodité, il ne trouva point d'autre expédient que de faire un abregé manuscrit de ses raisons : ce qu'il pratiqua depuis dans les plus importantes affaires. Il ne s'en cachoit pas, & l'avoüoit ingénuëment; mais au commencement cela lui donna de la confusion : car malgré ses soins pour s'aprocher de celui qui parloit, & quoi-qu'il fût presque toûjours au fait de la question proposée, sa mémoire infidéle lui faisoit toûjours oublier une partie de ce qu'il vouloit dire, & son avis n'étoit jamais assez dévelopé. Semblable à ces Poëtes, qui gênez par la rime ou par la mesure, ne peuvent exprimer leurs pensées qu'imparfaitement. Aussi, quoique la Chambre fut convaincuë qu'on ne pouvoit mieux entrer dans la difficulté, il n'étoit jamais content rent de lui-même, & se plaignoit à ses amis en particulier, qu'il lui échapoit toûjours plusieurs raisons.

Jean Texier fils d'un autre Jean Texier, Professeur célébre en droit à Orleans, étoit premier Président de sa Chambre. C'étoit un homme de bien & un bon sujet; mais d'un âge si avancé, qu'il mourut bien-tôt aprés.

Philibert de Diou, Conseiller Clerc, étoit le second. Il étoit d'une Noblesse distinguée de l'Autunois, & des amis particuliers du premier Président de Thou: du reste, d'une candeur & d'une intégrité inviolable.

Claude Faucon, d'un esprit vif & plein d'expédiens, fut mis à la place de Texier, & peu de temps aprés Bon-Broé occupa celle de Diou, mort en son pays.

Broé étoit aussi Conseiller-Clerc, & avoit ménagé les intérêts particuliers de la Reine-mére à Rome ou à Florence, avec une grande conduite. Ce fut à la recommandation de cette Princesse, qu'il fut pourvû de cette Charge : il ne sera pas inutile d'en dire quelque chose de plus.

Il étoit de Tournon dans le Vivarais, & d'une assez bonne famille. Instruit dans les belles Lettres, il aprit le Droit sous André Alciat, dans le tems qu'Alciat étoit en France, & depuis l'enseigna lui-même à Toulouse. Quand son oncle, Pierre de Villars, Conseiller au Parlement de Paris, fut fait Evêque de Mirepoix, Broé lui succéda dans sa Charge de Conseiller au Parlement l'an 1561. Tous deux avoient été avec distinction auprés de l'illustre Cardinal de Tournon, seul protecteur des gens de lettres en ce temps-là. Il avoit joint à la connoissance du Droit civil & du Droit canonique, qu'il possédoit parfaitement, une pénétration particuliére, une éloquence vive; mais douce & insinuante en même tems. Elle avoit paru avec éclat, quand il suivoit le Barreau : aussi lors qu'il fut Président, & qu'il se trouvoit d'un avis contraire aux autres, c'étoit toûjours si poliment & avec un tour si agréable, qu'il réfutoit le sentiment opposé, que jamais personne n'eut lieu d'être mécontent de lui. Pour les difficultez du Droit canonique, il les démêloit avec tant de grace & de clarté, qu'il s'attiroit & l'attention & les regards de toute l'assistance, charmée de ses maniéres. De Thou étoit un de ſes principaux admirateurs, & diſoit ſouvent, que tant qu'il avoit été dans le Parlement, il n'avoit vû perſonne à qui il eut plus ſouhaité de reſſembler en toutes maniéres.

A Faucon ſuccéda Champrond, d'une Nobleſſe du païs Chartrain, homme ſévére, qui approchoit aſſez de la doctrine de ſon Collégue; mais fort éloigné de ſa douceur & de ſa politeſſe. Ce fut avec ces Meſſieurs, que de Thou paſſa tout le tems qu'il fut Conſeiller aux Enquêtes.

Fin du premier Livre.

LIVRE SECOND.

COMME la longueur de la maladie de l'aîné de Thou faisoit espérer à sa femme qu'il en pourroit revenir, les Médecins, aprés plusieurs remédes inutiles, envoyérent son mari aux eaux. On choisit, comme les meilleures, celles de Plombiéres en Lorraine, qui sortent du pié des Montagnes de Vosge; & l'on résolut de partir au commencement du Printemps. Le jeune de Thou, par la permission de son pére, fut du voyage. Aprés avoir passé par Châlons sur Marne, il arriva avec son frére & sa belle-sœur à Bar-le-Duc; d'où aprés avoir traversé la Meuse & la Moselle, & passé à Toul, ils se rendirent à Nanci. De Thou y alla saluër le Duc Charles, dont il fut fort bien reçû. Il fit à ce Prince les excuses de son frére, dont la santé ne lui permettoit pas d'avoir le même honneur. Delà ils passérent par Saint Nicolas, recommandable par la beauté de ses bâtimens, par les Pélerinages qui s'y font, & par les Foires qui s'y tiennent. Plus avant, par Remiremont & par Espinal, célébres par leurs Chapitres de filles de qualité, qui ne sont point obligées de faire de Vœux *. Enfin, ils arrivérent à Plombiéres, où il y avoit déja bien du monde attaqué de différens maux, & qui y étoit venu des Provinces voisines, tant de l'Allemagne que des Pays-bas.

1579.

* Il y a faute dans le Texte latin, il faut *Votum non emittunt*, au lieu d'*omittunt*, suivant les Notes de Messieurs du Puy.

Pendant que son frére étoit aux eaux, de Thou prit avec lui un guide qui parloit fort bien l'Allemand; & aprés avoir traversé le Mont de Vosge, il alla par la Bruyére à Schelestat, Ville considérable ainsi appellée d'une riviére du même nom; delà il vint à Strasbourg. Cette derniére Ville, connuë par son antiquité, est défenduë du côté de la France par un triple fossé. Elle est ornée d'une belle Cathédrale, dont la principale tour est d'une hauteur extraordinaire. De Thou, qui voulut y monter, fut saisi de frayeur en décendant; un vent violent qui s'éleva, & des ouvertures, qui ne montrent qu'un affreux précipice, le firent trembler.

F 2

Il vit à Strasbourg Jean Lobel, qu'il avoit connu à Paris dans le tems que Lobel étoit à la Cour Agent des Villes Impériales : c'étoit un Flamand qui avoit beaucoup d'érudition, & une grande connoissance de l'Allemagne. De Thou sçût de lui que Hubert Languet *, François de Nation, & qui étoit au service du Prince d'Orange, étoit aux eaux de Bade. Lobel lui donna pour lui des Lettres de recommandation, afin qu'il pût s'en faire connoître & l'entretenir avec liberté. De Thou vit encore à Strasbourg Hubert Giffen, Professeur en droit aux gages de la République. Il fut tout un jour avec lui à s'informer des Sçavans d'Allemagne, à s'entretenir de belles Lettres ; & comme il l'avoit connu chez Paul de Foix, il le fit ressouvenir avec plaisir de ce temps-là : heureusement ce jour-là Giffen ne donnoit point leçon.

* Il étoit de Viteaux en Bourgogne, proche d'Autun.

Delà de Thou vint à Bade, où trouvant Languet de loisir, il ne le quitta point pendant trois jours. Il ne pouvoit se résoudre à s'éloigner de lui, que dans le temps que Languet prenoit ses eaux. Il étoit charmé de sa franchise, de sa probité, & de la solidité de son jugement, non-seulement par raport aux belles Lettres, mais encore par raport aux intérêts publics qu'il avoit traitez toute sa vie auprés des Princes, avec une droiture qui a peu d'exemple : ce sçavant homme possédoit si bien les affaires d'Allemagne, qu'il en instruisoit même ceux du païs. De Thou en apprit beaucoup de particularitez, & quand il le quitta, Languet lui fit present d'un petit memoire écrit de sa main, qui contenoit l'état du Corps Germanique, les droits de ses Diettes, le nombre & l'ordre de ses Cerces. De Thou le garda soigneusement, & prit de lui la route du chemin qu'il devoit faire.

Comme ils se trouvérent à Bade dans le lieu où l'on prend les eaux, Languet lui fit remarquer Salentin Comte d'Ysembourg, qui étoit à une fenêtre vis à vis avec Jeanne de Ligne sa femme, sœur du Comte d'Aremberg. De Thou ne le connoissoit point. Languet lui demanda ensuite en riant, ce qu'il choisiroit, s'il en étoit le maître, ou d'une si belle femme, ou de l'Archevêché de Cologne. De Thou lui répondant, qu'il ne comprenoit rien à sa question, Languet la lui expliqua, & lui dit, que c'étoit-là ce Salentin qui étoit devenu si amoureux de cette femme, qu'il avoit quitté son riche Archevêché pour l'épouser.

Il ajoûta que les Princes & les grands Seigneurs Allemans, qui avoient embrassé la Religion Protestante, se trouvoient alors fort embarassez pour décharger leurs familles, & qu'ils étoient obligez de marier leurs filles, qu'ils ont presque toûjours en grand nombre; au lieu, qu'avant que le célibat des Religieuses eût été aboli par les Protestans, ils les plaçoient dans de riches Abbayes, dont elles étoient presque sûres de devenir Abbesses dans la suite.

De Bade, de Thou vint à Forcheim sur l'Emz, Ville du Marquisat de Bade, & passant par la Suabe, il prit la route de Stugard, qui n'est éloigné que d'une petite journée. Sur le chemin il eut une avanture peu considérable; mais dont on peut parler dans la vie d'un particulier. Son Truchement s'égara de même qu'un Gentilhomme de Suabe qui les accompagnoit, mais qui ne sçavoit ni le Latin, ni l'Italien, ni le François. Ce Gentilhomme qui ne crût pas qu'on pût gagner Stugard sans prendre des chevaux frais, s'arrêta dans le milieu d'un petit Village, fut chez le Ministre du lieu, & le pria de dire à de Thou qu'il étoit à propos de mettre pié à terre. De Thou n'étoit point content de s'arrêter dans un endroit, qui lui paroissoit si incommode; cependant il falut rester. Il pria le Ministre, qui parloit latin, de venir dîner avec eux dans l'Hôtellerie, pour être son Interprète aussi-bien que du Gentilhomme & de l'Hôte. Il y fit, contre son attente, meilleure chére que pendant tout le reste de son voyage: c'étoit le 25. de Mai, jour destiné à la Fête du Pape saint Urbain. Surpris qu'on ne travailloit point ce jour-là, qu'il faisoit trés-beau temps, il en demanda la raison au Ministre; mais il n'en pût rien tirer, que celui-ci n'eut dit tout ce qu'il pensoit du massacre de la Saint Barthelemi, qu'il apelloit *la Boucherie de Paris*; aprés cela le Ministre lui répondit:

Quoiqu'on ait aboli les anciennes superstitions, il est cependant demeuré, parmi le peuple, de certains jours qu'il chomme avec dévotion; on n'a jamais pû les lui ôter de l'esprit, quelque peine qu'on ait prise pour le desabuser: celui-ci en est un. Ces gens grossiers, qui ne sont occupez que de leurs intérêts, se sont mis dans la tête depuis long-temps, que s'il fait beau temps à pareil jour que celui-ci, leurs vendanges, en quoi consistent toutes leurs richesses, feront abondantes. C'est ainsi qu'on chomme en France le jour de Saint Vincent, qui est le 5. d'Avril.

Delà, de Thou vint à Stugard principale Place du Duché de Wirtemberg : elle est située sur les bords du Neckre dans un païs agréable avec un fort beau Château. Il y alla saluër le Duc Loüis, qui lui fit entendre un concert, qui lui fit beaucoup de plaisir.

Tout proche est Esling, Ville Impériale sur la même riviére.

Vol Cluvier, & Ortelius, qui les nomment ainsi. Le Neckre a sa source proche de celle du Danube & des montagnes d'Arbonne, & passant par Rotweil & par Tubinguen, prend son cours entre des côteaux chargez de vignes des deux côtez, & sépare la Suabe par le milieu, en serpentant jusqu'à Heydelberg, au-delà duquel il se jette dans le Rhin. Pour venir à Esling, de Thou passa sur cette riviére un pont de communication avec Stugard. Esling est un lieu renommé par la fabrique de l'Artillerie & par l'abondance de ses vins. Dans les celliers de l'Hôpital, on en conserve une grande quantité dans des tonneaux d'une grandeur extraordinaire ; le plus grand est placé le premier, & les autres dans une longue suite, diminuënt à proportion : le vin s'y garde trés-long-temps. On en bût à la santé de Mr de Thou, du *Numero* 40. d'un vin qu'on disoit être de quarante années : les Princes d'Allemagne le prennent par reméde, & à mesure qu'on en tire du plus grand tonneau, on en remet autant du tonneau voisin, mais qui est plus nouveau.

D'Esling, de Thou vint à Geppinguen sur le Vils, autre Place du Duché de Wirtemberg. Le Prince Christofle, pére du Duc, en a fait un Château de plaisance avec des Jardins trés-agréables : ses eaux médecinales sont en réputation ; Albert de Baviére étant venu les prendre, de Thou fut le saluër. Ce Prince l'interrogea sur les affaires de France ; mais sa maladie ne permit pas à de Thou d'être long temps avec lui : il ne fut pas plûtôt retourné dans ses Etats qu'il y mourut.

Tournant ensuite du côté du Danube, de Thou vit Ulme, qui est sur les bords de ce fleuve, & reprit son chemin par Burgaw. Il avoit déja sçû de Languet que de tout le grand patrimoine de l'Archiduc Ferdinand, qui s'étendoit depuis les Alpes de Carniole, jusqu'aux montagnes de Vosge, au-delà du Rhin, c'étoit le seul bien que les Princes ses neveux, fils de son frére Maximilien, avoient laissé aux enfans que l'Archiduc avoit eus de Philippine Velser, qui vivoit encore : Digne exemple de la vénération qu'ont les Allemans pour la pureté du Mariage ; ils ne souffrent point que des enfans issus d'un qui soit inégal, clandestin & contracté contre la volonté des parens, passent pour légitimes, ni qu'ils partagent la succession de leurs péres.

Il partit delà pour Ausbourg. Sa grandeur, & l'éclatante richesse de ses habitans, la font passer pour la plus considérable Ville d'Allemagne. Il y séjourna quelques jours pour la visiter ; il y vit les maisons des Fuggher, surpris entr'autres de la magnificence de Marc Fuggher, qui avoit fait une dépense prodigieuse pour les Jardins de sa maison, située au bas de la Ville. Fuggher y a fait conduire les eaux d'un petit ruisseau, qui est au-dessous, par des pompes qui fournissent à plusieurs jets d'eau, & qui remplissent quantité de canaux. Il avoit amassé de plus, un nombre surprenant de médailles de cuivre, d'argent & d'or, que de Thou examina avec soin. De Thou vit encore Jérôme Wolfius, qui a traduit tant d'Auteurs Grecs, & contribué si utilement à éclaircir l'Histoire Byzantine. D'Ausbourg, ayant passé par Méminghen, il vint à Lindaw, Ville dans une situation des plus agréables, sur le bord du Lac de Constance, que le Rhin traverse, comme le Rhône celui de Genéve, sans se mêler avec l'eau du Lac ; semblable à la fontaine d'Aréthuse dont l'eau, au raport d'Homére, surnage comme de l'huile, sans se confondre avec d'autre. Ceux qui font le tour du Lac ne sçauroient avoir la vûë plus agréablement occupée : ce sont des côteaux d'une pente douce, chargez de vignes, qui se répandent de tous côtez, jusques sur ses bords, & qui font dans l'eau une riante perspective.

Delà, de Thou se fit conduire par eau à Constance, également bien située à l'autre bout le plus bas du Lac. Il eut la curiosité de voir le lieu où il y a plus de deux cens ans que s'assembla ce Concile célébre, qui non-seulement rétablit alors l'union dans l'Eglise ; mais qui par une sage prévoyance donna les moyens de l'y remettre à l'avenir. Il fit en même tems des vœux pour le retour de cet esprit de charité dans le cœur des Chrétiens. Il semble qu'il y soit éteint aujourd'hui par l'animosité de leurs Guerres civiles, quoi-qu'il n'y puisse subsister que par la paix.

Delà, suivant toûjours les bords du Rhin, il passa par Stein, & par Schaffouse, un des principaux Cantons des Suisses, par Lauffenbourg, & par Rhinfelds, où le Rhin se précipite dans son lit de fort haut, par cascades & avec un trés-grand bruit, jusqu'à Bâle, qu'il commence à porter bâteau, & où de Thou se rendit.

Le séjour de Bâle ne lui fut pas inutile, il avoit des lettres de Pithou pour Theodore Zuingher, & pour Basile Amerbach, homme poli & officieux. Il ne quitta point ce dernier, qui lui fit voir chez lui, avant toutes choses, une Bibliothéque des Recueils manuscrits, des médailles anciennes, & quelques petits meubles qu'Erasme avoit laissez à Mr d'Amerbach son pére par son Testament; entr'autres un globe terrestre d'argent bien enluminé & gravé par un ouvrier de Zurich. Dans le tems que de Thou le regardoit avec attention, il s'ouvrit par le milieu, & l'on remplit les deux moitiez de vin, dont on bût à la santé de Mr de Thou, suivant l'usage du païs. Delà l'on le conduisit à la Bibliothéque publique, où l'on garde les manuscrits de plusieurs Commentateurs Grecs sur Platon & sur Aristote.

Il visita Félix Plater Docteur en Médecine, logé dans une grande & agréable maison, & qui le reçût fort civilement. Plater lui fit voir dans son écurie une espéce d'*âne sauvage* *, de la grandeur des mulets de Toscane ou d'Auvergne, le corps court & de longues jambes, la corne du pié fenduë comme celle d'une biche, quoi que plus grosse, le poil hérissé & d'une couleur jaunâtre & brune. Il lui montra encore un rat de montagne de la grandeur d'un chat, qu'ils apellent une Marmotte: ce petit animal étoit enfermé dans une cassette, & comme il avoit passé l'hyver sans manger, il étoit tout engourdi. Plater avoit aussi l'étui des Fossiles de Conrad Gesner venu de Zurich, tel qu'il est décrit & dessiné dans un de ses Livres. Cét étui renfermoit bien des raretez différentes, entr'autres quantité d'insectes particuliers, qui semblent

* C'est ainsi que d'Ablancour traduit le mot *Alcem*, dans les Commentaires de César; d'autres le traduisent par le mot d'*Elan*; mais il ne convient pas ici, car l'*Elan* porte sur la tête un bois à peu prés comme un cerf, & il n'en parle point ici.

blent autant de jeux de la nature. De Thou les examina à loifir, & avec une grande curiofité, aidé de d'Amerbach, qui s'y connoiffoit fort bien. Il fut voir enfuite Théodore Zuingher, dans une maifon qui apartenoit à ce fçavant homme, & que Zuingher avoit ornée de plufieurs infcriptions, en quoi il excelloit. Il alla voir delà le magazin de Pierre Perne de Lucques; ce vieillard étoit encore fi vigoureux, qu'il travailloit lui-même à fon Imprimerie. Enfin, aprés avoir remercié d'Amerbach de fa bonne compagnie & de fa politeffe, il partit de Bâle pour venir le foir coucher à Mulhauzen, où fe tenoit une Foire, comme il y en a fouvent.

On trouve devant ce Bourg une grande Place, où s'affemble durant la Foire une prodigieufe multitude de monde, de tout âge & de tout féxe ; on y voit les femmes foûtenir leurs maris, les filles leurs péres chancelans fur leurs chevaux ou fur leurs ânes : c'eft la vraye image d'une Bacchanale. Dans les cabarets tout eft plein de bûveurs : là de jeunes filles, qui les fervent, leur verfent du vin dans des gobelets, d'une grande bouteille à long coû, fans en répandre une goutte. Elles les preffent de boire par les plaifanteries les plus agréables, boivent elles-mêmes inceffamment, & reviennent à toute heure faire la même chofe, aprés s'être foulagées du vin qu'elles ont pris : ce fpectacle plaifant & nouveau pour de Thou, dura bien avant dans la nuit. Ce qu'il y a de particulier, c'eft que dans un fi grand concours de peuple, & parmi tant d'yvrognes, tout fe paffe fans querelle & fans conteftation : ce fut inutilement qu'il appella plufieurs fois fon hôte, trop occupé à fervir tant de monde ; enfin après l'avoir attendu long-temps, l'hôte vint lui faire un lit dans un poële.

De Thou fortit delà de grand matin, & ayant laiffé Colmar à droit, vint dîner dans un Village à la fource de la Mozelle. On y trouve quantité de grandes & d'excellentes truites, qui s'élancent avec impétuofité ; comme l'eau eft fort baffe, on les peu prendre avec la main.

Delà il revint à Plombiéres. Il y trouva fon frére peu foulagé par les eaux, & réfolut avec fa belle fœur de le reconduire chez lui. Ils revinrent par Bourbonne, où de l'avis des Médecins ils féjournérent quelques jours pour effayer des eaux, qui ne firent

G

pas un meilleur effet que les autres. Enfin, ayant passé à Langres & à Troyes, ils le ramenérent à Paris. Son frére y mourut au bout de quelques mois, malgré les soins infatigables de sa femme, qui avoit un courage au dessus de son séxe, & aprés bien des remedes inutiles. Peu de momens avant sa mort il recouvra la parole, dont il avoit presque perdu l'usage dans le cours d'une si grande maladie : il entonna distinctement ce verset du Pseaume 50. *Seigneur, ne me rejettez pas de devant vôtre face, & ne retirez point de moi vôtre Saint Esprit.* Il mourut en le prononçant.

Son pére, qui malgré sa douleur, lui donna dans ce moment sa bénédiction, s'abstint pendant quelques jours d'aller au Palais, & pour éviter les visites, se retira chez l'Evêque de Chartres son frére, chez qui logeoit son fils de Thou.

Là, ce Prélat & l'Avocat Général son autre frére, le priérent avec instance de faire réfléxion sur la diminution de sa famille, & lui demandérent s'il ne seroit pas plus à propos de faire changer d'état à son fils, que de le laisser dans celui qu'il lui avoit choisi. Le premier Président ne s'en éloignoit pas ; mais plus occupé des affaires publiques, que de celles de sa famille, il laissoit écouler le tems sans se déterminer.

De Thou, que cet établissement regardoit, étoit accoûtumé au célibat, & son ambition n'envisageoit que quelque Ambassade, pour continuër ses voyages : ainsi il s'excusoit auprés de ses oncles, & s'en remettoit entiérement à la volonté de son pére. Ce fut de cette maniére que se passa le reste de cette année, qu'il employa avec la Veuve de son frére à se consoler de leur perte commune.

1580. L'année suivante, la peste emporta bien du monde ; ce qui obligea de Thou d'aller en Touraine avec Jacques de Nets Avocat au Parlement, homme d'esprit & ami de sa famille. Le Duc d'Anjou étoit alors au Plessis lez Tours, & songeoit sérieusement à la Guerre des Pays-Bas.

De Thou avoit pour ce Prince des Lettres de recommandation de son pére, qui étoit son Chancelier. Il se fit presenter par Jean de Simiers favori du Duc ; mais qui ne le fut pas long tems. Ce Prince le reçût obligeamment, & le congédia aprés lui avoir demandé des nouvelles de la Cour. De Thou se retira à Maillé-Laval, place forte auprés de Tours. Là, pendant le cours de cette dangereuse maladie, s'occupant tantôt à l'étude, tantôt à la chasse, il fit la description de Maillé en Vers-ïambes. Elle fut imprimée depuis, tant pour la satisfaction de Nicolas Perrot Conseiller au Parlement, homme d'une gravité antique ; mais poli & alors de la Cour du Duc d'Anjou, que comme une preuve de sa reconnoissance pour un lieu qui lui avoit servi d'azile.

Enfin, comme il crût que c'étoit séjourner trop long-temps dans un même lieu, il en partit avec de Nets & la Normanderie, frére de de Nets, qui leur servit de guide ; & passant par Alençon, Séez, & Falaise, il arriva à Caën, où il logea chez Jean de Novince d'Aubigni, qui lui fit une magnifique réception.

Il alla voir l'Abbaye Saint Etienne, qui semble commander le Château. Elle avoit été ruïnée au commencement des Guerres civiles, aussi-bien que le tombeau de Guillaume Duc de Normandie, Roi d'Angleterre ; on les avoit depuis réparez comme on avoit pû : c'est une Abbaye fondée autrefois par ce même Duc, avec de grands revenus. On y voit encore dans la Cour l'Ecu des Armes des Gentilshommes, qui passérent avec lui à la conquête d'Angleterre. Delà, l'on lui fit voir le Château & l'endroit par où l'Amiral de Coligni l'avoit attaqué, pendant la maladie du Duc d'Elbeuf. Il aprit de ceux qui l'accompagnoient, que la Reine mére y étant venuë quelque temps aprés, avoit dit qu'elle ne comprenoit pas comment on avoit pû si-tôt rendre une si bonne Place, que des femmes auroient pû deffendre avec leurs quenoüilles : Ce qu'elle ne disoit pas sans taxer le Gouverneur de lâcheté ou de trahison.

Il avoit envie d'aller jusqu'à Coûtances ; cependant il se détourna pour passer par l'Abbaye d'Aunai du Diocése d'Avranches, dont étoit Abbé Jean Provost qui l'accompagnoit, frére d'Augustin Provost Greffier au Parlement, Auteur de quelques Poësies Latines fort élégantes. Cét Abbé n'étoit pas ignorant, mais grand parleur, médisant, & si mauvais railleur, qu'il s'en rendoit importun. Il fit & dit plusieurs choses à la honte de ses Religieux, qui vivoient sans régle ; & enfin montrant les murs de l'Abbaye, qui étoient fort en desordre, il leur dit, par une, froide raillerie, & pour leur reprocher leur ignorance, que si les murs étoient dans ce desordre-là, cela ne venoit que de ce qu'il n'y en avoit pas un d'eux qui les pût soûtenir d'un seul mot latin.

Messieurs de Sey, Gentilshommes du pays, demeuroient proche de Coûtances. Ils étoient parens de Messieurs de Thou; car Jean de Marle Evêque de Coûtances, frére du Chancelier, & qui fut massacré avec lui par le peuple de Paris, dont les Armes même se voyent encore à la clef de la voute de l'Eglise, avoit marié Hilaire sa sœur à un de Sey Gentilhomme du voisinage, dont ces Messieurs étoient décendus. Il ne resta que trois jours dans cette Ville, qui n'est pas seulement fermée de murailles; delà passant par Granville, il arriva à Avranches. Le lendemain il alla voir une Abbaye fameuse, qu'on nomme le *Mont Saint Michel*, au péril de la mer.

C'est un rocher escarpé de tous côtez, qu'on croit avoir été autrefois attaché à la terre: il en est à present séparé de deux lieuës, que l'on passe à cheval sur des bancs de sable, quand la mer est basse. Sa figure conique est enfermée tout autour d'un mur fort élevé, on y monte par des degrez taillez dans le roc, sans aucun pallier. Ils y forment une ruë bordée des deux côtez de boutiques, où l'on vend aux pélerins des chapelets, des images de plomb, & d'autres bijoux de dévotions; il y a aussi quelques hôtelleries pour les loger. Au haut du rocher qui aboutit en cône, comme je viens de le dire, il y a une Citadelle où est l'Abbaye, aussi grande & aussi spatieuse que le rocher a de tour par bas. Le bâtiment est soûtenu par des arcboutans de la même pierre que le roc, qui servent aussi à élever avec des poulies toutes les grosses provisions de la maison.

Outre l'Eglise magnifiquement bâtie avec une tour fort élevée, qui soûtient une figure de Saint Michel dorée & éclatante au Soleil, il y a deux Cloîtres voûtez l'un sur l'autre, & des Réfectoires de même; des Offices, des Cîternes, & une Bibliothéque, où il y avoit autrefois de bons manuscrits: on voit dans le logis de l'Abbé une grande Galerie fort bien percée; enfin, tout est au haut de ce roc si grand & si spacieux, qu'il semble qu'on se promene en terre ferme. Même à côté du logis de l'Abbé on trouve entre le Midi & le Couchant un petit Jardin de terre raportée, où malgré la rigueur du climat il vient de fort bons melons. Ce lieu, qui doit faire l'admiration de toute la France & de toute l'Europe, fut anciennement bâti avec beaucoup de dépense. On doit être surpris que d'un desert stérile, éloigné de tout commerce, d'ailleurs d'un abord si difficile, que lors qu'il est baigné de la mer, à peine y peut-on aborder avec des chalouppes, la Religion de nos Ancêtres en ait fait un lieu si merveilleux, & surmonté tant d'obstacles & de difficultez. J'espére que le Lecteur ne trouvera pas ces remarques inutiles.

Au sortir de cette Abbaye, de Thou vint par Saint-Jammes & par Fougéres-Villettes de la basse Bretagne à Saint Aubin du Cormier, lieu célébre par la Bataille qui s'y donna il y a quatre-vingt-onze ans, entre l'Armée du Roi commandée par Loüis de la Trimoüille & celle de Loüis Duc d'Orleans & du Prince d'Orange, qui furent tous deux faits prisonniers.

Enfin, il revint à Rennes Capitale de la Province. Les Ducs de Bretagne qui y avoient fait faire une grande Citadelle, y faisoient autrefois leur résidence : le Parlement qui étoit dans ce temps-là à Nantes, & qui est semestre, s'y tient à present. Delà, il revint par Vitré, Laval, Châteaugontier, Angers, Saumur & Tours, à Maillé.

Il y reçût des Lettres de son pére, qui lui mandoit d'aller trouver le Maréchal de Cossé pour des affaires de conséquence. Ce Seigneur étoit allé à Poitiers pour suivre le Duc d'Anjou, qui en étoit parti pour joindre le Roi de Navarre en Périgord, & pour tâcher de le porter à la paix. De Thou fut donc obligé de prendre la poste avec son fidéle de Nets, non sans courir quelque risque ; car les partis commençant deja à se mettre en campagne, comme si la Guerre eût été déclarée, il fut arrêté ; mais relâché aussi-tôt qu'on le reconnut.

Il trouva encore le Maréchal à Poitiers, & s'acquitta des ordres que son pére lui avoit donnez. Il entretint sur le même sujet Belliévre envoyé du Roi, & revint aussi-tôt à Maillé. Perrot qui étoit resté à Tours depuis le départ du Duc d'Anjou, l'y vint trouver. Ils résolurent tous deux, contre l'usage des Courtisans, d'aller à Bourgeüil, Abbaye dans un des plus beaux lieux du Royaume pour voir Simiers, que le Duc d'Anjou venoit de difgracier, & pour lui témoigner que s'ils l'avoient honoré dans fa faveur, ils gardoient pour lui les mêmes fentimens dans fa difgrace. Simiers les reçût avec de grandes marques d'amitié. La converfation ne roula que fur fon malheur.

1581. Enfuite, ils fe féparérent aprés que de Thou lui eut offert les bons fervices de fon pére, & le crédit qu'il pouvoit avoir auprés du Duc d'Anjou. L'Hyver qui avoit été rude, avoit beaucoup diminué une maladie qui avoit emporté tant de monde; cela obligea de Thou de revenir à Paris, y étant de plus rapellé par fon pére, qui n'avoit point quitté cette grande Ville: on y étoit occupé à l'execution des Articles de la Conférence de Flex. Entr'autres conditions on y étoit convenu qu'on députeroit des Confeillers du Parlement de Paris, pour rendre la juftice en Guyenne; au lieu de la Chambre mi-partie de cette Province, où la différence de Religion caufoit tant d'aigreur dans les efprits, qu'elle fe remarquoit jufques dans les jugemens de cette chambre: cela faifoit un tort confidérable à ceux du pays, qui fouffroient une grande véxation. Pour en arrêter le cours, on choifit douze Confeillers laïques & deux Clercs, aufquels le Roi donna pour Préfident Antoine Séguier, dont l'efprit adroit & plein d'expédiens n'en étoit pas moins équitable. Séguier, ami particulier du jeune de Thou, le fit nommer avec Coqueley d'Autun, homme d'un grand fens & d'un profond fçavoir, pour remplir les deux places de Confeillers Eccléfiaftiques. Parmi les Laïques on choifit entr'autres Jean de Thumery, Claude du Puy, & Michel Huraut de Lhôpital, petit-fils du grand Chanlier de Lhôpital. Ce dernier avoit été reçû Confeiller depuis peu de temps. Il avoit époufé Olympe fille du Préfident de Pybrac, qui avoit fait porter ce nom à fa fille, en mémoire de l'honnête & fçavante habitude qu'il avoit eûë autrefois à Ferrare avec Olympe Morat, dans le temps qu'elle étoit auprés de la Ducheffe Renée de France.

C'étoit un jeune homme d'un génie élevé, & qui écrivoit fort bien en latin & en François; il en donna de glorieufes marques dans les écrits qu'il publia fur le fujet des troubles de France. Comme il portoit le même nom que fon grand-pére, & qu'il étoit de la même Chambre dont avoit été ce Chancelier, de Thou, qui s'y trouvoit pareillement, fit une amitié particuliére avec lui ; aussi connoissant la passion qu'avoit Lhôpital pour la nouvelle Fauconnerie, & se sentant d'ailleurs du talent pour la Poësie latine, il composa en sa faveur & pour son coup d'essai, un Poëme sur cette nouvelle maniére de chasse, dont il fit imprimer depuis les deux premiers chants.

C'est son *Hieracosophion*, ou *de re accipitraria*.

Le voyage des députez pour la Guyenne étant résolu, les oncles de Mr de Thou prirent cette occasion de presser encore son pére de réfléchir sur l'état de sa famille presque éteinte, & de considérer qu'il n'avoit plus qu'un fils qui la pût relever. Il s'excusoit à son ordinaire sur la nécessité du voyage de Guyenne, qui ne lui permettoit pas de se déterminer. Le fils, jusqu'alors occupé de ses études, n'y avoit pas fait une plus grande attention ; mais enfin il commença à songer sérieusement à sa vocation, les avis de du Ferrier lui revinrent dans l'esprit ; le poids de l'état où l'on le destinoit & où il ne se sentoit point porté, lui sembla pesant ; la vie tranquille où son penchant l'entraînoit, lui parut douce ; l'embaras des affaires l'effraya. Tant de raisons le déterminérent à juger qu'il lui étoit plus convenable d'abandonner quelques grandeurs apparentes, remplies d'une infinité de peines, de choisir un genre de vie plus aisé, de se marier, lors que l'occasion s'en presenteroit, & de se servir en attendant, auprés de ses oncles, des mêmes excuses que son pére.

Peu de temps aprés son départ pour la Guyenne, il passa par Angoulême, ayant été choisi par les Députez pour aller de leur part saluër Henri Prince de Condé, qui faisoit sa résidence à Saint Jean d'Angéli, ce Prince le reçût avec toutes les marques de distinction dûës à ceux qu'il representoit ; mais en son particulier avec beaucoup de bienveillance, fondée sur l'estime qu'il avoit pour le premier Président son pére : ce Prince & les autres Protestans n'avoient pas perdu la mémoire des preuves que ce Magistrat leur avoit toûjours données de son équité, il l'entretint souvent de ce qui pouvoit contribuër au bien de l'Etat, & des motifs qui devoient porter les Députez à rétablir par leur justice la tranquilité dans la Guyenne.

De Thou rendit compte de son voyage à la Compagnie ; & ils

se rendirent tous ensuite à Libourne, Ville située dans un lieu commode, où l'Isle se jette dans la Dordogne ; lorsque la mer poussée par le vent, monte dans cette riviére, elle fait enfler & tourner les eaux de l'Isle avec tant de rapidité & de violence, que sans l'expérience & l'adresse des Pilotes, les vaisseaux cou- roient risque de s'y perdre. Ceux du païs qui regardent avec admiration l'effet d'un tourbillon particulier à cette riviére dans cet endroit-là, l'apellent en leur langue *Mascaret*. La Compa- gnie consulta d'abord si elle y établiroit le Siége de sa Jurisdi- ction ; mais la pauvreté des Procureurs & des Avocats, qui se- roient obligez de s'y rendre de Bordeaux & des lieux voisins, outre d'autres difficultez qu'elle prévit, la fit résoudre de s'ar- rêter à Bordeaux, comme dans un lieu plus commode pour tout le monde.

On choisit encore de Thou pour en aller conférer avec le Ma- réchal de Matignon, qui avoit une grande autorité dans la Pro- vince dont il étoit Commandant sous le Roi de Navarre. Il eut ordre d'aller delà, sans s'arrêter, saluër ce Prince : il le joignit à Casteljaloux, où le Roi se divertissoit à la chasse. Il en fut reçû avec autant de marques de distinction & de bonté, qu'il l'a- voit été du Prince de Condé, & ce Prince lui ordonna de le suivre à Nérac.

De quelque côté qu'on aborde en cette Ville, qui est située dans un païs trés-gras, on ne trouve que des sables. Comme il neiga toute la nuit aprés qu'ils furent arrivez, le lendemain, suivant l'usage du païs, le Roi alla à la trace des bêtes fauves jusqu'à l'heure du dîner. Quand de Thou se fut acquitté de sa commission auprés de lui, il demeura encore deux jours à Né- rac, pour y faire sa Cour à la Reine Marguerite & à la Prin- cesse Cathérine sœur unique du Roi : il étoit bien-aise aussi de voir du Faur de Grateins, qui étoit Chancelier de Navarre, & avec lequel il s'entretint familiérement.

Grateins avoit été élevé dans le Parlement de Paris, & avoit de grandes obligations au premier Président, qui l'avoit protégé dans l'affaire de la Mercuriale, où l'on avoit voulu le mêler : il en témoigna au fils une sincére reconnoissance, & l'embrassa a- vec bien de la tendresse ; il lui dit, que c'étoit le premier Président

dent père, qui lui avoit conseillé de demander des Commissaires du Parlement de Paris, dont il connoissoit la droiture & l'équité, & avec quel desintéressement ils rendoient justice à tout le monde sans distinction : au lieu que dans la Guyenne, depuis que la différence de Religion y avoit divisé les esprits, elle ne s'y rendoit que par haine ou par faveur ; après cela de Thou prit congé du Roi de Navarre, qui lui fit voir ses Jardins qu'il entretenoit avec un grand soin, & qui le promena dans de belles allées pallissadées de lauriers.

Après avoir passé la Garonne, il reprit son chemin par Agen, & y fut reçû splendidement par de Roques Secondat. Ce Gentilhomme avoit épousé la tante de Joseph Scaliger du côté de sa mére ; il en avoit eu plusieurs enfans, dont la plufpart se mirent dans le service, entr'autres Paul de Secondat qui fut tué au siége d'Ostende. Il avoit avec lui le frére aîné de Joseph Scaliger, nommé Sylvius, pour qui Jules leur père avoit écrit sa poëtique : ce Sylvius étoit un homme fort doux & assez sçavant ; comme on s'entretint des Commentaires de son père sur les Livres d'Aristote de l'Histoire naturelle des animaux, de Thou le pria de les revoir, & de n'en priver pas plus long-tems le public. Sylvius y satisfit en partie, & donna le dixiéme Livre qu'il dédia à Duranty premier Président de Thoulouse : après sa mort, le reste tomba entre les mains de son frére Joseph, qui l'emporta en Hollande, & qu'il laissa en mourant à Daniel Heinsius son éleve ; mais dans un si grand desordre, comme Heinsius l'écrivit à Casaubon, qu'on ne doit pas espérer d'en joüir.

Après que de Thou fut de retour à Bordeaux, les Commissaires choisirent le Convent des Jacobins pour y tenir leur séance ; Loysel & Pythou étoient l'un Avocat & l'autre Procureur Général de la commission : couple d'amis illustre par leur mérite & par leur probité, plus illustre encore par la conformité de leur zéle pour le bien public. L'ouverture s'en fit avec un concours extraordinaire de peuple, attirez par la nouveauté du spectacle, ou flâtez de voir finir la fatigue que les Juges précedens leur donnoient.

Parmi ces occupations de Thou n'interrompoit point ses études ; rempli du dessein d'écrire l'Histoire de son temps, il fai-

1 5 8 2.

soit connoissance par tout où il passoit, avec ceux qui pouvoient y contribuër; & comparant tout ce qu'il avoit lû ou entendu, avec ce qu'il en apprenoit par lui-même, il en tiroit de justes conséquences. Il fut instruit de bien des particularitez remarquables par Lagebaston premier Président de Bordeaux, vieillard vénérable,& par son âge fort avancé & par sa doctrine. Ce Magistrat protegé dans les mouvemens précedens par le premier Président de Thou, toûjours prêt à secourir les illustres affligez, satisfit avec une complaisance au-dessus de son âge, à la curiosité du jeune de Thou son fils.

De Thou tira encore bien des lumiéres de Michel de Montagne alors Maire de Bordeaux, homme franc, ennemi de toute contrainte, & qui n'étoit entré dans aucune cabale; d'ailleurs fort instruit de nos affaires, principalement de celles de la Guyenne sa patrie, qu'il connoissoit à fonds. L'amitié que de Thou fit ensuite avec Jean Maloüin de Sessac, Doyen du Parlement, lui fut aussi d'un grand secours.

Pithou & lui trouvérent beaucoup d'agrément & de politesse, dans l'esprit éclairé d'Elie Vinet de Barbezieux. Vinet étoit Directeur du Collége de Bordeaux, si célébre dans les siécles précédens, & s'occupoit alors à retoucher son Auzone; autrefois il avoit été des amis de Turnébe, de Muret, de Grouchy, de Guerente, & de Georges Buchanan. Tous les ans il recevoit des Lettres de ce dernier, quand les Marchands Ecossois venoient enlever des vins à Bordeaux : de Thou vit les derniéres que Buchanan avoit écrites à Vinet, d'une main tremblante à la vérité, mais d'un style ferme & qui ne se ressentoit en aucune maniére des foiblesses de son grand âge; aussi Buchanan ne s'en plaignoit pas, mais plûtôt de l'ennui que cause une longue vie. Il lui mandoit, qu'il avoit quitté la Cour & qu'il s'étoit retiré à Sterlin; il ajoûtoit sur la fin ces derniéres paroles, dont de Thou s'est toûjours souvenu depuis : *Au reste, je ne songe plus qu'à me retirer sans bruit, & à mourir doucement : comme je me regarde comme un homme mort, le commerce des vivans ne me convient plus.*

De Thou fit voir à Vinet les deux premiers chants de son poëme de la Fauconnerie, où il n'avoit pas mis encore la derniére main ; Vinet l'obligea de les faire imprimer à Bordeaux par Simon Millanges excellent Imprimeur.

Pendant le mois de Février les Commissaires interrompirent leur Séance, & quelques-uns prirent ce tems-là pour voir le païs de Médoc ; Thumeri languissoit d'une fiévre quarte, mais sans s'aliter il la domptoit en montant souvent à cheval ; Loysel & Pithou toûjours prêts à marcher en si bonne compagnie, voulurent être du voyage ; de Foix Candale, auquel ils avoient rendu de fréquentes visites au Puy-Paulin à Bordeaux, leur avoit donné des Lettres de recommandation.

Quand on a quitté le pays qui est au-delà de la Garonne, on trouve à gauche le rivage de la mer bordé de pins trés-élevez, dont on tire la poix ou la résine. Comme on enleve l'écorce de ces arbres, la nature prévoyante fait naître tout autour quantité d'arbustes pour les revêtir ; entr'autres des arboisiers, dont les fleurs & les fruits plus agréables qu'utiles, n'en couvrent pas seulement la défectuosité ; mais produisent encore, avec la vûë de la mer, le plus charmant spectacle qu'on puisse voir.

Du temps d'Auzone on donnoit le nom de Buchs & de Bayonnois aux habitans de ces côtes ; pour lui, il les nomme tantôt *Buchs* & tantôt *Poissez*, sans doute par raport à la poix qu'on tire de ces pins, dont l'écorce fournit encore de nos jours à ces peuples dequoi se chauffer & s'éclairer. On trouve aussi le long de la côte le *Cap de Buch*, qui conserve son ancien nom ; ce qui se prouve par le nom d'une petite Ville qu'on appelle encore aujourd'hui *tête de Buch*, & par le nom que portoient les Seigneurs de l'illustre Maison de Foix ; entr'autres ce fameux Capitaine du temps de nos Guerres contre les Anglois, duquel nos Histoires font mention, sous le nom de *Captal de Buch*.

Quelques-uns prétendent que cette Villette tire son nom d'un rocher qui la domine, & qui est couvert d'une grande quantité de tests ou d'écailles d'huîtres que produit le voisinage de la mer : ce qui ne me paroît pas vrai-semblable, car le mot latin *Testa*, ne signifie point ce qu'entendent les Gascons dans leur langue par le mot de *Teste*.

Il y a à Rome une montagne qu'on nomme Monte testario, à cause de quantité de tests ou de pots brisez.

La Baye de ces côtes est faite de maniére, que cette petite Ville qu'on nomme *Cap de Buch*, est scituée à la partie supérieure, & Certes de l'autre côté. Certes appartenoit à Honorat de Savoye Marquis de Villars, auparavant Gouverneur de la Province, & c'étoit Françoise de Foix sa femme qui la lui avoit apportée en dot.

Ces Messieurs firent dresser une table pour dîner sur le rivage ; comme la mer étoit basse, on leur aportoit des huîtres dans des paniers ; ils choisissoient les meilleures & les avalloient si tôt qu'elles étoient ouvertes ; elles sont d'un goût si agréable & si relevé, qu'on croit respirer la violette en les mangeant ; d'ailleurs elles sont si saines, qu'un de leurs Laquais en avala plus d'un cent sans s'en trouver incommodé. Là, dans la liberté du repas, on s'entretint tantôt de la beauté du lieu, tantôt de ce qu'on jugeoit le plus propre au bien de l'Etat, tantôt de ce fameux Capitaine dont on vient de parler, tantôt de ces grands hommes dont Cicéron se souvient en quelque endroit de ses Ouvrages, qui ne croyoient pas qu'il fut indigne d'eux d'employer un repos honnête & nécessaire pour délasser l'esprit de ses grandes occupations à ramasser à Gayette & à Laurentio, des coquilles & de petits cailloux sur le rivage.

La beauté de la saison les invita à voir le reste du pays de Médoc & le Château de Mr de Candale ; la Maison de Foix, dont il étoit, possédoit autrefois tout ce païs-là. Ils le trouvèrent à Castelnau, où il s'étoit rendu depuis peu, & où il avoit accoûtumé de séjourner jusqu'à l'Automne, à moins qu'il n'allât à Cadillac ou à Bachevel, deux Châteaux qui sont sur la Garonne, & où il alloit & revenoit par eau commodément.

Ce Seigneur sçavant dans la Geométrie & dans les Mécaniques, avoit chez lui des laboratoires, des atteliers & des forges, avec tous les instrumens nécessaires pour fondre, ou pour fabriquer toutes sortes de machines, il invita ces Messieurs à dîner, qui fut assaisonné d'une sçavante conversation, suivant sa coûtume. De Thou tourna l'entretien sur ce que les Pyrenées pouvoient avoir de hauteur, il sçavoit que c'étoit faire plaisir à son hôte que de le mettre sur ce Chapitre.

Candale leur raconta qu'il avoit été aux eaux de Bearn proche de Pau, à la suite de Henri d'Albret Roi de Navarre pére de la Princesse Jeanne, dont il étoit proche parent : Que dans le séjour qu'il y fit, il résolut de monter au sommet de la plus haute montagne, qui n'en est pas éloignée, & qu'on nomme *les Jumelles*, à cause qu'elle se sépare par le haut en forme de fourche : Que dans le temps qu'il préparoit tout ce qu'il crût nécessaire pour son dessein, plusieurs Gentilshommes, & d'autres jeunes gens, vétus de simples camisolles, pour être moins embarassez, s'offrirent de l'accompagner : Qu'il les avertit que plus ils pénétreroient en haut, plus ils sentiroient de froid ; ce qu'ils n'écoutérent qu'en riant : Que pour lui il se fit porter une robe fourrée par des païsans qui connoissoient les lieux : Qu'environ la my Mai, sur les quatre heures du matin, ils montérent assez haut pour voir les nuées au-dessous d'eux : Qu'alors le froid saisit ces gens qui s'étoient si fort pressez ; de maniére qu'ils ne pûrent passer outre : Que pour lui il prit sa robe & marcha avec précaution, accompagné de ceux qui eurent le courage de le suivre : Qu'il monta jusqu'à un endroit où il trouva des retraites de chévres & de boucs sauvages qu'il vit se promener par troupes sur ces roches escarpées : Qu'ayant poussé plus loin, il remarqua quantité d'aires d'aigles & d'autres oyseaux de proye : Que jusques-là ils avoient rencontré des traces taillées dans le roc, par ceux qui y avoient auparavant pénétré ; mais qu'alors on ne voyoit plus de chemin, & que pour gagner le sommet il en restoit encore autant à faire qu'on en avoit fait : Que l'air froid & subtil qui les environnoit leur causoit des étourdissemens qui les faisoient tomber en foiblesse ; ce qui les obligea de se reposer & de prendre de la nourriture : Qu'aprés s'être envelopé la tête, il se fit une nouvelle route avec l'aide des païsans qu'il avoit amenez : Que quand le roc résistoit au travail, on se servoit d'échelles, de crocs, & de grappins : Que par ce moyen il arriva enfin jusqu'à un lieu, où ils ne virent plus aucune trace de bête sauvage ni aucuns oiseaux, qu'on voyoit voler plus bas ; que cependant on n'étoit pas encore au sommet de la montagne : Qu'enfin il le gagna à peu de distance prés, avec l'aide de certains crochets, qu'il avoit fait faire d'une maniére extraordinaire.

Qu'alors il choisit un lieu commode, d'où il pût regarder sûrement jusqu'en bas ; qu'il s'y assit, & qu'avec le quart de Cercle, il commença à prendre la hauteur ; qu'il prît pour rez de chauffée le courant paifible, que les eaux qui fe précipitent de rocher en rocher avoient formé ; que jufqu'au plus haut de la montagne, qu'il mefuroit aifément du lieu où il étoit, il trouva onze cens braffes ou toifes de nôtre mefure, la toife de fix piés, * *ce qui compofe treize cens vingt pas Geométriques, le pas de cinq piés, à la maniére des Grecs.*

De Thou, aprés avoir fait là-deffus de profondes réflexions, convint que Candale ne s'étoit pas fort écarté de la vérité, ni du fentiment des anciens Geométres, qui raportent que le Mont Olympe, qu'ils ont crû le plus élevé qu'il y eût au monde, ne pouvoit pas avoir plus de dix ftades de hauteur, non plus que la mer a de profondeur. Xenagoras trouva un demi ftade davantage dans la mefure qu'il prit de la même montagne ; je dirai en paffant que ce calcul n'eft pas exact dans Apulée ¶, au Livre qu'il nous a laiffé du démon de Socrate, & qu'il y faut fuppléer par Plutarque dans la vie de Paul Emile.

Que fi l'on multiplie dix fois le ftade de 125. pas, comptant le pas de cinq piés, à la maniére des Grecs, on trouvera 1250. pas Geométriques ; ce qui, à onze toifes cinq piés prés, fait le même nombre que Candale avoit trouvé ; mais on laiffe un calcul plus exact aux gens du métier †.

De Caftelnau la compagnie fe rendit à l'Efparre, autrefois Ville libre & joüiffante de fes droits, avec un Château & des Salines apartenant à la Maifon de Montferrand. Depuis, du tems de Charles VII. elle vint par confifcation dans la Maifon d'Albret, qui avoit toûjours été fidelle à la France ; alors elle appartenoit à Loüis de Gonzagues de Cléves Duc de Nevers, du côté de la Ducheffe fon époufe §.

De l'Efparre on vint à Soulac, connu par fa Chapelle dédiée à la Sainte Vierge, & par le Port de Verdon, qui eft fort commode. Delà, l'on découvre la tour de Cordoüan, fcituée entre des bancs de fable & des rochers, à l'embouchure de la Garonne, qui dans cet endroit eft large d'environ quatre lieuës. Cette Tour, qui la nuit fert de fanal aux vaiffeaux, avoit été à demi ruïnée ; depuis elle a été rebâtie par l'adreffe & le travail de Loüis de Foix, Parifien, qui portoit ce nom à caufe de fon pére qui étoit du pays **.

On a ajoûté ces mots pour éclaircir ce paffage.

¶ *Apulée dit qu'elle n'a pas dix ftades de hauteur, & Plutarque, qu'elle en a davantage.*

† *Effectivement Mr de Thou s'eft trompé, il prend pour des piés les 70. pas Geométriques reftans de 1250 qui font de cinq piés. A ce compte, il y auroit une différence de 58. toifes 2. piés, au lieu d'onze toifes 5. piés : cependant fi vous ajoûtez le demi ftade de Xénagoras, qui fa't 62. pas & demi Geométriques, ou 52. toifes demi pié, on trouvera à 6. toifes un pié & demi prés, le compte de Mr de Candale jufte, par raport aux anciens Geométres.*

§ *Elle étoit de la Maifon de Longueville.*

** *C'eft ce même Loüis de Foix, qui travailla pour l'infortuné D. Carlos, & qui découvrit à Philippe II. le fecret de la ferrure de la chambre de ce Prince.*

Ils se rendirent delà, à Blaye par Royan & par Talmond ; ils y découvrirent les premiers une grande quantité de capilaires, que ceux du païs ne connoissoient pas : ils leur aprirent la manière d'en faire du syrop, afin qu'à l'avenir ces gens s'épargnassent la peine & les frais d'en aller querir à Montpellier. Ils en trouvérent encore en beaucoup d'autres lieux , & principalement à Bourdeilles, où il en croît de tous côtez. Bourdeilles est un des plus forts Châteaux du Périgord ; il est situé sur un rocher , baigné par la Dronne qui se jette dans l'Isle , & creusé par la nature, ou par la violence des eaux de cette riviére.

Delà , ils revinrent enfin à Bordeaux ; la Chambre des Commissaires y étoit moins occupée aux affaires civiles qu'aux criminelles, de l'examen desquelles dépend la sûreté du public. Comme les Ecclésiastiques ne pouvoient assister aux jugemens criminels , on chargeoit Coquelei & de Thou de faire les informations, d'interroger les coupables, & de les confronter aux témoins, comme il arriva dans le procez de Rostaing ; quand il fut instruit, Thumeri, Loysel, Pithou & de Thou , firent un tour en Gascogne pendant les vâcations de Pâques.

Ils passèrent d'abord à Bazas , où l'on les instruisit des véritables causes des malheurs de cette Ville , & de la faction des Casses. Delà à Albret , d'où l'illustre Maison d'Albret , & tout le païs d'alentour, tirent leur nom. Plus outre, à Tartas, au Mont de Marsan , & à Ayre , située sur l'Adour , dont elle tire son nom ; mais ruïnée par la violence & par le feu de nos derniéres Guerres.

Continuant leur route par le Bigorre , ils virent Tarbe , qui en est la Capitale, & décendirent dans un pays fort agréable au pié des Pyrenées , où les vignes, comme dans la Lombardie , sont attachées aux ormeaux & aux peupliers : Autrefois Tarbe étoit composée de trois Villes ; mais ce n'étoit plus alors qu'une solitude habitée seulement par des païsans.

Ils visitérent des Bains qui n'en sont pas loin , & qui étoient autrefois fort fréquentez , comme on le remarque par de beaux bancs qu'on y voit encore ; les eaux en sont fort chargées d'alun, de Thou en fut guéri d'une espéce de rhumatisme au bras gauche , causé par ses études trop assiduës , & par ses veilles.

Delà, ils allérent à Compan, où le beurre eft excellent; tout proche eft la Vicomté de Lavedan, qui appartient à des Seigneurs de la Maifon de Bourbon, & qui eft renommée par les beaux chevaux qu'on y éleve. En paffant, ils examinérent avec attention une infcription qui eft fur l'Autel d'une Chapelle, & dont Scaliger s'eft fervi fort à propos dans fa defcription de la Gafcogne. Ils remarquérent en arrivant à Lourde, qui eft un Château fur une hauteur & fur les frontiéres du Bigorre, que ce n'eft point-là le Lapord, comme l'a crû le même Scaliger, dans la premiére édition de fes Commentaires fur Auzone, qui fut faite à Lion; car le Lapord eft un pays bas proche de la mer, & fort éloigné de Lourde; c'eft plûtôt le Bayonnois. Dans les anciens Martyrologes des Evêques de Bayonne, il n'y a que le pays fitué depuis la Garonne jufqu'à l'Adour, qui foit apellé le pays de Lapord & l'Evêché de Lapord: encore aujourd'hui ce qui eft entre l'Adour jufqu'à Fontarabie, fe nomme le pays de Lapord *; dequoi de Thou avertit Scaliger, qui dans la feconde édition qui fut faite de fon Auzone avec celui de Vinet, fupprima le plus franchement du monde ce qu'il en avoit dit.

* On le nomme aujourd'hui le Labour.

Delà, par Pontac ils arrivérent à Pau; Henri IV. & la Reine Jeanne fa mére, ont fort embelli cette Ville par une bonne Citadelle qu'ils y ont fait faire, & par des Jardins d'une Royale magnificence: on y voit des berceaux de feüillage d'une hauteur furprenante. Ils trouvérent à Pau la Princeffe Cathérine foeur du Roi de Navarre: elle les reçût avec toutes les marques poffibles de bienveillance; les devoirs de la Charge de Loyfel l'obligérent de fe féparer en ce lieu de fa compagnie: Pythou avoit déja fait la même chofe dés Ayre, & avoit regagné Bordeaux par Saint Sévére.

Thumeri & de Thou, qui reftérent feuls, furent aux bains de Bearn, qui ne font éloignez de Pau que de fept lieuës. Ce font des fources d'eaux foulphrées, qui fortent des monts Pyrenées, & qui font trés-bonnes contre la pierre, le néfretique & les obftructions; elles font fi légeres & fi fubtiles, que toute leur force fe perd dans un moment, à moins qu'on ne les prennent au fortir de la fource; auffi l'on ne peut les tranfporter dans des bouteilles, comme nos eaux de Lux, de Spa & de Pougues. De Thou
avoit

avoit avec lui un jeune Allemand, qui quoique fort sobre en bûvoit tous les jours cinquante verres en une heure ; pour lui, pendant sept jours il en prit vingt-cinq verres à chaque fois, plûtôt par plaisir que par nécessité. Quoiqu'elles ne le purgeassent point, il en ressentit un grand soulagement, avec un merveilleux appétit, un sommeil tranquille, & une legereté surprenante répanduë par tout le corps.

Au retour des eaux ils passérent par Oleron, Sauveterre & Orthez, où la Reine Jeanne avoit établi une célébre Académie, & vinrent à Navarreins. Henri d'Albret Roi de Navarre avoit ainsi nommé cette derniére Ville, pour se consoler de la perte de son Royaume : il y avoit aussi fait bâtir un Château fort & bien muni, pour deffendre le reste de son pays de Bearn.

Passant ensuite par Saint Palais & par Saint Jean de pié de Porc, ils vinrent à la Bastide de Clarence. Ils y virent Jean de Licarrague Ministre de l'Eglise du lieu, qui par ordre de la Reine Jeanne avoit traduit le Catéchisme & le Nouveau Testament en langue Biscayenne, & qui l'avoit fait imprimer en beaux caractéres à la Rochelle par Pierre Haultin. Tout autre que lui n'auroit pû le faire, vû le peu de raport que cette Langue, de même que l'Hybernois & le bas Breton, a avec les autres.

Ce Ministre qui parloit également bien Basque & François, prêchoit devant ceux du pays en sa langue & dans la même Eglise où les anciens Catholiques célébroient l'Office divin ; mais à des heures différentes. La diversité de Religion ne causoit entr'eux aucune querelle, & ils étoient accoûtumez à vivre ensemble paisiblement.

De Biscaye on vint à Bayonne par le pays de Lapord, en laissant à gauche Bidasche, qui appartient à la Maison de Grammont. L'Adour sépare Bayonne en deux, & il n'y avoit pas longtemps qu'elle avoit failli à la submerger ; les eaux qui tombent des Pyrenées dans cette riviére, & celles qu'elle reçoit de la Gave qui s'y jette à Peyrehourade, l'avoient si fort enflée, que ne pouvant se rendre dans la mer par son embouchure ordinaire, comblée par les sables, elle avoit été contrainte de prendre son cours par le canal, qui s'étend jusqu'au Cap Breton. Les habitans avoient commencé à bâtir un mur sur pilotis, pour fermer l'entrée de ce canal, afin que la riviére forcée de couler par son lit ordinaire, entraînât les sables, & rendit par ce moyen sa sortie plus libre & plus profonde ; ce que le hazard executa plûtôt que leur travail. Les eaux se précipitérent avec tant de rapidité pendant une basse marée, qu'elles écartérent à droit & à gauche les sables qui bouchoient son lit, bien mieux que tous les pilotis qu'ils pouvoient faire ; elles s'ouvrirent même un passage si large, qu'elles ne se débordoient presque plus dans la Ville. Cependant on y apprendoit toûjours l'inondation ; car les grandes marées aportant continuellement des sables dans le port, la riviére qui n'avoit plus la liberté de son cours, avoit encore depuis peu de temps emporté une grande partie de leurs murailles.

Le langage de ces peuples est fort singulier, & les habits de leurs femmes ne le sont pas moins : elles en ont pour chaque âge, & pour chaque état, pour le deüil, pour le Mariage, & pour les Priéres publiques. Leurs tailleurs ne sont que pour leur usage & pour celui de ceux du païs : si l'on voyoit ailleurs des gens vétus à leur maniére, on croiroit qu'ils se seroient ainsi déguisez exprés pour faire rire sur un théâtre, ou pour aller en masque.

Jean-Denis de la Hilliére, qui avoit succedé au Vicomte d'Horte, commandoit dans la Ville ; c'étoit un vieux Capitaine fort simple, & si-bien fait à la fatigue, qu'il couchoit en tout temps la tête nuë, & bûvoit son vin pur sans s'en trouver incommodé, quoique le vin de Chalosse dont il usoit, soit le plus fort de la Province. Il reçût ces Messieurs avec beaucoup de franchise, & leur fit l'Histoire de sa vie sans en rien déguiser. Thumeri lui dit, qu'il lui conseilloit de se marier, & lui ayant frapé dans la main, il lui fit promettre qu'il y songeroit au plûtôt : ce qu'effectivement la Hilliére fit peu de temps aprés.

Au sortir delà ils rencontrérent un beau bois de liéges verds, & passérent à Acqs, Ville Episcopale qui tire son nom des eaux boüillantes qu'on y voit ; püis en cinq jours de marche ils se rendirent à Bordeaux. Ils trouvérent sur leur route de grandes landes & des bruyéres pleines d'abeilles & de tortuës, avec des Villages fort écartez les uns des autres, mais trés-peuplez : les païsans y sont plus riches que dans tout le reste de la Gascogne, quoique les autres foient dans un meilleur païs : leur travail & leur induftrie rendent leur terroir auffi fertile que pas un autre.

Peu aprés leur retour à Bordeaux on jugea le procez de Roftaing, qui fut condamné avec rigueur ; ce qui fit dire par toute la Ville, que depuis plus de trente ans on n'avoit point vû de fi grand exemple de févérité contre un Gentilhomme : auffi l'impunité qui régnoit auparavant dans toute la Guyenne, étoit caufe qu'il n'y en avoit pas un, ou qui ne fe vengeât lui-même, ou qui ne fit quelque violence, fans avoir recours à la juftice.

En voici un exemple remarquable arrivé dans ce temps-là. Un nommé Gaillard, brave & déterminé Capitaine, étoit ennemi juré d'un Gentilhomme de fes voifins, qui demeuroit proche de Saint-Milion ; il prétendoit que fon frére avoit été lâchement affaffiné par ce Gentilhomme durant nos derniéres Guerres : réfolu de vanger cette mort, il fe fait accompagner d'une troupe de fcelerats, vient de nuit efcalader la maifon de fon ennemi, qui fe croyoit en fûreté pendant la paix ; aplique un pétard à la porte, entre avec ces brigands, tuë ce Gentilhomme qui étoit forti au bruit l'épée à la main ; maffacre fa femme, fon frére, & ce qu'il trouve de valets. Le crime fut bien-tôt fuivi de la punition : ces gens qu'il avoit amenez courant vîte au pillage dans l'obfcurité, rencontrent un baril de poudre à canon ; une étincelle de leurs méches tombe deffus, y met le feu, qui renverfe une partie de la maifon, écrafe & brûle ces fcélérats, les étend à demi morts fur le pavé, prefque fans habits & fans armes. Au bruit qui s'en répandit, le Prevôt des Maréchaux accourut & fe faifit fans peine de ces vagabonds, qui couroient le païs impunément : il n'y eut que ceux qui étoient demeurez dehors qui fe fauvérent.

On prit auffi Gaillard, auteur de cette horrible action, qui nud & bleffé des coups de fon ennemi, qui s'étoit défendu en brave homme, fut conduit fur un chariot à Bordeaux avec fes compagnons ; mais fi défigurez, fi noirs & fi boufis, qu'ils n'avoient rien d'humain qu'une voix affreufe. Comme la prifon étoit fort éloignée du lieu de la Jurifdiction, il fallut leur faire traverfer prefque toute la Ville : le peuple frapé de ce fpectacle, regardoit leur crime avec encor plus d'horreur. On fut obligé de les interroger dans la place & dans leur chariot, sur un fait qu'ils ne pouvoient nier : on ne les en fit sortir, que pour les mettre sur une rouë. Pour Gaillard, qui étoit homme de bonne mine, des Archers le conduisirent devant les Juges sans être lié ; mais enveloppé d'un linge, suivant l'usage de Toulouse & de Bordeaux. Il convint hardiment du fait, & avoüa, comme une belle action, qu'il avoit tué son ennemi ; accusant même ce malheureux d'être cause de la perte de ses braves soldats, (c'est ainsi qu'il nommoit ces scélérats, qui avoient été brûlez ou écrasez des ruïnes de la maison de ce Gentilhomme) il parut toûjours aussi intrépide que s'il n'avoit pas mérité la mort, ou qu'il ne dût pas la craindre, & la souffrir avec la même fermeté, avec laquelle il avoit parlé à ses Juges.

On rendit encore, au raport de Mr de Thou, un jugement célèbre & digne de la majesté des Commissaires : une jeune Damoiselle, dont le pére étoit mort depuis quelques années, avoit quitté la maison de sa mére sous prétexte de Religion, & sans le consentement d'aucun de ses parens, avoit épousé un jeune homme d'une condition fort inférieure à la sienne : cependant ils n'avoient pas consommé le Mariage. Il fut déclaré nul, & la fille renduë à sa mére, qu'on avertit de ne luï faire aucune violence, sous prétexte de Religion ; l'on défendit de plus, au jeune homme de voir la fille davantage, & de se marier avec elle, sur peine de la vie. Arrêt d'autant plus nécessaire pour rétablir l'honneur & la validité des Mariages, que dans ces temps de desordre il ç'en étoit fait beaucoup de clandestins, & qu'on avoit besoin d'un exemple pour réprimer l'insolence des ravisseurs, qui abusoient de la simplicité des filles de famille mal conseillées, & qui disposoient d'elles impunément sans l'avis de leurs parens. Des affaires particuliéres occupérent le reste de la Séance, jusqu'aux vâcations ; avant qu'elles commençassent, on ordonna aux Parties de se rendre à Agen, où la Séance se tiendroit aprés la saint Martin.

Soit que le premier Président prévit sa mort assez prochaine, soit qu'il ne pût suporter davantage la trop longue absence de son fils, il obtint du Roi la permission de le faire revenir. On nomma en sa place François Godard, jeune homme, qui avoit été reçû depuis peu Conseiller au Parlement, & qui avoit l'esprit fort délié. Pour de Thou, il fit entendre à ses amis qu'en retournant à Paris il avoit envie de voir le Languedoc & la Provence, & de passer à Clermont en Auvergne, pour y saluër son beaufrére de Harlai, & les Conseillers qui y tenoient les Grands-Jours cette année-là.

Le bruit se répandit en ce tems-là, que le Duc d'Anjou envoyoit au Roi, Salcéde, qu'il avoit fait arrêter à Anvers. Les accusations fausses & véritables, dont Salcéde avoit chargé plusieurs personnes, étoient cause qu'on parloit fort diversement de cette affaire. Quelques-uns des plus considérables de la Cour, qui s'y trouvoient mêlez, en avoient écrit au Maréchal de Matignon, & lui avoient mandé que Salcéde l'avoit accusé avec d'autres personnes du premier rang. Le Maréchal qui sçavoit qu'à son égard Salcéde étoit un imposteur, s'étoit si fort mis dans l'esprit qu'il l'étoit à l'égard des autres, qu'il traitoit de calomnie tout ce que ce scélérat avoit déposé.

Il regardoit par une fenêtre de jeunes gens qui joüoient dans la place, quand de Thou vint lui demander un passeport : il savoit que de Thou retournoit à Paris, & qu'il devoit passer en Languedoc pour y voir le Duc de Montmorenci ; ce qui l'obligea de l'entretenir sur le sujet de Salcéde fort particuliérement & fort long-tems, dans la vûë que de Thou pût partir d'auprés de lui, fort instruit sur ce chapitre. Pour lui faire perdre toute créance aux dépositions de ce malheureux, il lui dit que Salcéde avoit passé sa jeunesse avec des brigans & des scélérats ; que depuis on lui avoit fait à Roüen son procez pour fausse monnoye ; qu'il n'avoit évité que par la fuite la peine où l'on l'avoit condamné ; qu'il s'étoit caché de côté & d'autre depuis ce tems-là ; qu'enfin le Duc de Mercœur, auquel il se trouvoit allié de fort loin par la mére de sa femme, l'avoit pris sous sa protection : que tout ce qui venoit de la Cour du Duc d'Anjou devoit être suspect, qu'elle étoit composée de gens sans Religion & sans honneur, qui se faisoient un jeu de jetter, par leurs calomnies, des soupçons dans l'esprit de Sa Majesté, sur ses plus fidelles serviteurs & sur les plus Grands de l'Etat, pour y remettre la confusion.

Peut-on, disoit-il, *rien imaginer de plus méchant & de plus im-*

pudent en même temps, que de confondre dans une même conspiration tant de gens d'honneur, dont la probité reconnuë éloigne d'eux jusqu'au moindre soupçon, avec le petit nombre de ceux qui peuvent en être coupables ; qu'on reconnoît bien-là les traits empoisonnez des Courtisans de ce Prince, qui ne se font pas un scrupule de mettre en risque, aux dépens d'un misérable, la vie & l'honneur des plus gens de bien : Si vous faites refléxion sur l'accusateur & sur ceux qui lui ont suggeré ses dépositions dans sa prison, vous jugerez aisément quels égards on doit avoir pour une accusation de cette importance, où le repos de l'Etat est si fort intéressé.

Il ajoûta que quelques bruits qu'on fit courir, que le Duc d'Anjou devoit envoyer Salcéde au Roi, il n'en croyoit rien ; qu'il ne pouvoit se persuader que ceux qui étoient auprés de ce Prince le souffrissent ; que certainement Salcéde se dédiroit en France de ses prétenduës accusations, & que cela ne serviroit qu'à découvrir leurs mauvaises intentions & leur méchanceté.

Comme par le témoignage de sa conscience il étoit fortement persuadé de ce qu'il disoit, que d'ailleurs il joignoit à une profonde sagesse une éloquence vive & insinuante, de Thou, dont l'excellent naturel le portoit à juger favorablement de toutes choses, partit si convaincu de tout ce qu'il lui avoit dit, que toutes les fois qu'on parloit de Salcéde, ce qui arrivoit souvent, il prenoit toûjours le parti de réfuter avec chaleur tout ce qu'il en entendoit dire.

Il partit de Bordeaux avec Thumeri & Pithou, & vint à Moissac sur le Tarn, belle & ancienne Abbaye, remplie autrefois de fort bons Livres. Pithou & lui examinérent ceux qui restoient, & prirent leur route par Aiguillon sur le Lot ; le lendemain ils vinrent dîner au Port Sainte Marie, lieu connu par ses bons vins. Comme tous leurs valets s'y ennyvrérent, ils ne pûrent partir que tard pour se rendre à Agen, où ils n'arrivérent que bien avant dans la nuit, quoiqu'on n'y compte que deux lieuës depuis Sainte Marie. Secondat, dont on a déja parlé, vint au-devant d'eux avec des flambeaux : comme ils se plaignoient de la longueur du chemin, il leur conta pour les en consoler, une histoire fort particuliére.

* Du Tiller & aprés lui Messieurs de Sainte-Marthe, donnent à cét Adam Fumée la qualité de Seigneur des Roches, & de Garde des Sceaux de France, sous Loüis XI. & sous Charles VIII.

* Adam Fumée, autrefois Médecin de Loüis XI. & employé

dans les principales affaires de ce Prince, avoit laiſſé un petit-fils nommé Martin, qui étoit Maître des Requêtes, grande Charge en ce tems-là, & que le nombre n'avoit pas encore avilie : ce Maître des Requêtes étoit venu, il y avoit plus de trente ans, dîner à Sainte Marie dans le commencement de l'hiver ; quand il eut dîné, il voulut venir coucher à Agen, où l'on lui dit qu'il n'y avoit plus que deux lieuës. Son hôte le pria inſtamment de ne ſe point mettre en chemin, qu'il le trouveroit trés-mauvais, & que la nuit le ſurprendroit infailliblement. Lui qui ne comptoit que ſur deux lieuës, & qui avoit envie d'avancer, monta à cheval. Il lui arriva encore pis que ce que ſon hôte lui avoit prédit, non-ſeulement il fut ſurpris de la nuit, mais il tomba encore dans un bourbier, d'où ſes valets eurent bien de la peine à le retirer. Les Magiſtrats d'Agen qui l'attendoient, en étoient fort en peine, lors qu'enfin il arriva à minuit ; mais ſi fatigué & de ſi mauvaiſe humeur, qu'il reçût mal leurs complimens & ſe retira auſſi-tôt dans ſon hôtellerie. Le lendemain, comme il n'étoit pas encore bien revenu de ſa colére, il alla tenir l'Audiance, & ordonna, avant toutes choſes, qu'à l'avenir, pour ne point tromper les voyageurs, on compteroit de Sainte Marie à Agen ſix lieuës.

Tout étant diſpoſé dans Agen pour la Séance des Commiſſaires, Pithou & de Thou paſſérent la Garonne pour voir le reſte de la Gaſcogne & ſe rendirent à Leictoure. Cette Ville eſt ſur une hauteur, il y a un Evêché, & c'eſt la Capitale de la Principauté d'Armagnac : ils coururent quelque riſque en y entrant ; comme ils n'arrivérent qu'à la nuit, & qu'ils tournoient autour des foſſez, les ſentinelles qui étoient ſur les remparts tirérent ſur eux quelques coups de mouſquet.

Le lendemain Aſtarac de Fontrailles Gouverneur du païs, les reçût fort civilement, & leur fit des excuſes de ce qui s'étoit paſſé la veille : ils y reſtérent tout ce jour-là pour voir la Ville & pour examiner la diſpoſition du camp de Montluc, qui l'avoit aſſiégée & priſe dans nos derniéres Guerres. Les Romains y avoient inſtitué des ſacrifices de Taureaux en l'honneur de la Mére des Dieux ; ce qui ſe remarquoit par pluſieurs Inſcriptions, qu'on voyoit encore gravées ſur les pierres d'un Temple, que

Voi Goltzius, Marca, Scaliger, &c. la barbarie de nos derniéres Guerres avoit ruïné, & dont on prétendoit se servir pour en rebâtir un autre.

Ils y visitérent le Château où le Comte d'Armagnac fut assassiné du temps de Loüis XI. &, comme on croit, par sa participation. Les murailles sont encore teintes de son sang, qu'on n'a pû effacer jusqu'aujourd'hui. Ces marques sanglantes les firent souvenir d'une action qui s'étoit passée dans le même Château, elle est assez semblable à celle du Capitaine Gaillard ; mais la suite n'en fut pas si funeste. De Thou qui en avoit déja appris quelque chose à Bordeaux de du Faur de Grateins, pria celui qui commandoit alors à Leictoure, de l'en instruire plus particuliérement : voici le fait.

Un nommé Baleins, qui en avoit été Gouverneur avant celui qui leur comptoit cette avanture, étoit un homme violent qui avoit été élevé dans les Guerres contre les Turcs. Il étoit des amis d'un Gentilhomme du pays des principaux Officiers de sa Garnison, qui sous prétexte de Mariage ou autrement ayant abusé d'une sœur qu'avoit Baleins, s'étoit retiré de la Garnison, & s'étoit marié à une autre personne. Cette sœur qui en fut informée, vint aussi-tôt toute échevelée & toute en larmes, trouver son frére, & lui conta ce qui s'étoit passé. Baleins qui étoit vif & intrépide, lui dit de se taire, de ne faire semblant de rien, & de le laisser faire. Il continuë pendant quelque tems de vivre avec cét Officier aussi familiérement qu'auparavant, sans lui rien faire connoître de ce qu'il sçavoit : un jour il l'invite à dîner dans le Château avec quelques autres de ses amis, & leur fait une chére magnifique ; le dîné fini, & les conviez retirez, il le tire à part, lui fait mettre les fers aux pieds & aux mains par des gens apostez, se met dans un fauteüil comme Juge, & l'interroge. Comme ce pauvre homme ne demeuroit d'accord de rien, il lui produit des témoins & fait paroître tout-d'un-coup cette Demoiselle qui s'étoit cachée. Alors cet Officier tout effrayé lui avoüa qu'il avoit été de ses amis, mais qu'elle lui avoit fait plusieurs avances ; que de son côté il ne lui avoit rien promis, & ne lui avoit jamais donné parole de l'épouser. Baleins continuant son personnage de Juge, fait écrire par un Secretaire l'interrogatoire, les dépositions des témoins, & leur fait signer le tout ;

tout ; puis sur le serment pris des témoins & sur la confession de l'accusé, le condamne à mort.

Alors le même homme, qui avoit été l'accusateur, le témoin & le Juge, voulut encore être le Bourreau ; il poignarda lui-même ce malheureux, qui reclamoit inutilement Dieu & les hommes, & qui se plaignoit de l'infraction des droits de l'hospitalité. Baleins renvoya le corps aux parens du mort ; mais comme il jugea que si cette exécution venoit par ailleurs à la connoissance du Roi de Navarre, de qui il tenoit sa commission, elle ne manqueroit pas de prévenir ce Prince contre lui, il lui en écrivit lui-même, & lui manda le détail de ce qui s'étoit passé : Que dans un juste sujet de se vanger d'un affront si sensible, il n'avoit cependant rien fait que dans toutes les formes de la justice ; qu'il lui envoyoit les copies du procez, & qu'il gardoit les originaux pour sa justification ; qu'il le prioit de lui donner sa grace, prêt, s'il le souhaitoit, de remettre le Château à qui il jugeroit à propos ; qu'il étoit assez content d'avoir trouvé le moyen de se vanger par ses mains de l'outrage qu'il y avoit reçû.

Le Roi de Navarre fut effrayé de l'audace de Baleins & de l'énormité de cette action ; cependant, comme il apprehendoit que s'il lui refusoit sa grace, cét homme violent ne se portât à quelque résolution, qui pouvoit être dangereuse dans la conjoncture presente, il ne laissa pas de la lui envoyer ; mais en même tems il fit partir un homme de confiance pour prendre possession du Château. Baleins le remit sans difficulté sur les ordres du Prince, & se retira avec sa famille dans une maison assez forte qu'il avoit dans le voisinage.

De Leictoure ils vinrent à Auch, autrefois Capitale de la Gascogne. C'est un trés-riche Archevêché dans la Principauté d'Armagnac : les Cardinaux Hypolite, & Loüis d'Est l'avoient possedé depuis le Cardinal François de Tournon, qui y avoit fondé un Collége. Ce dernier Prélat n'étoit pas homme de Lettres ; mais comme il avoit le cœur élevé & qu'il vouloit soûtenir son rang, il aima toute sa vie les Sciences, & ceux qui en faisoient profession. Le beau Collége qu'il fit bâtir à Tournon dans le Vivarais, d'où cette maison illustre a tiré son nom, en est une marque, & toute sa vie en fut une preuve continuelle.

K

A la Cour, à Rome, dans ſes voyages, il avoit toûjours à ſa ſuite tout ce qu'il y avoit de gens illuſtres dans les belles Lettres; il en prenoit tant de ſoin, qu'Arnaud du Ferrier, qui avoit été long-temps attaché à ſon ſervice, diſoit ordinairement qu'il n'avoit jamais étudié ſi commodément dans ſon cabinet, qu'il le faiſoit, lorſqu'il accompagnoit ce Cardinal dans ſes voyages.

Quand ce Prélat ſuivoit la Cour, il n'étoit pas plûtôt décendu de cheval qu'il viſitoit la Chambre des Sçavans de ſa ſuite, pour voir ſi les males, où étoient leurs Livres, étoient en bon état : de peur qu'ils n'attendiſſent aprés, il les faiſoit porter par ſes mulets, avec ſon lit & ſes papiers ; puis, tout étant prêt, il les exhortoit à travailler pendant qu'il alloit trouver le Roi, dont il étoit le principal Miniſtre. Il tenoit table ouverte, mais il en avoit une particuliére pour un petit nombre de ſes amis, laquelle ſervoit à ces Sçavans, dont il écoutoit les converſations avec plaiſir. Ceci ſe paſſoit ſur la fin du régne de François I. dés le tems que Pierre Danés, du Ferrier, Vincent Lauro, Denis Lambin & Muret, tous ſi diſtinguez par leur éminent ſçavoir, étoient attachez auprés de lui. C'eſt à ceux qui poſſédent aujourd'hui ce riche Archevêché, à voir s'ils en uſent auſſi noblement.

De Thou & Pithou ſon compagnon de voyage, allérent voir la Cathédrale d'Auch, qui ſeroit la plus belle Egliſe de France, & de toute la Chrétienté, ſi elle étoit achevée avec autant de magnificence qu'elle eſt commencée. Le Chœur, avec les ſiéges des Chanoines, étoit dans ſa perfection, & l'on travailloit à la Nef & aux bas côtez. Ils virent auſſi l'Egliſe Paroiſſiale de ſaint Oren, qui tomboit en ruïne de vieilleſſe; quoique ce ſoit un fort riche Monaſtére dépendant de l'Abbaye de Clugni. Il y a de chaque côté un Autel où ſont des tombeaux de Martyrs, les Chrétiens y tenoient autrefois leurs Aſſemblées : les tables qui couvrent ces tombeaux ne ſont pas plattes comme les nôtres, mais un peu arrondies. On y voit les deux lettres Grecques qui ſignifient le nom de JESUS-CHRIST, & qu'on voyoit autrefois ſur le Lazare : preuves de l'antiquité de cette Egliſe, & de la pureté des premiers ſiécles du Chriſtianiſme.

Au ſortir d'Auch il paſſérent par Caumont, Sanmathan, Lombez, Saint-Gymont, & vinrent à Pybrac. Guy du Faur, qui en est Seigneur, y étoit venu de Paris passer les vâcations, & les y attendoit. Il reçût ses hôtes splendidement, & les régala avec beaucoup de propreté & de délicatesse, sur tout avec un visage qui rehaussoit extrémement le mérite de la bonne chére.

Ils y séjournérent trois jours, & visitérent les Jardins & la Maison, dont la négligence est bien récompensée par les agréemens de l'esprit du maître ; car tout y est fort simple, à l'exception des meubles qui sont magnifiques.

Pybrac dit peu de chose sur l'affaire de Salcéde, néanmoins il en parla d'une maniére qui faisoit comprendre qu'il en croyoit plus qu'il n'en témoignoit : ainsi de Thou n'eut pas lieu de combattre ses sentimens. Pithou l'obligea de communiquer à Pybrac ce qu'il avoit écrit sur la Fauconnerie ; il sçavoit que leur hôte avoit une grande passion pour toute sorte de chasse, & qu'il se plaignoit que cette espéce particuliére n'avoit point encore été bien détaillée dans les Auteurs Latins. Pybrac le lût en son particulier, & comme il remarqua que sur la fin du premier Livre, l'Auteur déploroit la mort d'un personnage considérable nommé François, qu'on pouvoit confondre avec une autre personne du même nom, il comprit enfin que l'Auteur avoit eu en vûë François de Montmorenci Maréchal de France, mort depuis peu, & qui l'avoit honoré de son amitié. Il témoigna à de Thou tout le plaisir qu'il lui faisoit de s'être souvenu si avantageusement d'un Seigneur, dont toute la France, & ce qu'il y avoit de plus honnêtes gens devoient regretter la perte. Il l'exhorta à continuër cet Ouvrage, & à travailler à cette partie qui concerne la guérison des oiseaux de proye, & que promet le commencement du premier chant.

Aprés l'on s'entretint de la liaison de la famille des du Faur de Toulouse avec le pére de Mr de Thou : Que la générosité naturelle des François s'étoit tellement corrompuë, que les amitiez n'avoient de force, que celle qui étoit fondée sur l'intérêt : Que pour peu qu'on en apprehendât la diminution, non-seulement on les abandonnoit avec lâcheté, mais qu'on les trahisoit avec perfidie : Qu'il ne s'étoit trouvé que le Président de Thou, qui se confiant sur son intégrité, avoit osé prendre la défense des malheureux, dont l'innocence causoit la persécution :

Que les du Faur y ayant été expofez non feulement à Touloufe, mais encor par toute la France, il les protegea avec autant d'habileté que de conftance, lorfqu'ils ne trouvoient plus d'apui dans le Parlement, & que de foibles amis à la Cour.

Paroles que prononça Pybrac en regardant fixement de Thou, & qui donnérent une joye fi fenfible à ce dernier, que malgré toute fa prudence & fa modeftie, Pithou s'aperçût combien l'éloge qu'un fi honnête homme venoit de faire du premier Préfident fon pére, avoit fait d'impreffion fur fon efprit.

Pybrac étoit Chancelier de Marguerite Reine de Navarre. Un petit refroidiffement venoit de lui attirer de la part de cette Princeffe une lettre fiére, dans laquelle elle lui reprochoit fa témérité de ce qu'il avoit ofé élever fes defirs jufqu'à elle; ce qui donnoit beaucoup de chagrin à Pybrac: il n'étoit pas moins inquiet de la réponfe qu'il lui devoit faire. Un jour qu'il fe promenoit avec de Thou, il lui en fit confidence; il le crût le plus propre, comme le plus jeune, à excufer fa foibleffe, & par une efpéce de honte, ne voulut pas s'en ouvrir à Pithou. Il lui recita de mémoire la réponfe qu'il méditoit; mais avec un air fi prévenu, en des termes fi étudiez, & d'un ftyle où il paroiffoit tant de paffion, que cela ne fervit qu'à convaincre de Thou de la vérité des reproches que lui faifoit cette Princeffe. Pybrac lui envoya bien-tôt aprés cette réponfe qui courut depuis dans le monde, mais qui étoit écrite avec toute la délicateffe & tout l'ornement dont il étoit capable.

C'étoit un homme d'une probité incorruptible & d'une piété fincére; il avoit un véritable zéle pour le bien public, le cœur élevé, l'ame généreufe, une extrême averfion pour l'avarice, beaucoup de douceur & d'agréement dans l'efprit; outre cela, il étoit bien-fait de fa perfonne, de bonne mine, & doüé naturellement d'une éloquence douce & infinuante. Il avoit apris les belles Lettres fous Pierre Bufnel, & s'étoit aquis fous Cujas une parfaite connoiffance du Droit: comme il n'avoit pû vaincre la pareffe & une certaine langueur de tempérament, il n'y avoit en lui rien à defirer, qu'un peu plus d'action & de vivacité. Il écrivoit en Latin avec élégance, & avoit beaucoup de talent pour la Poëfie Françoife: ce qui fit naître d'abord quelques petites jaloufies entre lui & Ronfard, qui le piqua vivement; mais elles fe convertirent bien-tôt dans ces hommes illuftres, tous deux amoureux de la gloire, en une eftime & une amitié mutuelle. Ses Quadrains traduits en toutes fortes de langues, le firent connoître par tout le monde, & fervirent parmi nous de matiére d'inftruction aux enfans qu'on prend foin de bien élever. Difons de fuite, afin qu'il ne manque rien à l'éloge de ce grand homme, que fa famille, qui étoit de Touloufe & originaire d'Auch, étoit déja trés-noble & trés-illuftre du temps de Charles VII. & de Loüis XI. & que fon bifayeul Gratien du Faur Préfident à Mortier du Parlement de Touloufe, avoit mérité par fon fçavoir & par fon intégrité, de tenir une des premiéres places dans le Confeil du Roi, que nous nommons aujourd'hui le Confeil d'Etat.

De Thou & Pithou prirent congé de leur généreux ami, & paffant par un petit Village nommé le Guévi, arrivérent dans une grande plaine d'où l'on découvre Touloufe de loin. Cette Ville eft une des plus grandes du Royaume aprés Paris, fi l'on confidére le nombre & la beauté de fes Eglifes, la dignité de fon Parlement, qui eft le fecond de la France, la quantité de fes Colléges & de fes écoliers, la richeffe de fes habitans, & la magnificence de fes édifices, l'on peut dire que fi elle ne l'égale pas, du moins elle lui eft peu inférieure, & qu'elle peut s'appeller avec juftice comme autrefois la Ville de Pallas.

Ils y féjournérent quelques jours pour en voir les beautez les plus remarquables. Pithou en paffa une grande partie avec François Roaldez, fous qui il avoit apris la Jurifprudence à Valence en Dauphiné. De Thou lui rendit auffi vifite, & Roaldez leur aprit des particularitez confidérables des Provinces de Guyenne & de Languedoc, tant des Villes & des riviéres, que des autres lieux particuliers.

L'Archidiacre Galand attaché à Meffieurs du Faur, homme d'un commerce agréable, affez fçavant, entr'autre bon Botanifte, les conduifit à la Cathédrale, aux principales Eglifes, & dans tous les lieux publics. Il leur fit voir le Capitole & le lieu célébre où les Echevins, qu'on appelle *Capitouls*, rendent la juftice; comme auffi la ftatuë de Clémence Ifaure, qui fonda, il y a plus de deux cens ans, un prix pour celui qui feroit de plus beaux Vers, & à laquelle on va rendre tous les ans une espéce d'hommage.

Il les mena encore à Saint Jorry : ils y trouvérent Pierre du Faur, cousin germain de Pybrac, & Président à Mortier au Parlement de Toulouse. Comme ce Président étoit d'une santé délicate, il s'y divertissoit pendant les vâcations, beaucoup plus à l'étude qu'à la culture de ses terres. C'étoit un homme laborieux & apliqué ; ses œuvres données au public, & principalement ses Commentaires sur les régles du Droit, dédiez à Cujas son maître, en font une preuve ; s'il étoit moins propre pour la Cour que Pybrac, il étoit plus propre que lui pour le Palais : du reste, leur humeur, leur piété, leur probité, étoient égales. Lui & Pithou, qui s'étoient connus dés leur jeunesse, renouvelérent connoissance. Sa femme, qui étoit belle & ver- tueuse, & sœur de François de * Rieux Gouverneur de Narbonne, leur fit tout le bon accueil possible ; occupée uniquement de la santé de son mari, & du soin de recevoir ses amis, elle les retint pendant trois jours.

* De la Jugie, Seigneur de Rieux.

Delà, ils allérent à Montauban où ils se séparerent aprés avoir visité Claude Granger & Robert Constantin. Pithou retourna à Agen, & de Thou à Toulouse, pour décendre en Languedoc. Ce dernier en repartit dés le lendemain de son arrivée, sans rendre visite au premier Président Duranty, qui avoit envie de le voir ; mais comme dés son premier voyage avec Pithou, ils ne l'avoient point vû pour certaines considérations qui regardoient leur compagnie, il ne crût pas devoir faire seul ce qu'ils n'avoient pas jugé à propos de faire ensemble : cependant il en eut toûjours regret depuis. Le même jour il vint par Montesquiou coucher à Castelnaudari, & deux jours aprés à Carcassone.

La riviére d'Aude & une grande esplanade, qui avoit autrefois de chaque côté un Faubourg trés-peuplé, séparent Carcassone en deux. La Ville haute, qu'ils apellent, contient la Cathédrale, le Palais de l'Evêque, & la Citadelle : le lieu où l'on tient la Jurisdiction est dans la Ville basse, où sont aussi logez les Magistrats. Pybrac avoit donné à de Thou des lettres de recommandation pour Raimond le Roux, qui en étoit Juge mage. Ce le Roux étoit un grand homme de bonne mine, mais d'une antique gravité ; il avoit écrit pour l'autorité du Pape contre Charles du Moulin au sujet de l'Edit de 1552. Comme il avoit été Avocat au Parlement de Paris, où il avoit connu le premier Président, il demanda fort de ses nouvelles au jeune de Thou son fils, qu'il conduisit par tout civilement.

Il le mena dans la Citadelle, où l'on voit beaucoup d'armes anciennes, qui ne sont plus d'usage depuis l'invention des mousquets ; plusieurs manuscrits Hébreux, qui paroissent être du tems que les Juifs furent bannis de ce païs-là, comme de tout le reste de la France ; avec quantité d'informations & de Jugemens rendus contre les Albigeois.

De Carcassone de Thou vint à Narbonne ; Pybrac lui avoit aussi donné des Lettres pour Baliste qui en étoit Syndic. Baliste le conduisit par toute la Ville, & lui montra d'anciennes Inscriptions qui se remarquoient parmi ses ruïnes ; comme il en avoit fait un recueil exact, il en étoit fort instruit. Il lui fit voir encore cét Autel célébre, qui est à la porte de la principale Eglise. Elie Vinet en parle dans ses antiquitez de Narbonne ; Smith, & après lui Jean Gruterus, en ont fait aussi mention dans ce gros volume d'inscriptions qu'ils ont donné au public. On voit un grand nombre de monumens d'antiquité dans cette Ville, qui avoit donné son nom à tout le païs qui s'étend depuis les Alpes jusqu'à Vienne, & qui comprenoit la Provence & le Languedoc, avec tout l'ancien Diocése de Toulouse.

Guillaume de Joyeuse qui commandoit en Languedoc sous le Duc de Montmorenci, demeuroit à Narbonne. De Thou alla saluër ce Seigneur, qui le mena avec sa famille entendre la Messe dans une Chapelle de la grande Eglise. On y voit cét admirable tableau de la résurrection du Lazare, peint par *Sebastien del Piombo* : Le dessein est de Michel Ange, & c'est un present du Cardinal Hypolite de Médicis.

Ce beau tableau les fit ressouvenir de ce que raporte Vazari, du défi de Michel Ange avec Raphaël, pour un prix proposé par le Cardinal de Médicis. Le tableau de Michel Ange, qui fut achevé le premier, fut aporté à Narbonne du vivant du Cardinal, & celui de Raphaël, qui representoit l'Ascension de nôtre Seigneur, fut mis à Rome dans l'Eglise de Saint Pierre *in Mon-*

torio; mais il ne fut fini qu'aprés la mort du Cardinal : ce qui empêcha la décifion de ce défi, qui avoit été fait à Rome.

On voit dans le milieu du Chœur de la grande Eglife le Tombeau de Philippe le Hardi, fils de faint Loüis & pére de Philippes le Bel, avec fa repréfentation en marbre. Le corps de ce Prince qui mourut à Perpignan l'an 1285. au retour du combat qui s'étoit donné en Rouffillon entre lui & Pierre d'Arragon, qui y avoit été tué, fut aporté à Narbonne.

Au retour de l'Eglife, Joyeufe invita de Thou à dîner ; comme de Thou le connoiffoit peu, que d'ailleurs il étoit bien-aife de faire fa Cour au Duc de Montmorenci, il s'en excufa le plus civilement qu'il pût, de peur qu'on ne le pût raporter malicieufement à ce Duc.

Il l'alla trouver à Beziers aprés avoir paffé un bois plein de bruyéres & de tamarins, & décrié pour les vols qui s'y commettoient : auffi quand il parle de Beziers dans quelque endroit de fes poëfies*, il l'apelle *Beziers des Tamarins*.

* Le texte porte que c'eſt dans *l'Hierocoſophion*; cependant dans celui que j'ai qui eſt de l'édition de Patiffon en 1599 il n'y en eſt point parlé.

Le Duc de Montmorenci le reçût avec beaucoup d'honnêteté, & aprés les premieres civilitez, & les affûrances de fes bonnes intentions pour le premier Préfident fon pére, & pour toute fa famille, il lui parla auffi tôt de Salcéde. Il avoit été informé depuis peu des dépofitions de ce fcélérat, par Mathurin Chartier qui arrivoit des Païs-Bas. De Thou fe fervoit des raifons du Maréchal de Matignon pour lui en faire connoître la fauffeté, & le Duc foûtenoit que ces dépofitions n'étoient pas fans fondement. Enfin, le Duc voyant que de Thou perfiftoit vivement dans fon opinion, fe rallentit un peu, & lui dit qu'il le feroit parler le lendemain à un homme qui étoit fort inftruit fur ce Chapitre.

De Thou alla fouper chez l'Evêque de Beziers, qui le jour fuivant le mena à fon Eglife, & le fit monter fur une platte-forme, d'où l'on découvre tout le païs d'alentour. Ils y étoient à peine, que le Duc y arriva tout botté avec Chartier : *Voilà*, dit-il, en s'adreffant à de Thou, *l'homme avec qui je vous promis hier de vous mettre aux prifes ; il a vû le premier Préfident vôtre pére en paffant à Paris; faites refléxion fur ce qu'il vous dira, & ce foir quand je ferai de retour, nous en parlerons plus à loifir.*

Il partit aussi tôt pour un rendez-vous qu'il avoit pris entre Beziers & Narbonne, avec Anne fils de Guillaume de Montmorenci. Ce Seigneur qui avoit accompagné le Roi jusqu'à Lion, avoit demandé permission à Sa Majesté d'aller voir son pére; & aprés être décendu par le Rhône & donné avis de sa route au Duc de Montmorenci, avoit pris la mer pour éviter la terre, & étoit arrivé à Narbonne le jour même que de Thou en étoit parti.

L'Evêque s'étant retiré, de Thou resta seul avec Chartier, qui lui aprit ce qui s'étoit passé à Anvers; les conjectures & les motifs qui avoient porté le Prince d'Orange à faire arrêter Salcéde & le Comte d'Egmond, les entretiens particuliers que le premier avoit eûs avec le Duc de Parme, & de quelle maniére celui que le Duc de Parme lui avoit associé, s'étoit tué quand on l'arrêta : *Et afin*, lui dit-il, *que vous soyez convaincu que je vous dis vrai, vous sçaurez que Salcéde a été mis entre les mains de Belliévre, qui l'a amené au Roi : ce que le Duc d'Anjou ni ceux de son Conseil n'auroient jamais permis, s'il n'y avoit eu que des supositions dans cette affaire.*

Aprés plusieurs autres discours de part & d'autre, comme de Thou soûtenoit toûjours que ce qui rendoit les dépositions de Salcéde suspectes de fausseté, étoit que ce sceleran avoit accusé de cette horrible conspiration un trop grand nombre de personnes d'honneur, dont l'innocence & la fidélité étoient généralement reconnuës. Chartier lui dit, qu'il se pouvoit faire que Salcéde, qui cherchoit ses sûretez, en avoit peut-être accusé plusieurs à tort, ou que ceux qui l'avoient porté à un si grand crime, avoient pû l'encourager, en lui nommant un plus grand nombre de coupables qu'il n'y en avoit : que cependant le premier Président son pére, qu'il avoit vû secretement à Paris par l'ordre du Duc d'Anjou, étoit d'avis de ne rien précipiter dans une affaire d'une aussi grande conséquence; mais de la bien aprofondir, en tenant long-temps le coupable en prison, de peur de gâter l'affaire, par un suplice trop prompt : cela dit, ils se séparérent.

Le soir le Duc étant de retour de son rendez-vous, fit appeller de Thou, qu'il entretint d'abord sur le Chapitre de Mr de

Joyeuſe, & des marques d'amitié feintes ou véritables qu'ils s'étoient données, & puis paſſant auſſi-tôt à l'affaire de Salcéde, il lui demanda ce qu'il en penſoit aprés avoir entretenu Chartier. Comme de Thou perſiſtoit toûjours dans ſon ſentiment, ſans néanmoins le vouloir deffendre auſſi vivement qu'auparavant, il ſe contenta de répondre que le temps, qui étoit un grand maître, les en inſtruiroit : qu'il falloit attendre de la prudence du Roi & de celle de ſes Miniſtres, ce qu'on devoit croire d'une affaire d'une auſſi grande conſéquence. Là-deſſus le Duc ſe retira dans ſa chambre, aprés que de Thou lui eut demandé un paſſeport ; il lui donna le même Chartier pour l'accompagner, & lui ordonna de paſſer par Pézenas, où étoit la Ducheſſe ſa femme.

Il arriva le lendemain une avanture qui fut d'un mauvais préſage pour Chartier, ainſi que la ſuite le vérifia. Comme ils marchoient tous deux ſur le ſoir par un petit ſentier frayé entre des hauteurs eſcarpées, Chartier devant & de Thou derriére, un païſan armé, comme ils le ſont preſque tous en ce païs-là demanda à de Thou de deſſus une hauteur, ſi ce n'étoit pas-là Chartier qui marchoit devant. De Thou voulant ſçavoir le ſujet de cette queſtion ; le païſan lui répondit, qu'il ſeroit bien-aiſe que ce fut Chartier, parce que le bruit avoit couru qu'il avoit été pendu. Alors de Thou cria de toute ſa force à Chartier de s'arrêter, & lui dit ce qu'il venoit d'aprendre du païſan, qui cependant avoit diſparu. Il l'exhorta d'être à l'avenir plus circonſpect dans les affaires dont il ſe mêloit, & d'éviter par ſa conduite un ſi funeſte préſage *. Chartier, qui ne ſe ſoucioit de rien, & qui ſe croyoit à couvert de toute mauvaiſe avanture, ne reçût un avis ſi ſage qu'avec un grand éclat de rire.

Quand ils furent arrivez à l'hôtellerie, il continua ſur le même ton & avec la même aſſûrance de l'entretenir des affaires dangereuſes dont il s'étoit mêlé pour le Maréchal de Bellegarde † dans le temps qu'il étoit à ſon ſervice, des derniéres où il avoit eu part avec lui ; enfin de la mort de ſon maître, qui avoit été di-

* Ce Chartier fut pendu depuis. Voi le livre 134. de la grande Hiſtoire de Mr de Thou.

† Il veut parler du Maréchal de Bellegarde, comme on le voit au livre 68. de la grande hiſtoire, pag. 326. à la fin. Brantôme & Mr de Thou ſont différens ſur le genre de ſa mort. Voi le Thuanus reſtitutus, qui dit, que ce Maréchal mourut des excez qu'il fit avec une jeune fille, en quoi il ne s'accorde pas avec Brantôme, qui dit, que la Reine mére le fit empoiſonner.

gne de la vie fenfuelle qu'il avoit menée : il ajoûta d'autres particularitez qu'il eft de l'interêt public de ne pas révéler, pour ménager l'honneur de la Maifon de ce Maréchal.

Il n'étoit pas plus difcret fur fon propre chapitre. Il dit qu'il étoit de Dol en Bretagne, qu'étant encore fort jeune fon pére le chaffa de fa maifon pour fes mauvaifes mœurs, qu'il s'embarqua fur un vaiffeau qu'il trouva par hazard, & qui l'amena à Bordeaux ; qu'il s'y mit d'abord au fervice d'un Chanoine de fon païs, que comme il fçavoit quelque peu de latin, il fe fit Notaire Apoftolique ; que fon maître, qui étoit fort âgé, avoit chez lui une femme qu'il entretenoit, & que lui, qui étoit dans la vigueur de fon âge, avoit gagné cette femme ; que par fon moyen il gouvernoit l'efprit de fon maître, & que quand il mourut ils s'emparérent de fon bien. Qu'aprehendant les pourfuites des héritiers, il s'étoit retiré à Touloufe, & delà plus avant dans le bas Languedoc ; qu'il s'y étoit infinué dans la maifon de l'Evêque d'Aleth de la Maifon de Joyeufe, & y avoit exercé fa profeffion de Notaire Apoftolique ; que le voifinage des montagnes de Sault lui avoit donné l'occafion de faire fociété avec les Bandouliers des Pyrénées, & avec leur Chef, dont il avoit époufé la fille. Que comme dans cette Province il fe mêloit de tous les différens qui y font fréquens, il s'étoit fi bien fait aux maniéres des habitans, qu'ils le croyoient né, nourri & élevé dans le pays : que delà il étoit entré en qualité de Secrétaire au fervice du Duc de Montmorenci ; mais qu'aprés la paix faite & rompuë prefque auffi-tôt avec les Proteftans, il avoit pris parti avec le Maréchal de Bellegarde, & qu'aprés fa mort il s'étoit attaché au Duc d'Anjou. Circonftances qu'il contoit comme autant de belles actions aux gens de l'efcorte, que les coufins empêchoient de dormir, non fans y mêler plufieurs avantures femblables aux contes d'Apulée : ce qui faifoit connoître d'un côté l'efprit furprenant du perfonnage, & de l'autre, le peu de confiance qu'on pouvoit prendre en lui.

Quand de Thou fut arrivé à Pézenas, il alla faluër Madame de Montmorenci qui le reçût civilement ; il y laiffa Chartier & delà fe rendit à Montpellier. Le Prince de Condé y étoit venu s'y faire payer par les Receveurs de Sa Majefté, du refte du don que le Roi lui avoit fait quand il le maria. Il se promenoit hors la Ville avec François de Coligni-Châtillon, qui en étoit Gouverneur, lors que de Thou y arriva. Comme il vit que si-tôt que de Thou l'avoit apperçû, il avoit mis pied à terre pour le venir saluër, il vint au-devant de lui, & le reçût avec l'accueil du monde le plus gracieux; il se souvint de l'entretien qu'il avoit eu avec lui l'année précédente, & le mena dîner à l'Hôtel de Fifes où il logeoit.

On parla pendant le repas de la manie détestable des duëls, qui s'étoit répanduë par tout. Isaac de Vaudrai-Moüy, qui s'y trouva avec d'autres gens de qualité, voulut l'excuser sur la nécessité de deffendre son honneur, qu'un véritable Gentilhomme est obligé de préférer à sa propre vie. Là-dessus le Prince prenant la parole, lui répondit avec cet air d'autorité, qui sied si-bien aux personnes de son rang, que c'étoit à tort que la Noblesse faisoit consister son honneur dans ces sortes de combats; qu'ils étoient absolument contraires aux commandemens de la Loi divine; que nous étions obligez de raporter toutes nos pensées & nos actions à la gloire de Dieu, & non à la nôtre; que nôtre salut dépendoit uniquement de l'observation de ses préceptes; qu'il n'étoit permis de tirer l'épée que par l'ordre du Prince, pour la défense de la patrie, ou pour celle de sa vie. Puis se tournant vers le Ministre, qui étoit derriére sa chaise, il lui demanda si ces combats étoient permis en conscience, pour tirer raison des quérelles particuliéres; à quoi le Ministre ayant répondu qu'on ne le pouvoit faire sans risquer son salut: *Aprenez de moi, leur dit-il, que vous devez vous desabuser une bonne fois de cette erreur chimérique où vous êtes sur ce Chapitre, je vous réponds là-dessus de vôtre honneur, & je m'offre volontiers d'en être la caution.*

Aprés que tout le monde se fut levé de table, le Prince entretint de Thou en particulier, de quelques affaires d'Etat, & de ce qui regardoit les dépositions de Salcéde, sans que de Thou témoignât la même chaleur qu'auparavant. De Thou prit congé de lui & vint à Aigues-mortes, le long de la chaussée de l'Etang, sur un fort beau mulet, dont le Prince lui avoit fait present.

Aigues-mortes étoit autrefois célébre par son port, où nos Rois s'embarquoient pour leurs voyages de la Terre Sainte ; aujourd'hui il est comblé & ne peut plus servir. On y voit l'ancienne Tour de Constance, où il y a Garnison, & où on mettoit autrefois des Fanaux pour les vaisseaux qui y abordoient.

Delà, prenant sur la gauche, & laissant à droit les Salines de Pécais, & ce qu'on appelle la Camargue, qui est un pays fort gras, enfermé entre les trois Maries & le Rhône, il vint par le bas Languedoc à Nismes, qui, au raport d'Auzone, prend son nom d'une fontaine qui est hors de la Ville, & qui sort avec un grand bruit.

Nismes est recommandable par son Amphitéâtre, & par une prodigieuse quantité de ruïnes antiques, dont la magnificence & la majesté effacent encore aujourd'hui la beauté des bâtimens modernes : c'est le lieu de la naissance des deux Antonius, comme Narbonne l'est de Carinus ; ces deux Empereurs y avoient fait faire tous ces superbes ouvrages. On voit auprés de cette Ville les masures d'un Temple que les habitans ruïnérent lors qu'elle fut attaquée. La voûte qui subsiste encore à moitié, fait regretter la ruïne de ce bel édifice ; ajoûtez à tant de raretez le Pont du Gard à trois rangs d'arches les unes sur les autres: il est bâti entre des rochers auprés de Saint Privat, pour conduire l'eau dans la Ville, & au grand étonnement des passans, paroît encore tout entier aprés tant de siécles.

Ayant laissé Beaucaire à droit, de Thou vint par Monfrain & par Aramont à Villeneuve, sur les bords du Rhône du côté de la France : c'est un lieu célébre par sa Chartreuse & par ses ruïnes ; on y remarque encore plusieurs écussons aux armes des Cardinaux. Il y a un Pont qui releve du Roi, non pas droit, comme celui du Saint-Esprit, mais bâti en serpentant à cause de la rapidité de la riviére & de la violence des vents : ce qui le rend fort commode.

Au bout est Avignon, qui est la Capitale du Comtat ; car Valence, comme l'a crû Cujas, n'est point comprise dans le pays, qu'on nomme aujourd'hui le Comtat ; mais dans la Gaule Narbonnoise, qui comprenoit autrefois tout le Dauphiné. Cette Ville ne le céde à aucune autre de la Chrétienté, tant par la beauté de ses murailles, que par le Palais du Pape, qui tient à une roche fort élevée. Clement V. y transféra le Saint Siége l'an 1306. la vingt-uniéme année du régne de Philippe le Bel : le Saint Siége y resta jusqu'au temps de Benoît XI. l'an 1377. qu'il en sortit pour retourner à Rome, le 14. Janvier de l'année suivante.

De Thou y alla saluër Georges Cardinal d'Armagnac, qui y faisoit la fonction de Légat en l'absence du vieux Cardinal de Bourbon. Ce Prélat avoit déja quatre-vingt ans, & n'étoit plus occupé que de sa santé : comme il étoit trés-poli, & qu'il recevoit bien les étrangers, il l'arrêta à dîner. Le repas fini, de Thou lui demanda une escorte, & se retira, parce que ce Cardinal se mettoit au lit au sortir de la table. Quand il eut quitté le Légat, il alla voir Henri d'Angoulême qui commandoit dans la Provence, & qui se trouva alors à Avignon. D'Angoulême l'entretint long-temps sur le chapitre de Salcéde, & lui fit entendre que quoique ce scelerat eut varié dans ses dépositions, il ne doutoit pas qu'il n'y en eut beaucoup de vrayes.

D'Avignon, de Thou se rendit par eau, & sans danger, à Tarascon, qui est sur les bords du Rhône, vis-à-vis de Beaucaire, & delà vint à Arles.

Il est incertain en quel tems le Siége Archiepiscopal d'Arles a été établi, si c'est du tems de ce Trophime dont parle Saint Paul, ou du tems d'un autre Trophime plus récent ; quoiqu'il en soit, l'Eglise est dédiée à Saint Trophime. Cette Ville, qui fut autrefois la Capitale d'un Royaume, en conserve encore quelques marques, qui sont aussi peu considérables que la durée de ce Royaume. On y voit dans le Rhône quelques piles du Pont qui la joignoit à la partie qui étoit de l'autre côté ; mais où il ne reste plus que les ruïnes d'un amphitéâtre & de plusieurs tombeaux, qui sont des monumens de son ancienne grandeur. Aujourd'hui la principale Noblesse du pays y fait son séjour ordinaire ; ce qui n'est point en usage dans les autres Provinces : il n'y a point de Ville dans le Royaume qui ait de plus grandes franchises & de plus grands revenus. Du côté qui regarde la riviére, elle est située dans un marais, & du côté du Midi & du Levant, dans un terrain pierreux, qu'on nomme *la Crau*, & qui a été rendu plus doux par un canal qu'on a tiré de la Durance ; quand il est cultivé il produit, malgré les cailloux, du froment trés-bon & trés-pur.

Laissant à droit le Château de Salon, où d'Angoulême faisoit sa principale demeure, de Thou vint à S. Chamas, situé à la tête du Lac de Martigues, renommé par ses Salines & par sa Caverne creusée dans le roc. Il le laissa encore à droit, & par des Arcs anciens qu'on trouve sur le chemin, il se rendit enfin à Marseille.

Ce nom seul donne une grande idée de cette Ville, quoiqu'il n'y reste plus rien de ce qu'on y voyoit autrefois : on prétend même qu'elle est bâtie presentement dans un autre endroit. Les Corses & les habitans des Isles voisines s'y retirent avec leurs effets, pour y joüir de la liberté, sous la protection de la France : ils en sont d'autant plus jaloux, qu'ils ont quitté pour elle leur païs & leur fortune ; ils la comptent comme un de leurs plus grands biens, & croiroient avoir tout perdu s'ils en étoient privez ; aussi il n'y a rien qu'ils n'entreprennent pour se la conserver : ce qui les rend quelquefois fort mutins.

Le Gouverneur du Château d'If, qui est situé sur une roche escarpée dans la mer, & qui semble défendre l'entrée du Port, y donna à dîner à de Thou, qui delà revint à Marseille. On trouve d'abord le Château de Nôtre-Dame de la Garde, qui commande le Port, au-delà duquel, mais assez proche, est la riche Abbaye de saint Victor. De Thou ne mit que deux jours à voir Marseille, & delà se rendit à Aix.

Jean de * Monchal, Président du Parlement, l'accompagna le plus civilement du monde par toutes les Eglises, à la Maison de Ville, à l'Arsenal, & principalement au Palais, où le Parlement s'assemble. De Thou l'avoit connu familiérement, il y avoit plus de dix ans, lors que ce Président fut envoyé avec Charles de Lamoignon Commissaire dans ces Provinces, pour informer des malversations qui se commettoient dans les Gabelles. Monchal lui fit voir aussi les bains, d'où cette Ville a tiré son nom : ils sont fort bien bâtis, avec des bancs, dont se servent ceux du pays.

* Ou Montcaly.

Delà, aprés avoir passé par Cavaillon, il vint à Orange, qui est recommandable par l'antiquité vénérable de ses monumens,

On voit hors de son enceinte ces superbes trophées ausquels on donne encore le nom de Marius, & dont l'injure des siécles a respecté la majesté.

En sortant de la Provence, la premiére Ville du Dauphiné que l'on rencontre est Montelimar : elle s'est fait assez connoître dans nos derniéres Guerres. Comme il y soupoit, Colas qui en étoit le Vice-Senéchal, (ce qui veut dire à peu prés Baillif, de peur qu'on ne se trompe sur ce terme de Senéchal) vint le trouver dans son auberge : il y avoit plus de dix ans que de Thou ne l'avoit vû, & il ne l'avoit connu qu'à Valence, dans le temps qu'il y étudioit en droit sous Cujas. Comme de Thou partit alors de Valence, il aprît que Colas avoit été depuis nommé Recteur, ou, comme ils disent, Prince de la jeunesse, parce qu'il étoit du païs ; qu'on l'avoit accusé d'avoir assassiné de nuit & en trahison, un jeune Ecolier de Bourgogne ; qu'ayant été poursuivi pour ce crime, on l'avoit mis en prison, dont il n'étoit sorti que par faveur, ou par la négligence de ses parties. Colas vint donc en robe saluër de Thou, qui le retint à souper. Pendant le repas il l'entretint d'affaires d'État avec de grands discours vagues & inutiles, y mêlant sans cesse le nom du Duc de Mayenne, auquel il avoit offert ses services pendant que ce Duc commandoit dans la Provence. C'étoit un parleur véhément, présomptueux & hardi, qui paroissoit disposé à tout hazarder pour s'élever au-dessus de sa condition. On n'auroit point parlé de ce Baillif ni de ce repas, si dans les Guerres suivantes il n'avoit fait parler de lui par la hardiesse de ses entreprises : il n'épargnoit rien pour en venir à bout, & se fit craindre même au Duc de Mayenne, auquel il devoit son élevation ; comme on le peut voir plus au long dans l'Histoire générale.

Le lendemain le même homme le vint trouver encore dans son Hôtellerie, lui fit voir la Ville, & le conduisit jusques sur les bords du Rhône, où ils se séparérent aprés de grandes embrassades. De Thou passa ce Fleuve sur un bac, & le même jour traversant des montagnes fort-rudes, vint coucher à Aubenas, principale Place du Marquisat de Montlaur. Delà, pendant trois jours il passa par des chemins affreux, au bout desquels il aperçût le Puy en Velai, au-delà d'une plaine trés agréable, où

la

la Loire qui prend sa source tout proche, & qui serpente entre des rives fleuries, se déborde quelquefois. De l'autre côté de la Ville on voit au milieu d'une prairie un rocher escarpé en forme de cône au sommet, duquel on monte par des marches taillées dans le roc. On y voit une Eglise dédiée à Saint Michel l'Archange, bâtie, à mon avis, sur le modéle de celle du Mont Saint Michel, dont on a parlé ci-dessus.

La Ville s'éleve insensiblement, & à proportion de sa grandeur est assez peuplée. On monte à la Cathédrale par des degrez jusqu'au grand Autel, qui est séparé du Palais Episcopal par un mur bâti à l'antique. On y voit encore toutes entieres les deux Lettres Grecques qui signifient le nom de Jesus-Christ, & qu'on a remarquées en parlant de Saint Oren d'Auch. Nectaire de Senneterre, qui en étoit Evêque, reçût de Thou civilement, & lui montra sa Bibliothéque remplie de manuscrits anciens & dignes de la curiosité des sçavans.

Ayant quitté le Puy, il décendit les montagnes pour venir à Langeac, qui est le premier lieu d'Auvergne, situé dans cette plaine qu'on nomme la Limagne, & delà se rendit à Clermont Capitale de la Province. Il n'y fut pas plûtôt arrivé qu'il alla saluër son beau-frére de Harlai, qui le reçût avec toutes les marques possibles d'amitié, comme firent aussi les autres Commissaires pour les Grands-Jours, qui lui donnérent une fois séance parmi eux. Il employa deux jours à voir la Ville & tous ses dehors, avec les fontaines qui sont alentour; une entr'autres, dont l'eau se pétrifie au sortir de sa source, de maniére que si l'on n'avoit soin d'en creuser tous les jours le canal, avant que l'eau s'endurcisse entiérement, elle seroit bien-tôt bouchée.

Il prit congé de son beau-frére & de Bruslard, & passant par Montferrand, par Thiers célébre manufacture de papier, & par Saint Bonnet, il vint à Lyon.

Il y trouva Loüis Châteigner d'Abin Commissaire du Roi pour la visite des Provinces, & qui eut la commodité & le loisir de le recevoir dans sa maison pendant trois jours. Il en passa la plus grande partie à visiter les Boutiques de Tournes & de Roüillé : il y vit d'Alechamps qui travailloit sur Pline, & qui corrigeoit la Botanique que Roüillé imprimoit. Il est de l'inté-

M

rêt des gens de lettres de sçavoir ce que d'Alechamps dit là dessus à de Thou, qu'il y avoit prés de trente ans qu'on travailloit à cét Ouvrage, qu'on l'avoit retouché plusieurs fois, & que la plus grande partie en étoit imprimée, quand il y mit la derniére main : ce qui étoit cause qu'ayant été imprimé, revû & corrigé tant de fois, il s'en trouvoit des exemplaires fautifs, d'autres plus corrects ; mais que les derniéres éditions étoient toûjours les meilleures.

 Le premier de Novembre, jour auquel Dieu retira du monde le premier Président, de Thou étoit encore à Lyon ; comme il ne sçût rien de cette mort jusqu'à Paris, il passa à Villefranche dans le Beaujolois, à Mâcon, à la fameuse Abbaye de Tornus, à Châlons, toutes Places sur la Saone, qu'il laissa droit pour venir à Beaune. On y voit un bon Château sur le bord d'une petite riviére qui y passe ; mais ses vins si connus par tout, la rendent encore plus célébre.

 Citeaux n'en est pas éloigné. Cette Abbaye si fameuse dans le monde Chrétien, fut bâtie par le Duc Othon l'an 1098. aujourd'hui plus de 1070. Monastéres tant d'hommes que de femmes, en dépendent. De Thou voulut y aller pour rendre visite à Nicolas Boucherat. Il sçavoit qu'il étoit des amis du premier Président, & qu'après avoir été Vicaire Général de l'Ordre, il en avoit été élû Abbé, en qualité de Grand Vicaire. Boucherat avoit fait plusieurs voyages en Italie, en Sicile, en Allemagne, en Pologne, en Hongrie, & dans les Païs-bas. Une prudence consommée & une grande érudition se joignoient à tant de connoissances : il étoit informé de la mort du premier Président ; mais comme il vit que le Fils l'ignoroit, il ne lui en témoigna rien, il le pria seulement après le dîner de demeurer à cause du mauvais temps ; de Thou s'en excusa & vint coucher à Dijon Capitale de la Bourgogne, quoi-qu'il n'y ait point d'Evêché.

 Le torrent de Suzon incommode fort cette Ville par ses débordemens ; mais elle en est bien récompensée par les commoditez qu'elle reçoit de l'Ouche, & par sa situation avantageuse. On y voit l'Eglise de Saint Benigne bâtie par Grégoire Evêque de Langres ; dessous est une Eglise soûterraine ou une caverne, où l'on dit que ce saint homme se cachoit, ou qu'on l'y avoit mis aux fers lorsqu'il prêchoit la connoissance du vrai Dieu à ces peuples idolâtres. Le Parlement de Bourgogne réside à Dijon : il y avoit alors deux Citadelles, celle qui fut bâtie par Loüis XII. est peu de chose, l'autre un peu meilleure, éloignée de la Ville, & qu'on nommoit *Talan*, a depuis été démolie. La Chartreuse, qui est hors la Ville, est fort célébre ; on y voit dans le Chœur trois tombeaux des Ducs de Bourgogne de la Maison de France. De Thou y alla rendre ses devoirs à Denis Brûlard premier Président du Parlement, qui sçavoit la mort de Mr de Thou le pére, mais qui pour ne pas renvoyer son hôte affligé, ne lui en dit rien. Il s'étendit seulement sur les loüanges du premier Président ; mais avec tant de vivacité & d'éfusion de cœur, que non-seulement il pouvoit faire souffrir la modestie du fils, mais auroit encore pû lui faire naître quelque soupçon, puisque son discours ressembloit plûtôt à une Oraison Funébre qu'à l'éloge d'un homme vivant.

De Thou le quitta au bout de deux jours, & passant par la source de la Seine, il vint à Troyes par Châtillon, patrie du sçavant Guillaume Philander, par Muffy-l'Evêque, par Gyé, & par Bar sur Seine. Troyes est une grande Ville remplie de riches Marchands : c'étoit autrefois le séjour des anciens Comtes Palatins de Champagne & le lieu de leur sépulture. De Thou n'y séjourna qu'un jour, ignorant toûjours la perte qu'il venoit de faire, ceux qui le suivoient avoient pris soin qu'il ne l'aprît qu'en arrivant à Paris.

Ainsi il passa à Méry, à Pont, où l'Aube se jette dans la Seine, à Nogent, & laissant la riviére à gauche, se rendit à Provins, petite Ville assez peuplée sur le penchant d'un côteau : on y voit un beau Convent dedié à Saint Jacques, mais souvent inondé par les débordemens d'une petite riviére enflée par les pluyes.

Delà il vint par Nangis à Boissi : ce fut en ce lieu, qu'aprés le dîné un Colonel Suisse, qui l'avoit accompagné depuis Lyon, lui aprit la mort du premier Président. Il lui dit que puisque ce malheur étoit sans reméde, il devoit le prendre en patience, & se soûmettre à la volonté de Dieu, qui en avoit ainsi disposé : que ses jugemens étoient adorables, & qu'il devoit être persuadé que sa Providence n'avoit rien fait que pour le bien de ce Magistrat & pour le sien.

De Thou qui avoit une grande confiance sur la santé de son pére, qui promettoit une plus longue vie, fut frapé vivement d'une nouvelle si imprévûë : ainsi s'abandonnant à de tristes réflexions, soit à son sujet, soit par raport au bien de l'Etat, qu'il n'oublioit pas, même dans ses plus grands malheurs, il se jetta à cheval, & fit le reste du chemin comme un homme hors de lui-même.

On avoit fait l'enterrement le jour qu'il arriva à Paris, quoiqu'il y eut déja quinze jours que le premier Président fût décedé. Comme il étoit mort pendant les Vâcations, le Roi avoit voulu qu'on en différât la cérémonie, afin qu'elle se fît avec plus d'éclat. On y dépensa quatre mille écus, qui étoit tout ce qui se trouva chez lui aprés sa mort. Ce Magistrat qui n'avoit point d'ambition, & qui étoit ennemi juré de l'avarice, négligeoit assez souvent ses affaires ; mais devant sa mort il y avoit donné si bon ordre, qu'il ne devoit rien ; il avoit mis cette somme en réserve, ou pour subvenir à la nécessité des tems, ou pour la prêter au Roi, quand Sa Majesté la lui demanderoit, ou pour en aider ses amis.

Lorsque le Roi, accompagné des deux Reines, fit l'honneur à la premiére Présidente de lui rendre visite sur cette perte, on n'entendit aucune plainte sortir de la bouche de cette Veuve affligée ; elle ne lui marqua jamais qu'elle eut besoin de rien, quoi qu'aprés cette dépense il ne restât pas un sou dans la maison. Cette vertueuse femme qui méprisoit tous les secours humains, & qui n'en attendoit que de la Divine Providence, dit simplement, sans rien demander, que Dieu avoit suffisamment pourvû à ses besoins & à ceux de ses enfans, pourvû que sa grace ne les abandonnât point. Le Roi parut confus de ces paroles, & étonné d'une si grande confiance en Dieu, sans attendre rien des hommes, ce Prince prodigue, qui ne gardoit aucunes mesures dans les bienfaits dont il accabloit même des gens indignes, sortit aussi-tôt avec sa mére, qui étoit de la même humeur ; non sans souffrir intérieurement de ce mépris des grandeurs humaines, & de se voir privé de la vanité de répandre ses graces.

Pierre Duval fameux Médecin, dont on a parlé au premier Livre de ces Mémoires, avoit traité le premier Président dans sa maladie, avec Jean le Grand, Jacques Piétre, Léonard Botal, & d'autres. Aprés sa mort il avoit assisté à l'ouverture du corps, qu'il avoit falu faire pour le conserver. Il disoit qu'il n'en avoit jamais vû dont toutes les parties fussent plus saines & moins alterées par la vieillesse, ni un cerveau mieux composé. Ce Médecin, qui indépendamment de sa profession, où il excelloit, avoit beaucoup d'esprit & de jugement, avec un exact discernement du mérite, disoit encore qu'il n'avoit jamais connu deux personnes comparables au mari & à la femme : Que leur piété étoit sans faste, qu'on ne pouvoit rien ajoûter à leur amour pour la vérité, que leurs mœurs irréprochables n'avoient aucune tache d'avarice ni d'ambition, que leur conduite étoit réguliére & équitable en public & en particulier ; leur humeur douce, sociable & bienfaisante pour tout le monde.

En arrivant à Paris, de Thou trouva cette grande Ville encore toute occupée du triste spectacle dont elle venoit d'être témoin. Il alla décendre à la Maison paternelle, il y rencontra l'Evêque de Chartres & l'Avocat Général, ses oncles. Aprés bien des larmes répanduës de part & d'autre, ils furent dans l'apartement de sa mére, où aprés avoir renouvellé leurs pleurs & leurs regrets, chacun se sépara.

Depuis ce temps-là, pour se consoler de n'avoir pû recevoir les derniers soûpirs de son pére, il s'appliqua entiérement, suivant ses moyens, à conserver par des monumens éternels une mémoire si chére, quoique déja assez illustre par elle-même. Penetré de la reconnoissance qui lui étoit commune avec toute la France, & qu'il lui devoit en son particulier, il lui fit ériger à saint André des Arts dans la Chapelle de sa famille deux Mausolées ; l'un de sculpture, de la façon de Barthelemi Prieur ; Ouvrage où la beauté du travail renouvelle avec plaisir le souvenir d'un si bon Citoyen & l'excellence de l'ouvrier ; l'autre, exposé dans un plus grand jour, plus durable, & travaillé par les plus beaux esprits du siécle. Il falut deux ans entiers pour mettre l'un & l'autre en sa perfection ; Prieur n'ayant pû finir le premier plûtôt, ni de Thou recevoir plus promptement les réponses de ses amis qui travaillérent au second.

Il en avoit en France, aux Païs-bas, en Allemagne, & en

Italie. Tous s'éforcérent à l'envi de lui donner des marques de leur estime en cette conjoncture ; il n'y eut que Ronsard, dont l'esprit étoit déja abaissé, qui s'en excusa sur le prétexte de la nouvelle édition de ses Orphées.

De peur de charger la narration, je n'ai point parlé de Pierre Angeli de Barge, de Germain Vaillant, de Nicolas le Sueur, Adrien du Drac, Charles Ménard, Florent Chrétien, Jean Guyon d'Autun, J. Guilhelmus de Lubec, Nicolas Audebert, Augustin Provost, Nicolas Rapin, Loüis Aleaume, Charles de Marillac, &c. à la réserve du Drac, de du Vair, & de Marillac, on trouvera l'éloge de tous ces sçavans dans Teslier.

Cette funeste occasion lui donna lieu de renouveller amitié avec Muret, Genebrard, le Févre de la Boderie, Dorat, Passerat, Scevole de Sainte-Marthe, Henri & Robert Etienne, & quantité d'autres ; ausquels il faut ajoûter Scaliger, Guillaume du Vair, du Barthas, Pithou, Loysel, Champagne de Bourdeaux : tous ceux enfin qui lui avoient témoigné le même zéle à la mort de son frére. Il choisit de tous ces Ouvrages ceux qu'il jugea les plus convenables au sujet, & y en mêla des siens.

Ces tristes occupations l'ayant empêché long-tems d'aller au Palais, il y retourna enfin, & chercha dans les affaires publiques & dans ses études particuliéres, quelque soulagement à ses déplaisirs. Il prit dans sa maison Claude de Châlons, qui avoit un talent particulier pour copier, d'aprés les premiers Peintres. Comme Châlons avoit l'humeur & l'esprit agréables, de Thou le regardoit travailler avec plaisir pendant ses lectures.

Enfin, pour faire plus de diversion à sa douleur, il revit son Poëme de la Fauconnerie, & à la persuasion du Garde des Sceaux de Chiverni son beau-frére, y ajoûta un troisiéme chant touchant les remedes propres pour la guérison des oiseaux qu'on dresse à la volerie.

1583.

François de l'Orme, Médecin de Poitiers, qui étoit alors à Paris pour ses affaires, & qui venoit souvent le voir, lui fut là-dessus d'un grand secours : c'est le même qui a donné au public un *Traité de la Rate*, avec le Livre d'Hypocrate *des playes de la tête*. Le premier a été traduit en Latin, & corrigé par François Lavau ; il contient un nouveau systême des fonctions de la rate, fort différent de tout ce qu'on en avoit écrit jusqu'alors. De Thou qui apprehendoit de se tromper sur les noms des remédes & des simples, qu'il avoit trouvez dans plusieurs Auteurs barbares & souvent trés-ignorans sur ces matiéres, étoit bien-aise de se servir de l'expérience d'un si habile homme pour éviter les équivoques.

Il fit depuis imprimer l'ouvrage entier, qu'il dédia au Garde des Sceaux. Dans les Vers qu'il lui adresse, il lui fait le plan du genre de vie qu'il se propose de suivre ; ce qui donna lieu à

Chiverni de lui conseiller & de l'encourager à se marier. Chiverni avoit été lui-même destiné à l'Eglise ; mais son frére aîné, Jacques, Seigneur de Vibraye, qui n'avoit point eu d'enfans de sa femme, qui étoit trop âgée, lui conseilla d'épouser Anne de Thou, dont Chiverni eut une fort belle famille ; ainsi il ne proposoit rien à de Thou qu'il n'eut fait lui-même, qui avoit tout lieu d'être content. On remit l'affaire à un autre tems ; la premiére Présidente étoit encore trop occupée de sa douleur pour y songer, & son fils différoit toûjours de se résoudre sur ce qui le regardoit.

Le Chancelier de Biragues, à qui la mort du premier Président avoit été très-sensible, se crût obligé, par les devoirs de l'amitié qu'il avoit eûë pour lui, de contribuer au soulagement de la Veuve & des enfans de son ami. Les maniéres généreuses, la candeur & la noblesse des sentimens, qu'il avoit reconnuës dans le feu premier Président, & qui avoient tant de raport à ses inclinations, étoient autant de motifs qui l'engageoient à honorer sa mémoire & sa dignité. Il envoyoit souvent faire des complimens & des offres de services à la Veuve ; il ne se passoit point de mois que Léonard Botal ne vint de sa part prier le Fils de l'aller voir & de manger avec lui. Ce vieux Magistrat ne dédaignoit pas d'entretenir ce jeune homme, & de lui conter avec familiarité jusqu'aux moindres circonstances de la liaison qu'il avoit eûë avec le premier Président son pére, jusqu'à lui dire qu'ils aimoient tous deux les petits chiens de Malthe ou de Lyon, qu'on a depuis nommez des *Bichons*.

Il lui disoit encore, que du tems que Loüis XII. & François I. étoient maîtres de Milan, Galeas de Biragues son pére, qui étoit Patrice, le menoit souvent dans sa jeunesse aux Actions publiques, pour entendre Jean-Baptiste Panigarola, excellent Orateur, qui portoit la parole pour le Roi, & dont le fils Evêque d'Ath n'est pas moins éloquent par raport à sa profession. Que son pére l'exhortoit sans cesse à se rendre capable d'imiter un si grand exemple ; mais que comme alors il sçavoit peu la Jurisprudence, il avoit pris le parti de suivre son penchant, qui le portoit du côté de la Guerre, & à se mettre au service de la France, dont l'autorité ne se maintenoit dans le Piémont & dans le Milanez, que par les armes ; qu'il s'étoit également appliqué aux exercices militaires & aux affaires du cabinet ; que le Roi l'ayant attaché à son service par une Charge de Conseiller au Parlement de Paris, l'avoit depuis envoyé en Italie, où par ses conseils, & par la considération qu'il s'y étoit acquise, il avoit ménagé plusieurs affaires de la derniére importance avec nos Gouverneurs ; que trente ans durant il avoit été employé dans plusieurs négociations, & dans des ambassades fort honorables ; que quand on fit la paix avec le Roi d'Espagne & le Duc de Savoye, il avoit été honoré du Gouvernement du Lionnois, & enfin élevé à la première dignité de la Robe : Eloge qui a paru d'autant moins indigne de ses Mémoires, qu'il est sorti de la propre bouche de cét homme illustre dans une conversation particuliére, où la vanité ni l'affectation n'avoient point de part.

Il ne laissa qu'une fille d'une conduite trés-réguliére par rapport à la pureté, mais dont l'humeur libérale alla jusqu'à l'excez. Il la maria en premiéres nôces avec Imbert de la Platiére-Bourdillon, Maréchal de France, qui la laissa sans enfans. Quelques années aprés, du consentement de son pére, elle épousa en secondes nôces Jean de Laval Comte de Maillé, qui fut depuis Marquis de Nesle & Comte de Joigny. Ce Seigneur étant encore décédé sans enfans, elle s'engagea à l'insçû de son pére avec Jacques d'Amboise de la Maison d'Aubigeoux, & l'épousa si-tôt que le Chancelier son pére fut mort. Il n'est pas surprenant que cette femme, qui avoit toûjours vécu avec magnificence dans une Cour où le luxe étoit au suprême degré, s'épuisât pour faire paroître un mari jeune, qui aimoit la dépense ; mais pauvre, & qui ne tiroit rien de son pére.

Ainsi tout l'argent comptant, les meubles magnifiques qu'elle avoit héritez de son pére, qui vivoit splendidement, mais avec régle, furent bien-tôt dissipez. La derniére campagne que son mari fit en Xaintonge, sous le commandement du Duc de Joyeuse, où il fut tué avec lui, acheva de la ruïner ; ainsi se voyant sans mari & sans biens, elle tomba de chagrin dans une maladie de langueur : & enfin aprés avoir soûtenu un long procez contre Florimond de Biragues son cousin germain, à qui son pére, qui prévoyoit la dissipation que feroit sa fille, avoit substi-
tué

tué fes biens, elle mourut dans une pauvreté fi affreufe, qu'il ne lui refta pas dequoi fe faire enterrer. Les Dames de la Cour, qu'elle avoit connuës dans fa profpérité, & dont elle s'étoit attirée l'affection par fes grandes dépenfes, lui fournirent journellement dequoi vivre, & par charité dequoi l'inhumer aprés fa mort.

La fin malheureufe de cette Dame, qui avoit hérité d'une fi opulente fucceffion du premier Magiftrat de France, eft une grande leçon pour les Veuves, & pour les autres Dames de qualité, qui ne mettent point de bornes à leur dépenfe, & qui fe choififfent un mari fans le confeil de leurs péres, ou de ceux qui leur en tiennent lieu.

Le Cardinal de Biragues mourut fur la fin de cette annnée; on lui fit une fuperbe pompe funébre; toutes les Cours en Corps affiftérent à fon Convoi par ordre de Sa Majefté: Honneur qui n'eft dû qu'aux Rois, aux Fils de France, aux Fréres du Roi, & au Connétable. Son corps fut porté à Sainte Cathérine du Val des Ecoliers, dans une Chapelle où il avoit fait élever un Tombeau pour lui & pour Valentine Balbiani fa femme.

Il ne faut pas oublier une ancienne coûtume abolie, qu'il renouvella fi-tôt qu'il fut Cardinal, & qui depuis lui n'a plus été mife en ufage. Il alloit ordinairement à Saint Paul, qui eft une des plus grandes Paroiffes de Paris, où aprés qu'on avoit chanté des Motets, on faifoit de nuit une Proceffion aux flambeaux. Une prodigieufe multitude de perfonnes de tout âge & de tout féxe fuivoit le Clergé, précédé de la Croix; la fymphonie qui s'accordoit à la voix des Prêtres, fembloit plûtôt régler la marche de ce peuple, que fes danfes indécentes. Il fe fit à la mort de ce Prélat une pareille cérémonie, où fe trouvérent plus de fix mille perfonnes qui chantoient dévotement; des valets poftez fous des portiques élevez dans les ruës, & ornez des armes du Cardinal, leur offroient des confitures & du vin, mais fans confufion.

Pierre du Val, dont on vient de parler, difoit qu'autrefois il avoit vû pratiquer la même chofe dans la Paroiffe de S. Benoît; que la Proceffion, qui étoit partie de S. Jacques du Haut-Pas, étoit venuë au petit Châtelet, & delà aux Carmes de la

Place Maubert; mais que tout cela avoit plûtôt l'air d'une réjouïssance publique que d'une action de piété : que cette coûtume, que la simplicité avoit introduite, étoit dégénérée en débauche, & abolie dans un tems suspect, où elle pouvoit causer plus de scandale que d'édification : cependant quand ce Cardinal la renouvella, personne n'y trouva à redire; tant il est vrai qu'on interpréte ces sortes de choses en bien ou en mal, selon la différence des temps, des lieux, & des personnes.

Fin du second Livre.

LIVRE TROISIÉME.

ON étoit déja dans l'année 1584. elle fut funefte à de Thou & au Chancelier fon beau-frére, qui perdit Anne de Thou fa femme*; elle mourut en couche à la Roquette proche de Paris, aprés une violente maladie. La premiére Préfidente ne l'abandonna point, & lui rendit tous les foins d'une tendre mére. Le Chancelier s'abftint des devoirs de fa Charge pendant quelques jours, & pour éviter les vifites de la Cour, fe retira chez lui en particulier. Comme il cherchoit dans la folitude & dans fa famille quelque foulagement à fa douleur, de Thou, à qui cette perte étoit également fenfible, ne le quitta point. Aprés Pâques le corps qui paffa en grande pompe au travers de la Ville dans un chariot, fut porté au Château de Chiverni proche de Blois, & enterré dans la Chapelle des Huraults.

1 5 8 4.

* Elle mourut le 27 Juillet 1584. *Voi les Mémoires de Chiverny.*

Dans le tems que la Cour fut à Blois le 25. d'Octobre, on fit à cette Dame un fervice magnifique en prefence d'un grand nombre de Prélats, de parens, & d'amis, qui en avoient été priez. Renaud de Beaulne Archevêque de Bourges, proche parent du Chancelier, fit l'Oraifon Funébre. Elle fut imprimée cette même année avec des Vers de Jean Daurat & de Paul Meliffe, & avec un Poëme que de Thou compofa pour fa confolation particuliére & pour celle de fon beau-frére.

C'eft ici la premiére fois qu'on a eu occafion de parler de Renaud de Beaulne; mais il n'eft pas jufte de pourfuivre, fans faire connoître au Lecteur ce Prélat fi célébre de fon temps à la Cour.

Il étoit petit-fils de Jacques de Beaulne-Samblançay, auquel on fit le procez, & qui fut condamné à une mort injufte, & infâme pour fatisfaire la haine impérieufe de la mére de François I. Il avoit apris les belles lettres fous Jacques Toufan, & fous Jacques Stracelles. Sa mémoire étoit fi fidéle & fon jugement fi folide, qu'en public ou devant fes amis il fe fervoit toûjours à propos de ce qu'il avoit apris dés son enfance dans les Poëtes Grecs & Latins, ou dans les autres bons Auteurs, dont il citoit les passages juste, quand l'occasion s'en presentoit.

Plusieurs personnes l'ont entendu reciter à quarante ans une page entiére d'Homére sans en oublier un mot, quoique les grandes affaires où il fut employé dés sa jeunesse, eussent dû lui en faire perdre les idées. Il étoit bien-fait de sa personne & de bonne mine, naturellement éloquent, doux, & d'une humeur agréable; si patient d'ailleurs, qu'il ne se fâchoit jamais, & qu'il ne lui échapoit aucune parole desobligeante contre personne : circonstance d'autant plus remarquable, qu'il avoit tous les signes d'un homme colére & emporté.

Il étoit d'un tempérament si chaud, qu'il avoit besoin d'un aliment presque continuel pour entretenir sa santé, qui faisoit sa plus grande attention. L'exercice ou le sommeil ne lui étoient point nécessaires pour digérer, la chaleur naturelle y suppléoit suffisamment : à peine dormoit-il quatre heures par jour, au bout desquelles le besoin de manger le réveilloit. A une heure aprés minuit il se faisoit donner à manger, se reposoit ensuite, & expédioit ses affaires particuliéres jusqu'à quatre heures, qu'il se remettoit à table avec quelques-uns de sa maison, qu'il faisoit lever. A huit heures on le servoit pour la troisiéme fois; il sortoit aprés ce déjûné pour les affaires publiques, jusqu'à midi, qu'il rentroit chez lui pour dîner, toûjours en bonne compagnie. Il faisoit collation à quatre heures, & le soir sa table n'étoit pas moins bien servie que le matin ; cela n'empêchoit pas qu'il ne fit encore une espéce de *médianoche* devant que de se mettre au lit. Ces repas de Cour, qui se font à la hâte, ne l'accommodoient point ; il disoit agréablement qu'on y mangeoit plûtôt comme des chiens gourmands, que comme des hommes. L'Hyver il étoit toûjours une bonne heure à table, & l'Eté, qu'il semble qu'on ait moins d'apétit, cinq quarts d'heure. Aussi s'étant excusé plusieurs fois au Duc d'Alençon de manger chez lui, ce Prince qui en sçût la raison, lui promit d'ordonner à son Maître d'Hôtel de laisser toûjours un temps suffisant entre les services.

Avec tout cela l'on ne le vit jamais ni plus ému ni plus assoupi, ni la tête plus embarassée ; son esprit fut toûjours aussi présent, aussi agréable ; & son visage, malgré ses années, conserva la même sérénité sans aucunes marques de chaleur, ordinaires aux grands mangeurs. Il faisoit peu d'exercice, & ne se servoit d'aucuns moyens pour exciter son apétit ; mais il soulageoit la nature accablée d'alimens, par quelques purgatifs qu'il faisoit préparer chez lui ; comme il n'étoit pas ignorant dans la Médecine, il les ordonnoit lui-même : ainsi il n'étoit presque jamais malade, & son esprit toûjours actif ne se ressentoit en aucune maniére de la pesanteur du corps.

Il eut une grande barbe de bonne heure, & fut fort jeune Conseiller au Parlement, & avant l'âge, Président aux Enquêtes ; mais toûjours avec réputation. Delà, Maître des Requêtes, & presque aussi-tôt Evêque de Mande, par le crédit de Marguerite sa sœur, qui étoit fort bien à la Cour. Elle épousa dans ce temps-là Claude Gouffier Marquis de Boisy Grand Ecuyer de France, qui à la faveur de ce Mariage fut créé Duc de Roanez. Ce fut alors que ce Prélat fut employé dans les grandes affaires, & fait Chancelier du Duc d'Alençon, dans le temps que la Reine Catherine fit la Maison des Fils de France, & que de Thou le père eut la Charge de Chancelier du Duc d'Orleans ; mais comme ce sage Magistrat ne pouvoit accorder l'assiduité que demande le Palais avec cet emploi qui attache à la Cour, il s'en défit en faveur de son gendre de Chiverni ; ce qui depuis servit à ce dernier pour monter aux plus grandes dignitez.

Il y avoit eu de tout tems une étroite liaison entre la famille de Beaulne & celle de Thou. Quand la première fut accablée par une affreuse disgrace, & qu'elle fut abandonnée de la Cour & de la Ville, comme il arrive tous les jours, elle ne trouva de secours que dans la derniére.

Renaud de Beaulne demeura quelque temps chez le Président Augustin de Thou, & ce fut en ce tems là qu'on parla de marier Chistofle de Thou, fils aîné du Président, à Marguerite de Beaulne, dont on vient de parler. Ce Mariage ne se fit point, mais l'amitié de deux personnes si vertueuses, fondée sur un sujet si légitime, subsista toûjours. Quand cette Dame fut en faveur auprès de la Reine mére, elle s'en servit pour avancer ses fréres; mais aprés eux, ce fut Chriſtofle de Thou pour lequel elle s'employa davantage. Pluſieurs années avant qu'elle mourut, elle avoit mis ſon Teſtament entre les mains de ſon bon ami (c'eſt ainſi qu'elle l'apelloit) & l'en avoit fait exécuteur. Elle lui laiſſa pour gages de ſon amitié, un beau Livre de Priéres, orné de plantes & de fleurs, peintes en mignatures, qu'elle avoit eu de la Reine Claude, fille de Loüis XII. femme de François I. & mére d'Henri II. De Thou le conſerva depuis avec grand ſoin parmi ſes plus précieux bijoux.

Ajoûtons encore ici quelques marques de l'intime amitié qu'il y eut toûjours entre Renaud de Beaulne & de Thou. Ils logeoient tous deux dans le Cloître Nôtre-Dame, & de Thou ſoupoit tous les ſoirs chez de Beaulne, qui l'entretenoit ſouvent avec de grandes marques de reconnoiſſance des obligations qu'il avoit à Meſſieurs de Thou ſes péres. Cela dura pendant trois ans, & juſqu'au temps que de Thou quitta le Cloître pour aller loger chez ſa mére : mais cette ſéparation ne diminua rien de leur amitié, renouvellée depuis dans les occaſions, que le malheur des temps fit naître, comme on le dira dans la ſuite.

Cependant Madame de Thou preſſoit ſon fils de ſe déterminer, & de quitter ſes Bénéfices, pour ſe mettre en état de pouvoir diſpoſer de lui-même. Cela ne ſe pouvoit faire tant qu'il ſeroit Conſeiller clerc ; ce qui l'obligea de prendre une Charge de Maître des Requêtes, non par ambition, ou pour paroître à la Cour, dont ſon inclination étoit fort éloignée, mais pour contenter ſa mére, & parce que les Eccleſiaſtiques, auſſi-bien que les autres, en pouvoient être revêtus : cela ne ſe fit pourtant pas ſans difficulté. Le Roi prodigue & d'un eſprit inégal, aprés avoir créé quantité de nouvelles Charges juſqu'alors inconnuës dans le Royaume, avoit défendu d'en vendre aucune ſous de rigoureuſes peines; que ſi quelqu'une venoit à vâquer par mort ou par confiſcation, ou elle étoit ſuprimée, ou on y commettoit, ou on choiſiſſoit quelque perſonne capable de la remplir : Ordonnance avantageuſe, s'il eut été permis d'exercer paiſiblement des Charges dans un ſiécle rempli d'eſprits ſi turbulens. Il ne reſtoit plus de voye que celle de permuter, & elle n'étoit accordée que par grace. La Reine mére l'obtint pour de Thou en considération du premier Président son pére, qu'elle avoit honoré de son estime.

Il fut donc pourvû le 10. d'Avril d'une Charge de Maître des Requêtes à la place de Guillaume du Vair, qui quoique fort jeune en avoit été jugé capable par ses bonnes qualitez, & par son sçavoir; mais qui aima mieux se faire Conseiller d'Eglise, que de passer tout-d'un-coup du Palais à la Cour dans un âge si peu avancé.

La douleur de la mort de son pére, & d'une si chére sœur, faisant chercher à de Thou quelque soulagement, & dans le public & dans le particulier, il se remit à l'étude. Il prit chez lui Maurice Bressieu Professeur Royal de Mathématiques, qui avoit partagé avec Jean Stadius la Chaire de Ramus, vâcante par la mort de ce Professeur, suivant les conseils que lui donna l'illustre & savant François de Foix Candale. Il s'attacha toute cette année & la suivante, autant que ses affaires le lui pûrent permettre, à la lecture du Grec d'Euclide, avec les Notes de Proclus.

Sur la fin de celle-ci il entreprit de paraphraser en Vers Latins le Livre de Job, comme l'Ouvrage le plus propre aprés les Pseaumes, pour exercer non-seulement son esprit, mais encore les meilleures plumes. Ce Livre, au raport de saint Jérôme, a été composé en Vers héxamêtres, à l'exception des deux premiers Chapitres & du dernier. Ces Vers qui sont composez d'un Dactyle & d'un Spondée, & qui finissent toûjours par ce dernier, produisent par le génie particulier de la langue dans laquelle ils sont écrits, une harmonie & un son agréable, à cause du retour de la même mesure. *Leur beauté*, dit saint Jérôme, *n'est pas goûtée de tous les Lecteurs, mais seulement de ceux qui sentent bien cette cadence: son style peu éclairci par les Interprétes, est tout figuré, & * rempli de ces saillies d'imagination, dont le sens doit être entendu plus par raport à la disposition de celui qui parle, que par rapport aux expressions.*

* On a ajoûté ces paroles pour éclaircis le Texte.

Pour mieux exécuter son dessein, outre l'explication de saint Jérôme, il se servit de l'excellent Commentaire de Jean Mercier, pour pouvoir joindre les agrémens de la langue Latine, avec la vérité du Texte, & lier pour l'utilité du Lecteur ce qui paroît séparé à la première vûë. De Thou communiqua son projet à Pierre Pithou, qui l'aprouva fort, & qui l'exhorta d'y travailler. Ce conseil, qu'il regarda comme une aprobation générale, lui fit entreprendre cet Ouvrage, qui l'occupa pendant deux ans.

En ce temps-là, Henri Estienne faisoit imprimer *Aulugelle* & *Macrobe*, que Loüis Carion de Bruges lui avoit promis d'éclaircir par un Commentaire ; ce qui fit naître entr'eux une grande contestation préjudiciable au public, & fomentée par l'Imprimeur dont se servoit Estienne, & qui n'étoit qu'un broüillon. De Thou & Claude du Puy tâchérent en vain de les accommoder ; Carion n'ayant point voulu se rendre à leurs priéres, ne donna point ses Notes sur ces Auteurs, il se contenta d'en faire paroître quelques-unes sur Aulugelle.

Jean Guillelmus, qui étoit alors à Paris, proposoit aux Libraires de faire une nouvelle édition des *œuvres de Cicéron*. L'espérance du gain que les Imprimeurs prétendoient faire sur cette édition, les broüilla avec lui. Estienne les voulut accommoder ; mais comme il survint d'autres difficultez, & que Guillelmus mourut à Bourges, où il étoit allé pour entendre Cujas, la chose ne fut point exécutée.

La mort de François Duc d'Anjou, frére unique du Roi, qui arriva cette année, consterna de Thou & tous les bons François : elle fit espérer aux Espagnols de recouvrer les Pays-bas, par où plûtôt que par ailleurs, ils ont toûjours attaqué la France, & causa chez nous la Guerre civile.

De Thou fut aussi trés-sensible à la mort de Paul de Foix Archevêque de Toulouse, & à celle de Guy-Faure de Pybrac, Président au Parlement de Paris, & dont il est parlé dans le second Livre de ces Mémoires. Il faut dire ici que c'est à Pybrac, à de Thou, & aux soins de Scévole de Sainte-Marthe, que le public est redevable des Poësies du grand Chancelier de Lhôpital. Il seroit à souhaiter que cet Ouvrage eut pû recevoir une plus grande perfection ; mais la maladie & la mort de Pybrac, ne permirent pas aux autres de supléer à ce qui y manquoit : comme il étoit le maître de ces Poësies, qu'il prétendoit ranger par l'ordre des dattes, avant que de les faire imprimer, ce

qui

qui leur eût donné un grand jour & une grande beauté, ils ne pûrent pas faire la même chose. De Thou espéroit neanmoins qu'il pourroit en venir à bout avec l'aide de Pierre Pithou & de Nicolas le Févre, & les augmenter encore d'un tiers.

La Guerre civile recommença l'année d'aprés la mort du Duc de Brabant; (c'est ainsi qu'on nommoit le Duc d'Anjou) elle ne fut pas moins funeste à ces Auteurs qu'au Roi & à l'Etat. De Thou pour éloigner l'idée des malheurs publics, continuoit sa Paraphrase sur Job, & s'occupoit aux Mathématiques avec Bressieu. 1585.

L'Avocat Général son oncle l'avoit souvent pressé de songer de son vivant à se faire pourvoir de sa Charge, dont il reconnoissoit avoir l'obligation au premier Président son pére. Il lui representoit qu'il avoit beaucoup d'amis à la Cour, qui employeroient leur crédit en sa faveur, & qu'il se faisoit fort d'en obtenir les provisions du Roi : Qu'il ne pouvoit voir sans douleur cette Dignité sortir de sa famille ; mais qu'il mourroit content s'il la voyoit remplie d'une personne de son nom, puisque les inclinations oposées de son fils ne lui permettoient pas de la lui laisser.

De Thou le remercia de sa bonne volonté, & lui fit entendre que ce laborieux emploi ne lui convenoit point ; qu'il consistoit à parler continuellement en public sur toutes sortes de matiéres, & que cela demandoit une personne accoûtumée à ces sortes d'actions dés sa jeunesse.

Peu de temps aprés parut l'Edit d'Union, qui non-seulement troubla la paix & la tranquilité de l'Etat ; mais qui rendit encore le commerce de la vénalité des Charges, qui avoit été si sévérement défendu, plus commun que jamais. L'Avocat Général fut pourvû par l'ordre du Roi de celle de Président vâcante par la mort de Pybrac ; il n'en fut pas plûtôt en possession, qu'il pria instamment son neveu de lui permettre d'employer ses amis pour en obtenir la survivance en sa faveur, puisqu'il n'avoit plus pour s'en deffendre les mêmes raisons dont il s'étoit servi pour la Charge d'Avocat Général ; qu'en cas que la survivance ne lui plût pas, il aimoit mieux dés à present être le premier des Avocats Généraux, que le dernier des Présidens. Ils s'accommodérent enſemble là-deſſus, ſans autres conditions que celles que de Thou voulut y mettre de ſa bonne volonté, & ſur ſa parole. Il les exécuta depuis trés-religieuſement aprés la mort de ſon oncle, qui n'avoit demandé aucun engagement par écrit.

Quelle différence de caractére entre ces faux dévots contrefaits dans leur viſage, dans leurs paroles, & dans leurs actions, & ces dignes Magiſtrats, dont la candeur & la droiture ſont une Loi inviolable à laquelle ils ſe ſoûmettent ſans contrainte & ſans diſſimulation? Tout ce que l'Avocat Général exigea de ſon neveu, ce fut de prendre à l'avenir plus de ſoin de ſes affaires; mais comme ce conſeil, qui eût pû dans tout autre être intéreſſé, parut à de Thou ne lui être donné que pour ſon propre bien, il le prit en bonne part, & l'affaire ne fut finie que l'année ſuivante, que l'occaſion ſe preſenta de la terminer.

On aprit en ce tems-là, la mort du Pape Grégoire XIII. Le Roi qui n'ignoroit pas que c'étoit ſous ſon Pontificat qu'on avoit jetté les premiers fondemens de la Ligue, aprehendoit qu'on n'élût un autre Pape d'une humeur plus turbulente, & plus portée à allumer qu'à éteindre, par ſa modération, le feu qui avoit commencé ſous ſon prédéceſſeur.

Ainſi l'on réſolut d'envoyer à Rome au prochain Conclave: pour cet effet, on jetta les yeux ſur le Cardinal de Bourbon, qui avoit eu le Chapeau depuis peu, & qu'on apella le *Cardinal de Vendôme*, pour le diſtinguer de ſon oncle. On le crût plus propre qu'un autre à s'opoſer aux intrigues de la Ligue, & à défendre les intérêts du Roi & de l'Etat, qui ſe trouvoient mêlez avec les ſiens: Ce choix étoit fort du goût du Roi.

Ce Cardinal qui aimoit les belles Lettres, avoit fait amitié depuis quelques années avec de Thou: on ſoupçonnoit même ce dernier de gouverner cette Eminence, & d'avoir fait naître la conteſtation qui arriva l'année précédente à l'Aſſemblée de l'Abaye de Saint Germain, où Vendôme diſputa la préſéance au Cardinal de Guiſe, malgré le Cardinal de Bourbon ſon oncle, dévoüé à la Ligue; ce qui donna lieu à de grandes conteſtations, qui furent cauſe que le Cardinal de Bourbon empêcha le Roi de l'envoyer à Rome. De Thou s'étoit offert de l'y accompagner & de le cautionner de ce qu'il faloit emprunter pour faire ce voyage; ce qu'il fit depuis dans une autre occasion, non-seulement avec perte, mais avec de facheuses traverses. Comme ce Cardinal mourut avant que tout l'emprunt dont il étoit caution fut remplacé, les créanciers de ce Prélat le fatiguérent autant qu'il leur fut possible.

C'est ainsi que par sa générosité naturelle il se faisoit aimer des Princes & des grands Seigneurs, dont il soulageoit les disgraces, par ses services ou par ses conseils, sans en attendre d'autre récompense que la seule satisfaction d'avoir suivi son penchant. Content de ce plaisir intérieur, il s'éloignoit d'eux insensiblement au retour de leur prospérité, & quittoit la place à ces faux amis & à ces lâches flateurs, qui ne reviennent à eux qu'avec leur bonne fortune. Il n'ignoroit pas que se laissant aisément séduire par leurs artifices, ils oublient & regardent même avec aversion les services passez, la franchise, la fidélité de leurs véritables amis. Il sçavoit qu'ils ne se plaisent plus alors qu'avec ceux qui les trompent, & qui leur déguisent la vérité; aussi l'on peut assûrer, sans prétendre leur rien reprocher, que de Thou, qui leur rendoit souvent des services considérables, n'a rien jamais reçû d'eux que de l'ingratitude: mais comme il se satisfaisoit lui-même, il avoit pris son parti de ne se rebuter point, & de ne changer ni de bonne volonté ni de conduite, malgré les affaires qu'il s'étoit toûjours attirées par sa candeur, incapable de se démentir, & de s'abaisser à de serviles complaisances.

Quoi-qu'on fasse ces réflexions à l'occasion du Cardinal de Vendôme, on ne doit pas lui en faire l'aplication; ce Prince eut toûjours pour lui une véritable amitié jusqu'en l'année 1591. que le tiers parti se fortifia pendant que le Roi étoit occupé au siége de Chartres. Alors des esprits mal-intentionnez lui ayant persuadé de se faire Chef de parti, aprés la mort du vieux Cardinal de Bourbon son oncle, lui qui étoit du Sang Royal, se laissa surprendre à leurs mauvais conseils, & ceux de ses amis qui ne pouvoient approuver ces factions, lui devinrent suspects.

De Thou ne fut pas long-temps sans s'en apercevoir, cette amitié si vive, dont il l'avoit honoré, se refroidit; aussi Paris ne fut pas plûtôt rentré sous l'obéïssance du Roi, que de Thou se retira pour toûjours de la Cour, & continua en liberté d'écrire l'Histoire qu'il avoit commencée il y avoit deux ans, & qu'il avoit conduite jusqu'au régne de François II.

Enfin, ce Cardinal étant malade à Saint Germain des Prez, de la maladie dont il mourut, envoya chercher de Thou, le vit, & lui parla jusqu'au dernier moment de sa vie. Alors comme ils tâchoient de se consoler l'un & l'autre, dans ces entretiens particuliers, ils déplorérent les funestes suites de nos Guerres civiles, dont l'aveuglement fatal avoit causé le progrez des Espagnols dans les Pays-bas, & donné lieu aux desseins ambitieux du Duc de Savoye. Ces tristes refléxions fournirent à de Thou le sujet de l'Ode suivante, qu'il envoya au Cardinal.

ODE
AU CARDINAL DE BOURBON VENDÔME.

Cardinal éclatant de gloire,
Ornement de la pourpre, & du Sang de nos Rois,
Généreux protecteur des filles de mémoire,
Ecoutes leur plaintive voix.

Voi la Discorde de nos Princes
Allumer son flambeau dans le sein de l'Etat,
Et voi comme elle court dans toutes nos Provinces,
Pour les animer au combat.

Voi la ruïne de nos Villes,
Nos Villages deserts, & nos Maisons en feu,
Déplorables effets de nos Guerres civiles,
Dont nous ne nous faisons qu'un jeu.

A peine échapez d'un orage,
Dont l'horrible fureur troubloit nos Matelots,
Nous hazardons encore un dangereux naufrage,
Dans le milieu des mêmes flots.

Nous ne gagnons point de Victoire,
Que n'arrose le sang de nos Concitoyens;
Et tous chargez de proye, on aura peine à croire
Qu'elle vient de nos propres biens.

Déchirant nos propres entrailles,
Nous perdons un Etat conquis par nos Ayeux,
Cimenté par leur sang, versé dans les Batailles,
Et redoutable en tant de lieux.

Ainsi découvrant la Frontiére,
Nos remparts sont ouverts à tous nos ennemis,
Et le fier Castillan touvera la matiére,
Du triomphe qu'il s'est promis.

Helas! insensez que nous sommes,
Nous faut-il faire encor des massacres nouveaux,
Et n'a-t'il pas assez péri de vaillans hommes,
Ou sur la terre, ou dans les eaux.

Témoin tant de Villes desertes,
Témoin Paris lui-même, auteur des mouvemens,
Et la Loire sanglante, où l'on voit de nos pertes
Rouler les tristes monumens.

Témoin la Vienne & la Charente,
Dont des Chantres fameux anoblissoient les bords,
La Garonne & le Clein, dont l'Onde impatiente,
Se refusoit à tant de morts.

Malgré tant de sujets de larmes,

Insensibles aux maux, qui nous ont déchirez,
Nous reprenons le casque, & nous courons aux armes,
Contre nous-mêmes conjurez.

Ah ! s'il nous faut tirer l'épée,
Retournons à Milan, Domaine de nos Rois,
A Naples, où la France a sa perte occupée
A de si légitimes droits.

Si la Guerre nous est utile,
Employons mieux ailleurs d'impatiens Soldats,
Qu'ils aillent conquérir la Poüille & la Sicile,
Par de plus glorieux combats.

Enfin, si nous brûlons du zéle
De deffendre les droits de la Religion,
Allons dans le Levant, Vainqueurs de l'Infidelle,
Relever les murs de Sion.

Mais, non ; nous voulons nous détruire,
Nous voulons assouvir nôtre propre fureur,
Nôtre infâme avarice, & la rage qu'inspire
La haine au fonds de nôtre cœur.

Le premier transport de colére
Quelquefois se pardonne & se peut excuser ;
S'il dure trop long-temps, s'il devient sanguinaire,
C'est cruauté d'en abuser.

Comment pallier tant de crimes,
Tous ces Temples détruits, jusques aux fondemens ;
Ces peuples massacrez, déplorables Victimes
De nos cruels ressentimens.

A toute heure avides de proye,
Séduits par l'artifice & l'or de l'Etranger

Nous reprenons le fer, pleins d'une fausse joye,
 Toûjours prêts à nous égorger.

L'avenir le pourra-t'il croire,
Que nous armions nos bras pour nous percer le sein ;
Périssent à jamais le temps & la mémoire
 De ce détestable dessein.

O gloire des François flétrie !
Le Soldat violant ses sermens & sa foy,
S'engage avec l'Espagne, abjure sa Patrie ;
 Et trahit lâchement son Roy.

Cependant ce ne sont que Fêtes
Parmi nos ennemis instruits de nos debats,
Déja nous les voyons méditer des Conquêtes
 Dans le milieu de nos Etats.

Tel qu'un Vautour dans les campagnes,
Qui flaire le Taureau qu'ont déchiré les Loups,
Tel * Charles paroissant au haut de ses Montagnes,
 Se tient prêt à fondre sur nous.

* Charles Emanuël Duc de Savoye.

Il n'a pas perdu la mémoire
Du sort de ses Ayeux, qui nous avoient trahis,
Et son cœur pour venger l'affront fait à leur gloire,
 Devore nos plus beaux pays.

Faut-il que rien ne nous fléchisse ?
Ne verrons-nous jamais nos différens finir ?
Du moins que la Patrie, au bord du précipice,
 Nous porte enfin à nous unir.

Regardons la Frontiére ouverte,
Voyons le fier Ibére, armé de toutes parts ;
Et Parme aux Pays-bas, où tranquille il concerte
 La ruïne de nos remparts.

Tandis qu'au Port de Barcelône
Tout retentit des chants d'un Hymen souhaité,
Et que pour faire honneur aux Fêtes qu'il ordonne,
Philippe dément sa fierté.

Tandis que son Gendre infidelle,
Qui pouvoit succomber sous nos moindres efforts,
Tout fier d'une Alliance éclatante & nouvelle,
S'abandonne aux plus doux transports.

Depuis que de Thou fut pourvû de la Charge de Maître des Requêtes, & qu'il se fut démis de ses Bénéfices, sa mére le pressoit continuellement de retourner dans la maison paternelle. Il avoit pendant deux ans différé sous divers prétextes de se rendre à ses instances; mais enfin il résolut de satisfaire à des empressemens si tendres, & si justes. Il y fit porter ses meubles, & principalement sa Bibliothéque, qui étoit déja trés-nombreuse. L'objet de sa mére n'étoit pas seulement de l'avoir auprés d'elle, mais de le presser de changer d'état, & de se marier.

D'un autre côté le Président de Thou son oncle souffroit impatiemment sa négligence, & lui reprochoit que quoi qu'il n'eût accepté la Charge de Président qu'à condition qu'il s'y feroit recevoir en survivance, il n'y avoit pas encore songé.

Heureusement François Choesne Lieutenant Général de Chartres, se trouva alors à Paris. Il avoit été mis fort jeune auprés de Paul de Foix, & lui avoit servi long-tems de Lecteur pendant ses Ambassades. Quand de Thou suivit de Foix dans celle d'Italie, Choesne faisoit encore la même fonction auprés de M. de Foix; le mérite, & un zéle égal pour le bien de l'Etat, qu'ils s'étoient reconnus l'un & l'autre, les avoient liez d'une amitié fort étroite. Il arriva que Choesne vint un jour rendre ses devoirs au Président de Thou, ce Magistrat qui sçavoit qu'il étoit des amis de son neveu, lui en fit aussi-tôt ses plaintes. Il le pria de le voir, & de lui faire entendre qu'il ne devoit pas avoir tant de paresse & d'indifférence sur ses affaires. Choesne se chargea volontiers de la commission, persuadé qu'elle feroit plaisir
à l'oncle,

à l'oncle, qu'elle étoit utile au neveu, & qu'elle lui faifoit honneur.

Auffi-tôt il alla trouver de Thou, & lui expofa le fujet de fa vifite. Celui-ci le remercia de fes foins, & lui dit, que cet empreffement partoit de la bonne volonté de fon oncle ; mais qu'il faloit attendre un tems plus favorable : qu'il fçavoit combien les follicitations & les affiduitez que demandent les grands Seigneurs, étoient contraires à fon humeur : qu'à fon gré rien n'étoit fi cher que ce qui s'achetoit par des priéres : que les chofes étoient dans une fituation, qu'il étoit impoffible de rien obtenir du Roi, fans la faveur de ceux qui difpofoient de fes graces.

Choefne qui le vit d'humeur à s'étendre là-deffus, l'interrompit, & lui dit : *Il n'y a que ceux qui négligent le temps, qui fe plaignent de fa perte. Si vous jugez qu'il eft indigne de vous & de vôtre dignité d'employer des follicitations auprés des favoris, ou que vous en aprehendiez l'iffuë, je m'en charge volontiers. Vous connoiffez Philippe des Portes, & vous n'ignorez pas qu'il eft de mes parens & de mes amis ; vous fçavez encore fon crédit auprés du Duc de Joyeufe, qui pour ces fortes d'emplois eft tout puiffant auprés de Sa Majefté ; je fuis perfuadé que je ferai plaifir à l'un & à l'autre, fi je m'employe à vous faire obtenir du Roi par leur moyen ce que vous fouhaitez.*

A peine eut-il achevé ces mots, qu'il alla de ce pas chez des Portes, qu'il trouva fur le point de fortir, avec fon porte-feüille pour aller chez le Duc de Joyeufe, & pour l'entretenir de ce qu'il y avoit à faire ce jour-là, il le tira à part, lui dit ce qui l'amenoit, & l'ayant trouvé bien difpofé, il n'eut pas de peine à lui faire mettre cette affaire fur fes tablettes. Comme ceci fe paffoit le matin, des Portes lui dit feulement de venir dîner avec lui, & qu'il lui en rendroit compte ; Choefne ne manqua pas d'y aller, & trouva la chofe faite : auffi-tôt il courut chez de Thou, qui furpris de fa diligence & de la facilité du fuccez, fut faché de n'avoir fait aucune démarche de civilité auprés du Duc de Joyeufe & de des Portes.

De Thou lui en témoigna fon chagrin, & lui dit, qu'il ne pouvoit'affez reconnoître un fi grand fervice. Dans le moment même, il alla trouver des Portes, & s'excufa de ne l'avoir pas prévenu, fur l'activité du zéle de fon ami. Des Portes ne fouffrit pas qu'il en dit davantage, & lui répondit : *Je fçai que vous êtes du nombre de ceux aufquels il convient mieux de témoigner leur reconnoiffance des plaifirs qu'on leur a faits, que de prendre la peine de les folliciter. Quand vous m'avez employé auprés du Duc de Joyeufe pour obtenir ce que vous fouhaitiez, comptez que vous nous avez obligez l'un & l'autre : c'eft en pareille occafion que l'on peut dire qu'on fe fait honneur, quand on rend fervice à un homme de mérite.*

De Thou pria des Portes de le mener fur le champ chez le Duc de Joyeufe ; mais des Portes lui dit qu'il ne le trouveroit pas, qu'il lui fembloit même qu'ayant été obligé de fi bonne grace, un remerciement fi précipité pourroit importuner ce Seigneur dans l'embarras où il étoit ; qu'il fe chargeoit de fon compliment, & qu'il étoit fûr que le Duc ne trouveroit pas mauvais, s'il ne le remercioit pas auffi promptement qu'il avoit été fervi. Cependant Joyeufe partit pour fon Gouvernement de Normandie, comme il faifoit ordinairement tous les ans aux Fêtes de Pâques : ainfi cela fut remis à fon retour.

1586. Claude Pinart, Secrétaire d'Etat, expédia les provifions de cette Charge de Préfident le 22. Mars ; mais elles ne furent fcellées que quelque tems aprés : ce qui fut caufe que de Thou ne prêta ferment au Parlement que le 13. du mois d'Aouft fuivant. Toute cette Augufte Compagnie lui témoigna fa joye, de le voir revêtu d'une Charge éminente, que fon grand-pére, fon pére, & fon oncle, avoient fi dignement poffédée, & qui étoit comme héréditaire dans fa famille. Aprés que Mathieu Chartier eut fait le raport des provifions, la Cour ordonna, quelque bien intentionnée qu'elle fût pour de Thou, qu'en cas qu'Auguftin de Thou fon oncle mourut, avant que fon neveu, qui n'avoit encore que trente-trois ans, eût atteint l'âge porté par les Ordonnances, de Thou ne pourroit opiner comme Préfident, qu'il ne fût entré dans fa quarantiéme année ; ce qu'elle fit, pour ne pas préjudicier à fes réglemens ni à fa difcipline.

Tous fes amis s'empreffèrent de le féliciter fur cette promotion. Pour leur en témoigner fa reconnoiffance, il compofa quelques Vers à la hâte, qu'il adreffa à Pierre Pithou & à Antoine Loyfel. Pithou y répondit par ces beaux Vers, qu'on voit dans ſes Ouvrages ; ce qui faiſoit ſouvent dire à de Thou, que ſi les ſiens étoient médiocres, du moins ils en avoient fait produire d'excellens.

Cette affaire finie, il ne reſtoit plus que de marier de Thou ; pour cela, il faloit lever les difficultez qui pouvoient ſe rencontrer du côté de la Cour Eccléſiaſtique ; ce qui l'obligea de s'y pourvoir, & de preſenter Requête à l'Official de Paris, devant lequel il fit appeller la première Préſidente ſa mére, le Chancelier & le premier Préſident ſes deux beaux-fréres, la Veuve de ſon frére aîné, ſon autre frére Chriſtofle-Auguſte de Thou, qui ne comparut point ; tous ceux enfin qui pouvoient y avoir intérêt. Il n'y en eût pas un qui ne conſentit à ſes demandes, ou qui ne s'en raportât à ce qui en ſeroit ordonné : ainſi aprés toutes les informations & les preuves raportées, principalement aprés que l'Evêque de Chartres eût aſſûré que quand ſon neveu fut pourvû d'une Charge de Conſeiller-Clerc, il n'avoit pris ce qu'on appelle les *quatre mineurs*, que par obéïſſance aux volontez du premier Préſident ; que du vivant de ſon pére il avoit ſouvent témoigné ſa répugnance pour cét état ; & aprés que ſa mére eut répondu la même choſe dans ſon interrogatoire, l'Official le dégagea des obligations qu'il auroit pû contracter, le déclara libre de tous les Vœux qu'il auroit pû faire, le rétablit dans ſon premier état, lui permit de ſe marier, s'il le jugeoit à propos, & déclara légitimes les enfans qui viendroient d'un Mariage qu'il contracteroit dans les formes. Cette Sentence fut renduë le 29. Mars, la ſurveille du Dimanche des Rameaux.

Sur la fin de cette même année, de Thou mit la derniére main à ſa Traduction du *Livre de Job*, qui fut imprimée par Denis du Val. On en fit depuis une ſeconde & une troiſiéme édition, beaucoup plus exactes, & augmentées de quelques éloges. Pineda en mit une partie à la tête de ce gros Commentaire en deux volumes, qu'il donna ſur le Livre de ce Patriarche. La première fois que ce ſçavant homme lût cette Paraphraſe imprimée, il ajoûta cet Eloge :

Ce ſeul Homére étoit digne de cet Achille.

Le changement de demeure que de Thou fut obligé de faire,

& le voyage de Breſſieu, interrompirent ſes études de Mathématiques. Breſſieu s'en alla à Rome pour accompagner François de Luxembourg Duc de Piney, qui ſuivant l'uſage, y fut envoyé par le Roi pour rendre de la part de Sa Majeſté, l'obédience au nouveau Pape Sixte V. car Marc-Antoine Maret qui s'étoit ſi long-tems aquitté auprés des Papes, de la même commiſſion * qu'on donnoit à Breſſieu, étoit déja mort.

*Cette Commiſſion conſiſtoit à haranguer en latin.

Breſſieu, ſa fonction finie, reſta à Rome, où il acquit une grande réputation. Depuis, pendant nos Guerres, il enſeigna à Pérouſe; d'où enfin, aprés pluſieurs années, il revint en France.

1587.

L'année ſuivante fut partagée entre pluſieurs grands événemens, tantôt heureux, tantôt malheureux; mais au jugement des plus ſages, toûjours funeſtes à la patrie. L'Armée du Duc de Joyeuſe fut défaite en Xaintonge avec l'élite de la Nobleſſe de France, & lui-même y fut tué. Les Guiſes empêchérent celle qui venoit au ſecours des Proteſtans de paſſer la Loire, & la défirent deux fois; l'une, à Vimory, & l'autre, à Auneau en Beauce. Les ſuites de ces deux actions, qui l'année ſuivante furent ſi fatales au Roi & au repos de l'Etat, firent douter avec Juſtice, ſi l'on devoit compter ces Victoires pour des avantages.

Le public, & de Thou en particulier, perdirent au commencement de cette année Jacques de Nets, né à Paris, mais iſſu d'une noble famille du Ponthieu. Il avoit exercé la profeſſion d'Avocat au Parlement de Paris, avec autant d'érudition que d'intégrité. Les ſentimens de Nobleſſe qu'il conſerva toute ſa vie dans ſon emploi, lui firent toûjours préférer ſes amis à ſes intérêts particuliers. Il aimoit naturellement les armes & la chaſſe; comme ſa profeſſion ne lui permettoit pas de ſuivre les armes, il eut toûjours une meutte de chiens courans, pour ſatisfaire à ſon inclination pour la chaſſe. Il s'attacha auprés du pére & des oncles de Mr de Thou, tant qu'ils vécurent; entre autres auprés d'Adrien de Thou, dont on a parlé au commencement de ces Mémoires, & auprés de Jean de Thou ſon neveu.

Aprés leur mort il réünit en la perſonne de Mr de Thou, toute l'amitié qu'il avoit eûë pour ſa famille, & vécut avec lui pendant quatorze ans, dans une parfaite intelligence. Cette amitié, pour ainsi dire, héréditaire, méritoit qu'on en fit mention dans la vie que l'on écrit. De Thou ne l'abandonna point pendant sa maladie, & fut presque continuellement auprès de lui dans le Cloître Nôtre-Dame où il logeoit. Lorsque de Nets mourut, il reçût ses derniers sentimens, qui ordonnoient à sa famille, & principalement à Gilles de Nets son frére, qui s'étoit habitué en Normandie, de cultiver avec la famille des de Thou une amitié si bien fondée & qu'il leur laissoit en partage. De Nets mourut d'une pleuresie à l'âge de cinquante-huit ans, & voulut être inhumé à Saint André des Arts, où sont les Tombeaux des de Thou.

Quittons ces tristes objets, pour parler de l'heureux Mariage où de Thou s'engagea cette même année. Il épousa Marie de Barbanson, fille de François de Barbanson-Cany, tué au combat de Saint Denis, & dont il est parlé dans l'Histoire qu'il nous a donnée. Ce François étoit petit-fils de Michel de Barbanson, Lieutenant de Roi de Picardie, qui possédoit de grands biens dans cette Province, du tems qu'Antoine de Bourbon, Duc de Vendôme, en étoit Gouverneur.

La Maison de Barbanson est originaire de Haynault, où est située la Principauté de Barbanson, qui a passé aux Comtes d'Aremberg, cadets de la Maison de Ligne. Ils se sont signalez sous le nom de Barbanson, dans le commandement des Armées durant les Guerres des Païs bas, & sous les Régnes de Henri II. & de Charles V.

François de Barbanson laissa, d'Antoinette de Vasiéres, riche héritière très-noble & très-vertueuse, Loüis, Anne & Marie de de Barbanson. Anne avoit épousé Antoine du Prat-Nantoüillet, petit-fils du Cardinal Antoine du Prat, Chancelier de France, si connu sous le Régne de François I. Dés le vivant du premier Président, Nantoüillet étoit fort des amis du jeune de Thou son fils : ainsi il donna volontiers les mains à ce Mariage. Ce fut Charles Turcant, Maître des Requêtes, qui en fut l'entremeteur avec Pierre du Val, dont on a déja parlé, & qui étoit connu de Madame de Cany par les services qu'il lui avoit rendus. Ce Médecin, qu'on pouvoit dire de la Maison de Madame de Thou, l'avoit souvent entretenuë de la mére & de la fille, & lui avoit fait naître un grand empreſſement pour ce Mariage.

Pour garder les bien-ſéances, on pria le Chancelier de demander la Demoiſelle. Il mena ſon beau-frére, accompagné de pluſieurs perſonnes de diſtinction, chez Madame de Cany, qui logeoit au Faubourg Saint Germain à l'Hôtel de Picquigny, & obtint le conſentement de cette Dame.

Sur ces entrefaites Madame de Cany tomba dans une maladie dont elle mourut; mais ſa mort n'aporta point de changement à ce qu'on avoit arrêté. Au mois de Mai ſuivant l'on convint des Articles du Mariage, que l'affliction de cette mort & les Cérémonies des Funérailles firent différer juſqu'au mois d'Aouſt, qu'il fut célébré avec toutes les formalitez preſcrites par l'Egliſe.

L'Evêque de Chartres les fiança devant la premiére Préſidente de Thou, devant le Chancelier, & le premier Préſident de Harlay; devant Auguſtin de Thou fils du Préſident, Chriſtofle-Auguſtin de Thou couſin germain du fiancé, & devant Renée Baillet, d'un côté : de l'autre, devant Loüis de Barbanſon Cany, Charles de Barbanſon ſon oncle, Antoine du Prat-Nantoüillet Prevôt de Paris, Anne de Barbanſon ſa femme, les frères d'Eſtourmel oncles des Barbanſons, & devant pluſieurs autres perſonnes de diſtinction, nommées dans les Articles. Le même Evêque célébra la Meſſe dans l'Egliſe de Saint André des Arts, & pour éviter la foule, les maria aprés minuit.

Quoique le pére & la mére de la Demoiſelle, qui avoient autrefois été Proteſtans, fuſſent rentrez depuis long-tems dans le ſein de l'Egliſe avec leurs enfans, on voulut cependant lever juſqu'au moindre ſoupçon, & l'on fit examiner la Demoiſelle en particulier par Arnaud du Meſnil Archidiacre de Brie, & Grand Vicaire de l'Evêque de Paris, qui la confeſſa, & qui lui donna enſuite l'Abſolution.

Aprés des formalitez ſi exactes, qui ne ſeroit indigné de l'impudence de ces impoſteurs, qui non contens d'avoir décrié de tout leur poſſible l'Hiſtoire que de Thou nous a donnée, ont encore voulu pénétrer juſques dans l'intérieur de ſa famille, pour le rendre odieux ſur la Religion ! Qu'ils examinent, ces dangereux calomniateurs ! ſi de ce côté-là l'on a pû prendre plus de précautions, pour recevoir avec respect un si grand Sacrement, & si du côté du monde on a rien oublié pour le rendre vénérable & autentique aux yeux du public, par le consentement & la presence d'un si grand nombre d'illustres parens.

Quelque tems aprés l'on reçût la nouvelle de la défaite arrivée en Xaintonge. De Thou pénétré de reconnoissance, & qui comptoit les pertes publiques au nombre des siennes particuliéres, en fut fortement frapé : sa prévoyance lui faisoit envisager un enchaînement de malheurs, qui l'affligeoient ; il ne pouvoit voir sans douleur la mort d'un jeune Seigneur, qui venoit de l'obliger si généreusement, & périr avec lui l'élite de la Noblesse, c'est-à-dire, les forces de l'Etat. Il détestoit la fureur des factions, qui se répandoient de tous côtez ; il regardoit cette perte, comme le commencement d'une Guerre funeste, excitée par des esprits entreprenans & animez par des conseils extrangers, principalement dans un temps où la France avoit si grand besoin de repos, pour se remettre de ses maux passez, & pour rétablir la Religion dans sa premiére sûreté.

Car quand une fois on eut violé la paix, les haines & les vengeances éclatérent impunément, l'ambition n'eut plus de bornes, les Loix furent méprisées, & l'honneur de la France presque anéanti. Cette Religion qui servoit de prétexte à la prise des armes, fut bannie de la campagne, s'il en restoit quelque apparence dans les Villes, elle servoit seulement de matiére aux déclamations des gens d'Eglise ; les Chaires & les Confessionnaux loin de ranimer l'esprit de charité, ne prêchoient que la révolte, & sous le voile de la Religion, n'inspiroient que la fourbe, la haine, la vengeance, le massacre, & l'incendie : C'étoit l'état de la France aprés la perte de la Bataille de Coutras.

Philippes des Portes, accablé de douleur & qui fuyoit la compagnie des hommes, se retira chez J. Antoine Baïf, à S. Victor. De Thou l'y alla voir pour le consoler, & pour chercher auprés d'un ami, qui l'avoit obligé de si bonne grace, quelque soulagement dans des malheurs qui lui étoient communs.

Pour ne manquer à aucun de ses devoirs, il alla saluër ensuite François Cardinal de Joyeuse, qui restoit seul de la branche illustre de cette grande Maison ; car Henri Comte du Bouchage s'étoit fait Capucin. Ce Prélat ignoroit le service que son frére avoit rendu à de Thou, qui l'en instruisit, afin qu'après la mort de son bienfaicteur il restât quelqu'un de sa Maison qui pût en avoir connoissance.

De Thou ne croyoit pas alors (mais qui l'auroit pû prévoir) qu'il deviendroit un jour son Allié ; cela arriva cependant seize ans après ; car après qu'il eut perdu sa première femme, dont il n'eut point d'enfans, il épousa Gasparde de la Chastre, fille de Gabrielle de Batarnay, tante du Cardinal de Joyeuse. Cette Dame renouvella par sa fécondité l'espérance d'une famille presque éteinte.

La première Présidente ne fut pas moins sensible à ce malheur public, dont elle aprehendoit les suites ; cela l'obligea de proposer à son fils, sur qui elle avoit beaucoup de pouvoir, & qu'elle connoissoit assez négligent sur ses interêts, de lui faire une donation par Testament de la part qui lui pouvoit revenir de ses biens, à l'exclusion de ses autres héritiers. Elle vouloit lui laisser la maison paternelle, au lieu de ce qui lui pourroit écheoir de ses biens de la campagne, qui lui avoient été cedez par ses enfans & par ses gendres, dans la vûë que son fils étant destiné pour succéder aux Charges de ses péres, prît le soin des monumens érigez à leur mémoire dans leur Paroisse, & qu'il fît exécuter les charges des Fondations qu'elle y avoit faites : Elle étoit bien persuadée qu'il s'en acquiteroit ponctuellement.

Cette donation se passa au vû & au sçû de ses autres héritiers, ausquels de Thou fit voir qu'il avoit menagé la bonne volonté de sa mére avec tant de modération, qu'en cas qu'il arrivât dans la suite que sa part se trouvât la plus forte, il offroit de leur en faire raison selon qu'ils le jugeroient à propos, après que les charges que sa mére lui laissoit auroient été déduites. Ce fut inutilement que de Thou fit inférer cette clause contre la volonté de sa mére, après les partages aucun des héritiers ne se plaignit de la donation ni des legs que sa mére lui avoit faits ; ils trouvérent tous qu'il ne s'étoit rien passé qu'avec justice, & convinrent qu'il avoit exactement observé la Loi, *de ne faire à autrui, que ce qu'on voudroit qui nous fût fait.*

Peu

Peu de temps aprés ces difpofitions, cette Dame plus accablée de douleur de la perte de fon mari, que du poids de fes années, n'ayant d'ailleurs plus rien à fouhaiter aprés avoir marié fon fils, tomba dans une maladie dont elle mourut. Elle réfifta à la violence du mal pendant deux mois, aprés lefquels ayant reçû tous fes Sacremens, elle attendit la mort avec une entiére confiance en la miféricorde de Dieu, & avec la même tranquilité d'efprit qu'on lui avoit toûjours remarquée ; jufques-là que peu de momens avant fa mort elle prenoit congé de fes amis qui la venoient voir, & qu'elle fe recommandoit aux abfens avec la même politeffe : ce qui fit dire à Pithou, lorfqu'il la vint voir, qu'elle lui avoit dit adieu avec autant de fang froid, que fi elle fe fût préparée à faire un petit voyage à fa Maifon de la Villette.

Elle mourut au commencement de Janvier à l'âge de 70. ans, 1588. n'ayant furvécu fon mari que de cinq. Le Parlement fit faire fon Oraifon Funébre, & les Préfidens conduifirent fon cercueil en grande cérémonie ; les principaux de la Cour & les Compagnies de la Ville affiftant au Convoi.

Cette année vit naître l'amitié que de Thou conferva toute fa vie pour Gafpard de Schomberg Comte de Nanteüil, Colonel Général de la Cavalerie Allemande, & pour tous ceux qui lui apartenoient. L'alliance y donna lieu, & de Thou qui avoit avec lui une grande conformité d'humeur & de fentimens, ne quitta prefque point un ami fi précieux. Tout le temps que vécut Schomberg, il lui rendit fidellement à lui & aux fiens tous les fervices dont il étoit capable.

Paris étoit en ce temps-là dans un tumulte & dans une agitation extraordinaire, caufée par les mouvemens de la Ligue. Pendant que le Roi s'amufe à délibérer fur les moyens d'apaifer la fédition, & qu'il prend toûjours les plus timides & les plus mauvais confeils, il donne le temps aux factieux de fe raffûrer & d'entreprendre. Comme ils étoient infolens & audacieux, ils obligent, par des inftances réïtérées, le Duc de Guife, qui étoit à Soiffons pour examiner de plus prés ce qu'il devoit efpérer de leurs mouvemens, de venir à Paris contre les défenfes du Roi. Au lieu de punir cette défobéiffance, comme il auroit dû & pû le faire, par le moyen des Suiffes & des Gardes Françoi-

Q

ses qu'il avoit fait entrer dans la Ville, ce Prince, par une faute plus grande encore que la premiére, donne par son irrésolution le loisir au Duc & aux Chefs de la sédition, étonnez de l'arrivée de ces Troupes, de reprendre leurs esprits, & de commencer cette fameuse journée, que l'on nomma *les Barricades*.

 Ce fut alors que de Thou eut la triste consolation de voir devant ses yeux, qu'il ne s'étoit point trompé dans le présage qu'il avoit tiré de ces mouvemens, qui lui avoient causé tant d'inquiétude. Il s'en fut au Louvre accompagné d'une ou de deux personnes sans armes, mais connuës. Le silence y régnoit par tout, la solitude y étoit affreuse, & l'étonnement, qui avoit passé jusques dans le cabinet du Roi, y faisant différer ou changer de résolution à chaque moment, étoit cause qu'on n'en prenoit aucune vigoureuse. Delà, il court à l'Hôtel de Guise, qui en est fort éloigné ; il trouve le Duc qui se promenoit dans une ruë qui est derriére l'Hôtel de Montmorenci, avec Pierre d'Espinac Archevêque de Lyon : elle étoit bordée de deux hayes de soldats & de peuple, qui regardoient ce Prince avec admiration. Il se mêla parmi eux, & eut tout le loisir d'examiner le Duc, qui tantôt donnoit des ordres & tantôt recevoit avis de ce qui se passoit dans les autres quartiers de la Ville. Quoi-qu'il parut quelque embarras sur son visage, ce Prince conservoit cette fermeté & cette sérénité merveilleuse, qui sembloient assûrer que cette journée le rendroit le maître.

 Quand de Thou voulut retourner chez lui, il trouva toutes les ruës embarrassées par des tonneaux qu'on aportoit de tous côtez : comme il n'avoit point d'armes, & qu'il étoit assez connu, les Sentinelles le laissérent passer. Etant arrivé à la tête du Pont Saint Michel, dont les Ligueurs s'étoient emparez, & qu'ils avoient fortifié par des barricades, il s'arrêta quelque tems à parler à Alphonse Dornane, qui gardoit le marché neuf avec les troupes du Roi : il le connoissoit dés le tems qu'il étudioit sous Cujas à Valence en Dauphiné, où Dornane commandoit une Garnison de Corses. Ce Capitaine lui dit que le tumulte augmentoit, & qu'il lui conseilloit de se retirer chez lui le plus promptement qu'il pourroit : ce qui empêcha de Thou d'aller voir d'Auchy la Tour, parent de sa femme, qu'on avoit porté blessé dans un cabaret.

En aprochant des barricades, de Thou fut fort surpris d'y trouver des principaux de la Ville mêlez avec les Ligueurs. Ils lui dirent depuis, qu'ils n'étoient venus que pour apaiser la sédition ; mais la verité étoit que la peur les y avoit amenez sans faire refléxion, que leur presence autorisoit le desordre, & rehaussoit le courage des mutins.

Jean de la Ruë Tailleur d'habits, l'un des Chefs des révoltez, l'arrêta lors qu'il voulut franchir une barricade. De Thou lui dit que le Roi avoit commandé à ses troupes de se retirer ; & cet insolent lui répondit, que c'étoit la peur qui les y obligeoit, & non pas l'ordre du Roi. Il quitta le plûtôt qu'il pût ce séditieux, & gagna sa maison, qui n'étoit pas éloignée : Sa femme l'y attendoit avec une grande impatience, dans le temps qu'au son de la cloche du Palais toutes celles de la Ville sonnoient le tocsin.

Le soir les Troupes du Roi ayant abandonné leurs postes & s'étant retirées, le Duc de Guise se trouva maître de la Ville ; alors de Thou retourna sur le Pont Saint Michel, où comme il s'entretenoit dans la boutique d'un Boulenger avec le Président Brisson Colonel de son quartier, il reconnut à ses discours, que ce Magistrat entroit dans les sentimens de cette populace, & qu'il s'accommodoit au temps, dont il se trouva mal dans la suite.

Aussi-tôt arriva sur la Place Moüy de Risbourg, qui d'une voix éclatante fit entendre à ces mutins les ordres dont il étoit chargé, avec commandement de la part du Duc de les exécuter : car aprés une si grande flétrissure à l'autorité Royale, la connoissance criminelle de ceux qui étoient auprés de Sa Majesté, & qui la pluspart étoient dans les intérêts de ses ennemis, entretenoit l'esprit du Roi dans des irrésolutions continuelles.

La nuit qui suivit une journée si pleine de troubles, ne fut pas plus tranquille ; elle se passa dans la crainte & dans le tumulte. Le lendemain le Parlement envoya offrir au Roi sa médiation, pour réconcilier le Duc de Guise avec Sa Majesté ; d'un autre côté les Ligueurs crient, que le Roi & le Parlement agissent de concert avec les Huguenots : ils commencent par le quartier de l'Univerſité, font prendre les armes aux Ecoliers, & par ordre de Briſſac, à ce qu'on diſoit, rempliſſent d'armes le grand Convent des Cordeliers; alors des voix s'élevent de tous côtez, qu'il faut aſſiéger le Louvre. Dans un ſi grand embarras, le Roi deſtitué de fidéles Conſeillers, (car le Duc d'Eſpernon étoit en Normandie) ſuit l'avis de ceux qui étoient auprés de lui, & qui ſous main favoriſoient la rebellion, prend le parti honteux de ſortir de la Ville, accompagné du Regiment des Gardes & de ceux de ſa Cour, qui le ſuivirent comme ils pûrent, ſe rend à Trappes par le chemin de Saint Cloud, & laiſſe la Reine mére à Paris, pour avoir par ſon moyen une porte ouverte à quelque accommodement; pendant que ſa retraite, ou plûtôt ſa fuite releve ſi fort les eſpérances & le courage des conjurez.

Au bout de trois jours, Schomberg demanda un Saufconduit au Duc de Guiſe, car rien ne ſe faiſoit que par les ordres de ce Prince, quoique la Reine fut à Paris : il y fit comprendre de Thou, avec Albert fils de Belliévre, qui fût depuis Archevêque de Lyon; tous trois ſe rendirent à Chartres, où le Roi étoit déja arrivé. Le Duc d'Eſpernon l'y vint trouver de Normandie, dont il remit le Gouvernement entre les mains du Duc de Montpenſier, & ſe retira dans ceux de Xaintonge & d'Angoumois.

Cependant Villeroi s'intriguoit fort, il alloit tantôt chez la Reine, tantôt chez le Duc de Guiſe, qui enflé de la journée des Barricades, cherchoit par des delais affectez, de maintenir ſon autorité & de prolonger la négotiation : ce qui fit réſoudre dans le Conſeil d'envoyer des Commiſſaires dans les Provinces, pour ſonder les ſentimens des Gouverneurs & des Magiſtrats, pour les inſtruire de ce qui s'étoit paſſé, les confirmer dans leur devoir, & leur faire connoître la volonté du Roi d'aſſembler les Etats.

De Thou eut la Normandie en partage, par le conſeil de Moüy de Pierrecourt, qui étoit alors auprés de Sa Majeſté, dont il quitta depuis le parti. Il commença par Evreux; il y conféra avec Claude de Sainctes, qui en étoit Evêque; mais dans ſon ame du parti de la Ligue. Delà, aprés avoir paſſé par Louviers, il ſe rendit à Roüen; il y diſpoſa le Parlement & les Officiers à recevoir le Roi, qui devoit s'y rendre. A Dieppe, où il fut en-

DE Mr. DE THOU, Liv. III. 125

fuite, il trouva les esprits des habitans, qui étoient presque tous de la Religion, fort animez contre les Guises, & trés-bien disposez pour le Roi : mais de même que ceux de Caën, ils cachoient leurs sentimens dans le cœur, appréhendans que le Roi n'aimât mieux chercher le repos, même aux dépens de sa dignité, que de recouvrer son autorité avec vigueur; ce qu'ils jugeoient par le caractére de ceux qu'il employoit dans ses affaires : Du reste, ils firent connoître à de Thou qu'ils n'aprehendoient point la Guerre; prêts, en cas qu'elle recommençât, de sacrifier leurs biens & leurs vies pour le service du Roi.

De Dieppe ayant passé par Saint Valeri en Caux, il se rendit à Fécamp. Cette Ville est recommandable par son opulente Abbaye, bâtie, proche le Port, en maniére de Citadelle; on y voit encore des restes précieux d'une riche Bibliothéque : il y conféra avec le Gouverneur *, & vint à Montivilliers. Tout y étoit en confusion par les menaces du Gouverneur du Havre de Grace, auquel les habitans étoient forcez d'obéïr. Ce Gouverneur étoit André de Brancas-Villars, qui avoit obtenu ce Gouvernement par le crédit du Duc de Joyeuse, dont il étoit proche parent. De Thou avoit ordre de le voir & de tâcher de le mettre dans les intérêts de Sa Majesté; mais comme Villars s'étoit vendu à la Ligue aux dépens de l'argent des Parisiens, il en reçût la proposition non-seulement avec raillerie, mais encore avec mépris.

* Il se nommoit Butero-zé.

Il le quitta, & aprés avoir passé la Seine, se rendit à Caën par Saint Pierre sur Dive. La plufpart des habitans de cette Ville, & Pelet de la Verune leur Gouverneur, étoient dans des dispositions différentes; la Verune, quoique fort uni avec Villars, étoit un esprit doux, qui n'entroit point dans ces sentimens, & qui sembloit ne respirer que le service du Roi & l'obéïssance qu'il devoit à Sa Majesté; mais que la considération des principaux de la Ville l'empêchoit de faire éclater. De Thou ne vit point Longchamp, qui commandoit à Lysieux, & qui étoit Ligueur; il se rendit le plûtôt qu'il pût à la Mailleraye, où Pierrecourt l'attendoit avec son frére, qui en étoit Seigneur, suivant qu'ils en étoient convenus. De Thou les instruisit de ce qu'il avoit fait au Havre de Grace & à Caën; mais lors qu'il leur raconta les réponses de Villars, ils furent extrémement surpris des emportemens de cet homme, & lui dirent, qu'il n'y avoit qu'un coup de mousquet dans la tête, qui pût guérir Villars de son arrogance & de sa folie : ce que de Thou ne manqua pas de raporter au Roi, quand il lui rendit compte de son voyage.

Ce Prince avoit quitté Chartres pour se rendre à Roüen, où il passoit son temps à de vains spectacles. Il donna une Audiance particuliére à de Thou, avec des ordres de sa propre main d'aller sur le champ en Picardie. Il ignoroit ce qui se passoit dans cette Province, parce que ceux qu'il y avoit envoyez n'étoient point encore de retour ; ainsi de Thou prit son chemin par Neufchâtel, & se rendit à Abbeville, où il eut une Conférence avec les Magistrats & avec le Gouverneur d'une Citadelle qui y étoit alors. Delà, par Pont-Dormy, il fut à Amiens, dont il trouva les habitans prévenus en faveur de la Ligue. Balagny, qui étoit dans leur voisinage, les assûroit d'un secours de troupes & d'argent pour les défendre contre les Navarrois ennemis de la Religion (c'est ainsi qu'il nommoit ceux qui tenoient le parti du Roi:) à peine de Thou pût-il leur persuader, en leur montrant ses ordres, que Sa Majesté étoit bien éloignée de ces sentimens, & qu'elle n'avoit rien plus à cœur que de les proteger, & de prendre la défense de la Religion.

Ensuite, il traversa la Somme & se rendit à Corbie, pour y voir Pons de Bellefosière, qui en étoit Gouverneur, mais qui étoit alors à la campagne : il l'attendit tout un jour, ce qui lui donna le loisir d'examiner les restes d'une précieuse Bibliothéque, qu'on avoit déja pillée plusieurs fois ; mais où l'on voyoit encore de fort bons Livres : il en mit à part plusieurs, qu'il espéroit retrouver aprés la fin des troubles, & dont il prétendoit enrichir la République des Lettres. La cruauté des Guerres civiles ne le permit pas, Corbie fut ruïnée quelques années aprés, & le respect dû à l'Eglise, où l'on conservoit ces excellens restes, n'empêcha pas la dissipation de ce tresor. Quand il y retourna depuis pour les chercher, quoi-que le Gouverneur que le Roi y avoit mis fût des parens de sa femme, quoi-qu'il l'assistât de toute son autorité, il ne trouva plus rien dans les coffres, où l'on les avoit enfermez ni sur les tablettes, il en vit seulement les débris, des planches renverſées ou briſées, & les couvertures de ces Livres rares diſperſées de tous côtez. Voilà les fruits de nos Guerres civiles, qui plaiſent tant à ces dangéreux eſprits, qu'un zéle indiſcret de Religion rend furieux : voilà la récompenſe qu'ils reçoivent de ce monde, de leur dévotion mal entenduë, qui ne nous attire que le maſſacre & l'incendie.

Quand Belleforiére fut revenu de la campagne, de Thou lui donna les lettres du Roi, qui le ſommoit de ſa parole, & des aſſurances qu'il lui avoit données de ſa fidélité. Comme la réponſe de Belleforiére fut équivoque, il écrivit auſſi-tôt à Sa Majeſté, & lui manda ce qu'il avoit fait à Abbeville & à Amiens, mais qu'on devoit ſe défier ſur tout de Belleforiére : delà il ſe rendit à Noyon. Varane, Château bâti dans une Iſle de la riviére d'Oyſe, n'en eſt pas éloigné : comme il apartenoit à Loüis de Barbanſon ſon beau-frére, il y fut, & y trouva Madame de Thou ſa femme, qui étoit venuë au-devant de lui, & qu'il avoit laiſſée à Paris.

Cependant la Reine mére avoit moyenné un Traité entre le Roi & le Duc de Guiſe, dont une des conditions étoit la Guerre contre le Roi de Navarre ; il fut ſuivi de l'Edit de Juillet, qui eut le nom ſpécieux *de Réünion*, & qu'on eut bien de la peine à faire ſigner au Duc de Nevers. Quand il fut arrêté, le Roi partit de Roüen pour revenir à Chartres avec toute ſa Cour ; il vouloit y prendre avec le Duc de Guiſe, qui s'y rendit avec la Reine mére, les meſures néceſſaires pour pouſſer la Guerre contre les Proteſtans.

Ce fut dans cette derniére Ville que le Roi, qui dés le voyage de Roüen avoit promis à de Thou de reconnoître ſes ſervices, ſurpaſſa les eſpérances qu'il lui avoit données, & le fit Conſeiller d'Etat. De Thou en prêta le ſerment le 26. d'Aouſt ; la Cour étoit alors fort attentive ſur le ſuccez qu'auroit cette Flote formidable d'Eſpagne, qu'on publioit être deſtinée pour la conquête d'Angleterre. L'arrivée de Bernardin de Mendoſſe redoubla l'inquiétude & la curioſité ; il n'étoit pas venu ſeulement comme Ambaſſadeur, mais comme Agent du Roi ſon maître, pour animer par ſa préſence le parti de la Ligue. Là-deſſus l'on aſſembla le Conſeil ; d'un côté de la table étoient le Chancelier de Chiverni, au-deſſous de lui Villequier, Claude Pinard, & Pierre Brûlard de Crofne, ces deux derniers Sécrétaires d'Etat; de l'autre côté, l'Archevêque de Bourges, au-deſſous le Duc de Guiſe & les Conſeillers d'Etat; entr'autres de Thou & Méry de Vic.

Comme les eſprits étoient alors fort diviſez, tout s'y paſſa en baſſes flâteries, ou en diſſimulation. On parla beaucoup de la Flote d'Eſpagne, & on ne conclut rien : cela donna lieu à de Thou d'envoyer cette Lettre en Vers à Claude du Puy; elle s'eſt trouvée parmi ſes papiers, & mérite bien d'être inſérée dans ces Mémoires.

LA DÉROUTE DE LA FLOTE D'ESPAGNE.

A Claude du Puy Conſeiller au Parlement.

A Chartres le 29. Aouſt 1588.

APRE'S ce jour fatal, où la rebellion,
Sous le voile trompeur de la Religion,
Oſa barricader juſqu'au Palais du Prince,
Le Roi quittant Paris vint dans cette Province;
Depuis, pour pallier le plus grand des forfaits,
On convint à Roüen d'une équivoque Paix;
Et la Cour ſur ſes pas revint dans cette Ville.
Les Guiſes même en grace auprés d'un Roi facile,
Aprés s'être excuſez d'un fait mal éclairci,
De Paris depuis peu ſe ſont rendus ici.
Superbe en ſes diſcours, ſuperbe en équipage,
L'Ambaſſadeur d'Eſpagne eſt auſſi du voyage :

Une

Une Flote nombreuse alors couvrant nos mers
Faisoit l'attention de cent peuples divers.
Et le fier Castillan répandoit dans le monde,
Qu'un glorieux triomphe alloit s'offrir sur l'onde ;
Vantoit les millions destinez par son Roy
En l'honneur de l'Eglise & pour planter la Foy ;
Qu'on verroit Albion & punie & soûmise,
Et la Flote d'Espagne aux bords de la Tamise.
Même sur les chemins qui conduisent ici,
S'il rencontroit un Moine, il lui parloit ainsi ;
Au moindre Païsan c'étoit même langage,
Que les Mylords épars avoient perdu courage,
Que Drak étoit en fuite, & ses meilleurs vaisseaux
Dispersez, en déroute, ou dans le fonds des eaux ;
Que dans Londres, la Reine, à bon droit allarmée,
S'étoit, avec frayeur, dans la Tour enfermée ;
Mais quand un Cavalier se trouvoit sur ses pas,
Il changeoit de discours dans un grand embarras ;
Tantôt il étoit guay, puis tout à coup farouche,
Les mots prêts à sortir s'arrêtoient dans sa bouche ;
Tantôt pour éviter un mensonge odieux,
Il disoit d'un ton grave, & tout mystérieux,
La Flote a jusqu'ici trouvé le vent contraire,
Mais tout va bien encore & tout le monde espére.
On a pourtant avis, qu'aux côtes de Médoc
Un de leurs grands Vaisseaux brisé d'un rude choc,
S'est depuis quelques jours échoüé sur le sable.
On nous assûre encor, comme un fait véritable,
Qu'entre Douvre & Calais, des orages nouveaux
Ont dispersé la Flote & battu ses Vaisseaux,
Et proche de Bologne, on a vû le rivage

R

MEMOIRES DE LA VIE

Couvert de tous côtez des marques d'un naufrage,
Des débris différens, des voiles déchirez,
D'un succez malheureux préſages aſſûrez.

Maintenant en ſecret, il faut que je te diſe
Ce qu'on penſe à la Cour touchant cette entrepriſe,
L'eſpérance & la crainte, où ſont nos Courtiſans,
Toûjours diſſimulez, & quelquefois plaiſans:
Ris-en, mon cher du Puy, s'il eſt permis de rire
En voyant tous les maux que la France s'attire.

Au logis de l'Evêque, où le Roi tient ſa Cour,
L'élite des Seigneurs s'aſſembla l'autre jour;
Pour tenir le Conſeil, on prit une Chapelle;
On agita d'abord cette grande nouvelle:
J'aſſiſtois au Conſeil; car la bonté du Roy
Venoit de m'honorer de ce brillant employ;
Tel qu'un homme dévot, qui veut marquer ſon zéle,
Soudain on vit de Croſne ajuſter ſa prunelle;*
Et dans un ſaint tranſport, levant les mains aux Cieux,
S'écrier: Quelle gloire a ce Prince pieux!
Benits ſoient les projets d'un Roi ſi Catholique,
Et ſes puiſſans efforts pour vaincre une Hérétique.

Périſſe ſon Armée, & tous les Caſtillans,
Lui répondit Pinard, qui dés ſes jeunes ans
Prenoit à tout propos plaiſir à contredire;
Périſſent ſes Vaiſſeaux juſqu'au moindre Navire,
Que Neptune en couroux puiſſe les abîmer;
N'eſt-ce pas ſans nôtre ordre, & ſans nous informer
Qu'ils viennent dans nos mers avec tant d'arrogance,
Pour ſurprendre un Etat ſi voiſin de la France?

* Voi le Livre 92. de l'Hiſtoire de Mr. de Thou, où il parle de Pierre Brûlard & de Pinard; il conſerve ici le caractére qu'il lui a donné. Par Péreius il entend de Croſne, ſuivant les Notes de Meſſieurs du Puy.

L'éloquent Beaulne alors nous imposant à tous,
Par un ton gracieux, un air affable & doux:
Que pensez-vous, dit-il, de cét apprêt terrible,
Et du Tître pompeux d'une Flote INVINCIBLE?
Ne voyez-vous pas bien qu'ayant dompté l'Anglois,
L'Ibére prétendra nous ranger sous ses Loix?
C'est ainsi qu'il s'avance à cette Monarchie,
L'objet de ses desseins & de sa tyrannie :
Il en veut à l'Europe, & son ambition
Se couvre du manteau de la Religion.
Jamais la pieté, le véritable zéle,
N'ont été les motifs d'une Guerre cruelle.
Que de Pierre & de Paul on lise les écrits,
Ils n'ont point approuvé de Conquête à ce prix :
Ces divins Fondateurs d'une Eglise féconde,
N'ont donné que leur sang, pour conquérir le monde.
Tous les premiers Chrétiens ont marché sur leurs pas,
Et pour gagner les cœurs ont souffert le trépas.

A ces mots † Chiverni jette par tout la vûë,
Et son ame incertaine, embarassée, émûë,
Qui n'ose découvrir ses secrets sentimens,
Sur son maître étonné régle ses mouvemens ;
Tantôt il parle bas, puis craignant le reproche,
Il demande tout haut, si la Flote s'aproche?
Quel vent peut calmer l'onde, ou la peut agiter,
Et quel obstacle enfin l'oblige à s'arrêter ?

Ne vous allarmez point, le vent n'est plus contraire ;
Je le sens à ma jambe, & j'en croi son ulcére,

† Il peint bien ici le Chancelier de Chiverni, homme timide & irrésolu.

MEMOIRES DE LA VIE

Dit le gros Villequier, dont une chaise à bras
Embrassoit l'épaisseur, & n'y suffisoit pas.
Tu connois sa crapule, & que par sa débauche
Un ulcére malin pourrit sa jambe gauche ;
Tu sçais qu'il est encore un lâche corrupteur,
Un monstre d'impudence, un bas adulateur,
Et qu'il sert à la Cour au plus honteux usage.
Comptez, ajoûta-t'il, qu'on ne craint plus d'orage,
L'air est devenu calme, & le temps a changé,
Un grand, un puissant Roi, sera bien-tôt vengé ;
Mon ulcére aujourd'ui coule avec abondance,
Et je gagerois bien que la Flote s'avance.
A ce discours infâme on eut la lâcheté
D'aplaudir de concert comme à la vérité.

Un Balustre, du Roi nous cachant la presence,
Guise écoutoit chacun, dans un profond silence ;
Enfin, quand il eut mis exprés son manteau bas,
Pour faire remarquer sa taille & ses grands bras *,
Du plus bas de la table, où sans cérémonie
Il s'étoit allé séoir par feinte modestie ;
Il rompt ce grand silence, & marquant son couroux,
Il frape rudement la table de trois coups ;
Il pousse un long soûpir, & craignant d'en trop dire,
C'est en vain, nous dit-il, c'est en vain qu'on aspire
A faire en Angleterre aborder des Soldats,
Si l'on n'a point de Ports voisins de ses Etats ;
Le Soldat fatigué d'un pénible voyage
Tombe à la fin malade, & n'a plus de courage ;
Quiconque sans péril veut passer dans leurs mers,
Doit partir de Zélande, ou des côtes d'Anvers ;

* On dit que Henri III. le considerant aprés qu'il l'eut fait tuër, dit, qu'il est grand.

A de grands Galions d'un abord difficile
La Flandre n'offre rien, qu'une rade inutile;
Pour faire avec succez de si puissans efforts,
Ce n'est que dans la France où l'on trouve des Ports:
Seule elle peut fournir à des Vaisseaux de Guerre
Les moyens les plus sûrs de dompter l'Angleterre.
C'étoit donc un projet prudemment concerté,
D'établir pour la Flote un lieu de sûreté.
Mais en vain de Bologne on tenta la surprise,
On a fait échoüer cette juste entreprise,
Et le Chef découvert à la fuite obligé,
Y perdit son canon trop avant engagé;
Laissant à la merci d'une triste vengeance
Ses amis malheureux suspects d'intelligence.

Guise se tût alors, mais encore agité,
Il se tourna vers Vic assis à son côté,
Et lui dit à l'oreille, & comme en confidence,
La Flote a fait naufrage, & j'en ai connoissance;
Des avis plus certains m'en sont ici venus,
Que si Mars l'écrivoit à sa chére Vénus.

On leva le Conseil, cette Histoire finie,
Ainsi se sépara la noble Compagnie.

Dans ce tems-là Schomberg, dont la Reine s'étoit servie pour l'Edit de Juillet, vint à Chartres avec plusieurs de ses amis. Il venoit d'accorder à Paris Cathérine sa fille à Loüis de Barbanson-Cany, & c'étoit de Thou beau-frére de Cany qui avoit proposé ce Mariage. Comme cette Demoiselle avoit l'honneur d'être Filleule de la Reine mére, qui l'avoit tenuë sur les Fonts de Baptême, Schomberg voulut que les Fiançailles se fissent à la

Cour, & en préfence de Leurs Majeftez. L'Evêque de Chartres en fit la Cérémonie avec éclat, & le foir, le Roi, la Reine, & tous les Seigneurs, affiftérent au feftin. On avoit auffi prié de la fête, Anne d'Anglure de Guiry. C'étoit le cavalier de la Cour le plus parfait, beau, bien-fait, de bonne mine, agréable dans la converfation, fçavant dans les lettres Grécques & Latines (talent affez rare parmi la Nobleffe;) fur tout brave de fa perfonne, & connu pour tel; d'ailleurs il étoit proche parent de Cany. Il s'en excufa d'abord fur une chûte de cheval, dont il étoit encore incommodé; cependant pour ne pas manquer à fon parent dans une occafion fi remarquable, il trouva moyen de paroître devant la compagnie d'une maniére galante & ingénieufe. Comme fa chûte ne lui permettoit pas de fe tenir debout, il prit de ces forçats Turcs, dont la Ville étoit remplie depuis le naufrage de la Flote d'Efpagne, fe fit porter fur leurs épaules dans un efpéce de palanquin, & vêtu comme un Roi des Indes, entra à vifage découvert dans la fale du feftin, tandis que ces forçats, qui le portoient, chantoient, d'un ton fort plaifant des chanfons mal articulées. Ce fpectacle divertit fort le Roi & toute la Cour.

Les réjoüiffances de ces Fiançailles étant finies, on revint à Paris, où le Mariage fut fait à l'Hôtel Schomberg. Depuis les nouveaux mariez s'en allérent à Varane.

Ce fut dans ce Château où de Thou, qui prévoyoit les funeftes fuites des Barricades & la révolte de Paris, fit tranfporter ce qu'il avoit de meilleurs meubles, fous le prétexte des nôces de fon beau-frére; comme fes tapifferies, fes lits, fa vaiffelle d'argent, fes pierreries, & tout ce que fa mére lui avoit laiffé de plus précieux. La Guerre s'étant allumée depuis avec plus de violence, Schomberg les envoya avec quantité d'autres qu'il avoit dans fa maifon de Nanteüil, à la Fére en Vermandois, où le Capitaine Guerry, fa créature, étoit en Garnifon avec fa Compagnie. Cette précaution, qui paroiffoit fi fage, devint dans la fuite inutile à l'un & à l'autre.

Comme l'année fuivante la Fére fut prife & pillée par Florimond d'Haluin, Marquis de Megnelay, ils perdirent tous ces meubles, à l'exception de ce que les deux fréres Lamet pûrent sauver, & de ce que pûrent détourner les Concierges du Château. Le tout fut remis entre les mains de Bouchavanes & sa femme, qui durant ces troubles s'étoit retirée à Coucy le Château, où commandoit un des Lamets, dont elle étoit sœur: elle les rendit depuis de bonne foi.

Cette perte alla seule à plus de dix mil écus pour de Thou, sans compter toutes les autres qu'il fit pendant ces Guerres: cependant après la paix, quoique la plufpart en usassent autrement, on ne lui en entendit pas faire la moindre plainte. Il n'inquiéta personne là-dessus, soit à cause de son aversion naturelle pour les procez, soit qu'il ne voulut pas donner lieu aux esprits mal-intentionnez de lui reprocher qu'il n'avoit suivi le parti du Roi, que dans la vûë de s'exempter de la perte, & de s'attirer des récompenses, soit enfin, qu'il fut persuadé que pour son intérêt particulier il ne devoit pas retracer l'image des desordres dont il souhaitoit que la mémoire fut éteinte.

Cependant le tems marqué pour l'ouverture des Etats, approchoit; déja grand nombre de Députez s'étoient rendus à Blois, où le Roi étoit arrivé. Là, ce Prince rebuté du ministére précedent, & méditant quelque secrette entreprise, changea la face de la Cour: il relegua le Chancelier & Belliévre dans leurs maisons, & congédia Villeroi, Pinard & Brûlard Sécrétaires d'Etat.

Schomberg partit aussi-tôt pour Blois; de Thou l'y suivit par Edimont, où il fut voir le Chancelier de Chiverni qui s'y étoit retiré, & demeura chez lui pendant trois jours. Il ne s'en passa pas un que le Chancelier ne reçût des nouvelles de Blois, & qu'il n'aprit que dans tous les différens du Roi avec le Duc de Guise, le Duc l'emportoit toûjours par la supériorité de son parti: ce qui fit dire au Chancelier qu'il en tiroit un mauvais augure, & que toutes ces contestations auroient une autre fin qu'on ne pensoit. Que le Duc voulant abaisser le pouvoir & la dignité de son Souverain, abusoit de la patience & de la dissimulation de Sa Majesté; que ceux de son parti, par leur hardiesse & leur insolence, élevoient son autorité trop haut; qu'il connoissoit parfaitement le génie du Roi; que Sa Majesté tenteroit toute sorte de voye pour ramener les esprits par la douceur;

mais que s'ils persiſtoient dans leurs deſſeins, comme il y avoit de l'aparence, il étoit à craindre que cette modération ne ſe tournât en fureur, & que ce Prince, aux dépens de tout ce qui en pourroit arriver, ne prît de ſon deſeſpoir, la réſolution de faire poignarder le Duc, lors qu'il entreroit dans ſa chambre.

Aprés cette converſation que de Thou tint alors fort ſecrette, il fut à Blois dans le temps que les Etats y étoient aſſemblez. Il s'y paſſa des particularitez qu'on ne trouve point dans l'Hiſtoire qu'il nous a donnée; mais qu'il eſt néceſſaire de raporter ici par raport à ſa vie que l'on écrit.

De Thou s'étoit fort attaché au Cardinal de Vendôme & à ſon frére le Comte de Soiſſons; quoiqu'ils lui laiſſaſſent le ſoin de leurs affaires, il les faiſoit plûtôt comme leur ami que comme en ayant la diſpoſition. Depuis la mort de ſes pére & mére, il voyoit ſouvent auſſi Anne d'Eſt mére des Guiſes, & du Duc de Nemours, & n'oublioit rien pour réünir ces deux Maiſons, moins ennemies que rivales.

Avant les troubles de Paris, Michel de Montagne, dont on a déja parlé, étoit venu à la Cour: il l'avoit ſuivie à Chartres, à Roüen, & étoit alors à Blois. Il étoit des amis particuliers de Mr de Thou, & le preſſoit tous les jours de ſonger ſérieuſement à l'Ambaſſade de Veniſe, qu'on lui deſtinoit depuis le retour d'André Hurault de Maiſſe, parent du Chancelier. Lui-même avoit deſſein d'aller à Veniſe, & pour l'y engager davantage, lui promettoit de ne le quitter point pendant tout le ſéjour qu'il y feroit.

Comme ils s'entretenoient des cauſes des troubles, Montagne lui dit, qu'autrefois il avoit ſervi de Médiateur entre le Roi de Navarre & le Duc de Guiſe, lors que ces deux Princes étoient à la Cour; que ce dernier avoit fait toutes les avances par ſes ſoins, ſes ſervices, & par ſes aſſiduitez, pour gagner l'amitié du Roi de Navarre; mais qu'ayant reconnu qu'il le joüoit, & qu'aprés toutes ſes démarches, au lieu de ſon amitié, il n'avoit rencontré qu'une haine implacable, il avoit eû recours à la Guerre, comme à la derniére reſſource, qui pût deffendre l'honneur de ſa Maiſon contre un ennemi qu'il n'avoit pû gagner: Que l'aigreur de ces deux eſprits étoit le principe d'une Guerre qu'on voyoit

voyoit aujourd'hui si allumée ; que la mort seule de l'un ou de l'autre pouvoit la faire finir ; que le Duc ni ceux de sa maison ne se croiroient jamais en sûreté, tant que le Roi de Navarre vivroit ; que celui-ci de son côté étoit persuadé, qu'il ne pourroit faire valoir son droit à la succession de la Couronne pendant la vie du Duc. *Pour la Religion*, ajoûta-t-il, *dont tous les deux font parade, c'est un beau prétexte pour se faire suivre par ceux de leur parti ; mais son interêt ne les touche ni l'un ni l'autre : la crainte d'être abandonné des Protestans empêche seule le Roi de Navarre de rentrer dans la Religion de ses pères, & le Duc ne s'éloigneroit point de la Confession d'Ausbourg, que son oncle Charles Cardinal de Lorraine lui a fait goûter, s'il pouvoit la suivre sans préjudicier à ses interêts : Que c'étoient-là les sentimens qu'il avoit reconnus dans ces Princes, lors qu'il se mêloit de leurs affaires.*

Durant ces intrigues de Blois, le Duc de Guise n'oublioit rien pour fortifier son parti ; il prenoit la défense de ceux qui lui étoient attachez, gagnoit les autres par des caresses, se rendoit affable à chaque particulier, promettoit des emplois, des dignitez, des Charges & des Gouvernemens aux plus intéressez, comme s'il en eût été déja le maître ; mettoit enfin tout en usage pour s'attirer l'amitié de tout le monde.

Le bruit se répandit alors qu'Anne de Barbanson femme de Nantoüillet avoit été poignardée. Le Duc demanda civilement à de Thou, quelles nouvelles il en avoit, & lui offrit obligeamment, aussi-bien qu'à son beau-frére, ses services & son crédit. De Thou qui fuyoit toute sorte d'engagement, ne répondit à ce Prince qu'en peu de paroles, malgré les complimens du Duc & les regards obligeans qu'il jettoit sur lui : il le quitta même le plûtôt qu'il pût. Le Duc s'en plaignit à Schomberg, & quand Schomberg en parla à de Thou, ce dernier lui répondit que les bonnes graces d'un si grand Prince ne lui seroient pas seulement honorables, mais encore trés-utiles & trés-nécessaires dans la conjonêture presente ; mais qu'il lui avoüoit naturellement qu'il ne pouvoit aprouver les différens continuels que le Duc affectoit avec Sa Majesté. Qu'au reste, on ne voyoit autour de M. de Guise que tout ce qu'il y avoit de gens ruïnez, & de plus corrompus dans le Royaume, & presque pas un honnête homme ; que cette raison l'avoit obligé d'en user comme il avoit fait ; que de l'humeur dont il étoit il aimoit mieux vieillir dans une retraite honorable, que d'acheter un peu d'éclat aux dépens d'un si infâme commerce.

Quand M. de Guise aprit cette réponse, il dit, qu'il avoit toûjours fait son possible par ses soins & par ses bons offices, pour gagner l'amitié des honnêtes gens, dont on lui reprochoit le petit nombre, que toutes ses démarches ayant été inutiles, puisque plus il leur faisoit d'avances, plus ils sembloient s'éloigner de lui, il avoit été obligé, dans un temps où il avoit besoin d'amis, de recevoir ceux qui venoient s'offrir à lui de si bonne grace.

Le Clergé avoit fait choix de Renauld de Beaulne Archevêque de Bourges, pour porter la parole dans les Etats : c'étoit un Prélat qui n'étoit entré dans aucune faction, & dont l'esprit étoit oposé aux conseils violens. Comme on s'entretenoit sur la réforme qu'on devoit aporter au luxe, qui s'étoit répandu par tout avec tant de profusion, & qui depuis a été porté bien plus loin, il disoit que l'ancienne simplicité de nos péres avoit commencé par Paris à dégénérer. Il donnoit pour modéle d'une modération qu'on ne pouvoit trop recommander, la premiére Présidente de Thou, qui en qualité de femme du premier Magistrat, auroit pû se servir comme les principales Dames de la Cour, d'une litiére ou d'un carosse, dont l'usage étoit encore fort rare en ce temps-là : que cependant cette Dame n'alloit jamais par la Ville qu'en croupe derriére un domestique, pour servir par sa modestie de régle & d'exemple aux autres femmes. Lors que dans sa harangue il rappella en public devant le Roi & devant toute la Cour, le souvenir d'une frugalité si estimable, il se servit du même exemple qu'on retrancha tout entier de son discours, lorsqu'il fut imprimé avec les autres qui furent prononcez dans les Etats.

Il étoit vrai qu'il n'y avoit pas fort long-temps que cette profusion s'étoit débordée dans Paris avec tant d'excez. Jean de Laval-Boisdauphin homme de qualité, a été le premier sur la fin du régne de François I. qui se soit servi d'un carosse à cause de son embonpoint, qui ne lui permettoit pas de monter à cheval. Il n'y en avoit alors à la Cour que deux, dont l'usage étoit venu d'Italie, l'un pour la Reine, l'autre pour Diane, fille naturelle de Henri II. Dans la Ville, Chiftofle de Thou fut le premier qui en eut un, aprés qu'il eut été nommé premier Préfident; cependant il ne s'en fervoit jamais, ni pour aller au Palais, ni pour aller au Louvre, quand le Roi l'y mandoit; (car les Magiftrats gardoient encore religieufement cette loüable coûtume de n'aller jamais à la Cour, que par ordre du Roi.) Sa femme en ufoit de même, &, comme on le vient de dire, n'alloit qu'en croupe quand elle rendoit fes vifites à fes parentes ou à fes amies; l'un & l'autre ne fe fervoient de leur carroffe que pour aller à la campagne: ce qui fut caufe qu'on fut long-tems fans en voir à Paris. Le nombre s'en eft tellement multiplié depuis, qu'on peut dire qu'il eft auffi grand que celui des Gondoles à Venife, & cela fans diftinction ni de qualité ni de rang. L'on voit aujourd'hui les perfonnes du plus bas étage s'en fervir indifferemment comme les plus relevées; ce qui foit dit en paffant.

De Thou qui voyoit avec douleur que la patience de Sa Majefté ne produifoit que du mépris pour l'autorité Royale, à mefure que la fin des Etats aprochoit, réfolut de retourner à Paris, pour donner ordre le mieux qu'il pourroit aux affaires générales & aux fiennes propres. Dans cette vûë il fut prendre congé du Roi, & l'attendit dans un paffage obfcur, qui conduifoit de la falle où il mangeoit, dans fon cabinet. Là, ce Prince lui tint la main pendant un tems confidérable fans lui parler; cela fit croire à tout le monde qu'il lui avoit confié plufieurs fecrets: cependant il le renvoya fans lui rien dire autre chofe, finon qu'il le chargeoit de voir le premier Préfident fon beaufrére, & de le prier de fa part de veiller à fes interêts. Schomberg qui étoit derriére, demanda à de Thou en fortant dequoi le Roi l'avoit entretenu fi long-tems? De Thou lui répondit, qu'à l'exception de quelques ordres obligeans dont Sa Majefté l'avoit chargé pour le premier Préfident, le refte s'étoit paffé dans un fort grand filence. Schomberg en fut étonné, & foupçonna que le deffein du Roi avoit été d'abord de lui donner d'autres ordres; mais que les réfléxions que ce Prince avoit faites dans le tems qu'il lui tenoit la main, lui avoient fait changer d'avis. De Thou crût la même chofe aprés ce qui arriva à Blois, & que le Roi rempli de son projet avoit eu d'abord envie de le charger d'instructions plus secrettes pour le premier Préfident ; mais qu'y faisant refléxion pendant ce profond silence, il avoit jugé plus sûr & plus à propos de renfermer son secret.

Il y avoit déja long-temps que le Duc de Guise tâchoit, par le moyen de ses émissaires, & de Rossieux, de gagner les habitans d'Orleans, pour se rendre maître de la Citadelle. Dans cette vûë il y avoit dépêché secrettement Trémont pour être prêt à tout événement ; Charles de Balsac de Dunes qui y commandoit en l'absence de François Seigneur d'Entragues son frére, qui en étoit Gouverneur, aprehendoit qu'on ne leur enlevât ce poste. Il y avoit plus d'un mois qu'il s'étoit aperçû des intrigues du Duc de Guise ; mais comme il n'espéroit pas de grands secours du côté du Roi, dont l'esprit lui paroissoit affoibli, il cherchoit de l'argent de tous les côtez comme il pouvoit, pour se deffendre des entreprises des habitans & des intelligences du Duc ; car Mr de Guise avoit prétendu dans le Traité honteux que le Roi fit avec lui, qu'Orleans lui avoit été cedé pour sa sûreté & pour celle de son parti.

De Dunes faisoit sur cela diverses réfléxions, dont il s'étoit ouvert plusieurs fois à de Thou, dans le tems qu'il étoit à Blois. Il étoit de ses amis ; il le connoissoit ennemi de toute faction, & uniquement attaché au parti du Roi ; ce qui l'obligea de lui faire part de l'embarras où il se trouvoit. Qu'il voyoit toutes choses disposées pour l'assiéger dans sa citadelle ; que la patience imprudente & excessive de Sa Majesté, & sa sécurité à contre-tems, ne permettoient ni à son frére ni à lui, d'en attendre aucun secours ; que les affaires étoient réduites à une telle extrémité, qu'il ne lui restoit d'autre ressource que ses propres forces, pour se défendre des entreprises du Duc ; qu'il ne manquoit ni de courage ni d'amis ; qu'il n'ignoroit pas non plus que tout l'avantage consistoit à prévenir son ennemi ; mais qu'il aprehendoit en prenant cette résolution, d'exposer au pillage une Ville riche, que son frére & lui vouloient conserver ; que dans cette vûë ils avoient trouvé un expédient & meilleur & plus sûr, qui étoit d'agrandir la Citadelle, qui dans l'état où elle étoit, ne pouvoit pas résister long-temps ; que s'ils pouvoient y réüssir, ils se rendroient maîtres de la Ville, & afsûreroient une retraite à tous les bons François, aux serviteurs de Sa Majesté, & à tous les vrais Catholiques. Qu'il arriveroit encore que le Roi se voyant fortifié de leur secours, comme de son côté il faloit qu'il les appuyât de son argent & de son autorité, reprendroit sa première vigueur, au lieu de se laisser abattre à sa mauvaise fortune, comme tous ses serviteurs le voyoient avec chagrin ; qu'il étoit en état de faire travailler ses soldats avec un nombre suffisant de pionniers pour achever la Citadelle en peu de jours, sans crainte d'être insulté par les bourgeois ; qu'il avoit des perles d'un grand prix, qu'il engageroit volontiers pour avoir de l'argent ; que c'étoit l'affaire commune de tous les bons Citoyens : qu'ainsi il le prioit instamment de les exhorter en particulier à lui ouvrir leurs bourses dans une si juste occasion.

De Thou goûta ce projet, & comme il étoit aimé du Cardinal de Vendôme, ainsi qu'on l'a déja remarqué, il le trouva par hazard alors fort outré du peu de cas que les Guises & le Cardinal de Bourbon son oncle, qui leur étoit dévoüé, faisoient de lui. Là-dessus il n'eut pas de peine à lui persuader d'avoir toûjours une somme d'argent prête, pour s'en servir à tout évenement contre les suites dangereuses que pourroit avoir ce mépris : ainsi le Cardinal lui donna pouvoir d'emprunter pour lui, lors qu'il seroit à Paris, jusqu'à vingt mil écus d'or, & lui promit d'employer cette somme aux fortifications de la Citadelle d'Orleans, après que de Thou lui en eut fait confidence, suivant qu'il en étoit convenu avec Dunes.

Le lendemain que de Thou prit congé du Roi ; il partit en poste avec Dunes pour Orleans, où ils arrivèrent le 18. Décembre. Il y trouva Jean de Bourgneuf-Cuffé, qui avoit épousé Renée de Thou sa niéce. Il vint à Paris avec lui & y chercha de l'argent de tous côtez ; mais la nouvelle de la mort du Duc de Guise fit évanoüir son dessein & celui de Dunes.

Sur ces entrefaites, le Roi envoya à Orleans le Maréchal d'Aumont & d'Entragues, avec des Troupes réglées, pour s'assûrer de la Citadelle, & pour se rendre maîtres de la Ville, s'il étoit possible. Si-tôt que les Parisiens sçûrent cette nouvelle, ils y firent marcher du secours ; Cuffé qui fut averti du jour que devoit partir ce fecours, & de la route qu'il devoit prendre, dépêcha en diligence au Maréchal qui étoit dans la Citadelle, & qui devoit affiéger la Ville, à ce qu'on croyoit, pour l'informer de ce qui fe paffoit. Le Valet qui portoit l'avis, étoit le même qui avoit cherché en prefence de Dunes des gands que Cuffé avoit perdus dans la Citadelle, & qu'on n'avoit pû retrouver : il eut ordre, fi l'on ne le croyoit pas, d'en faire reffouvenir Dunes. Ce Valet s'acquita de fa commiffion exaĉtement ; Dunes, qui s'en défioit d'abord, fut perfuadé de la vérité de l'avis par la circonftance des gands.

Là-deffus le Maréchal fit marcher Philippes d'Angennes du Fargis, de la Maifon de Ramboüillet, connu par fon efprit, par fa valeur, & par fa capacité, avec François de la Grange-Montigni. Comme ils avoient des troupes réglées, ils rencontrérent cette nouvelle milice proche de Nemours, la mirent aifément en fuite, en defarmérent plufieurs, & prirent leur poudre & leur bagage : une grande partie neanmoins gagna Orleans, car ils étoient plus de 1500. hommes, qui diminuant leur perte, & faifant efpérer aux habitans de plus grands fecours, les portérent par leur arrivée à continuër le fiége de la Citadelle.

Il n'y avoit pas plus de trois jours que de Thou étoit de retour de Blois à Paris. La veille de Noël, comme il fe retiroit fur le foir dans fa maifon, il aprit la mort du Duc de Guife, par le bruit qui s'en répandit dans toute la Ville, & par l'émotion qu'y caufa cette nouvelle. Lui qui craignoit tout pour la vie de Sa Majefté, crût d'abord que le Roi avoit été tué par les conjurez, & que c'étoit un faux bruit qu'on faifoit courir exprés, pour couvrir ce crime du fpécieux prétexte d'une jufte défenfe, à laquelle ceux du parti du Roi auroient donné lieu.

La nuit ne fut pas plus tranquille ; tout étoit plein dans les ruës de gens qui alloient à la Meffe de minuit, & d'autres qui couroient en armes par la Ville. Le matin comme de Thou fut revenu de l'Eglife, & qu'il s'aprocha d'un feu, qui n'étoit pas encore bien allumé, il fortit un Serpent d'un fagot moüillé, qu'on avoit tiré d'un lieu expofé à la pluye, ou d'une cave baffe. On le confidéra long-temps, & l'on trouva qu'il avoit fept ou huit pouces de longueur ; qu'il étoit d'une couleur brune & tannée; qu'il étoit marqueté de taches par tout le corps; qu'il avoit deux têtes, l'une à la place où elle devoit être naturellement, & l'autre à la place de la queuë ; qu'il se traînoit en rond également par les deux bouts ; enfin, qu'il étoit tel que Solin décrit * l'Amphisbéne. On l'examina avec attention ; quand il avoit fait un certain chemin, on lui presentoit du feu pour lui faire changer de route, alors il se servoit pour se traîner de l'autre extrémité où devoit être sa queuë ; car les deux têtes étoient également marquées. De trés-sçavans hommes n'ont pû comprendre comment cela se pouvoit faire, & les Naturalistes ont observé, qu'il est fort rare de voir en France & dans les parties Occidentales, des Serpens de cette espéce, qui ne sont communs qu'en Gréce, dans l'Isle de Lemnos, dans l'Asie mineure, & dans l'Afrique. On laisse à leurs curieuses recherches de juger si cela est naturel, & l'on se contente de raporter le fait. De Thou n'en parla alors à personne, de peur de donner matiére à des esprits si fort portez à la superstition dans ce temps-là, de tirer de cet espéce de prodige de dangereuses conjectures.

* Serpent à deux têtes.

Son arrivée à Paris, si subite & si imprévuë, fit soupçonner aux Ligueurs, qu'il avoit connoissance de ce qui devoit se passer à Blois, & qu'il n'étoit venu que pour fortifier le parti du Roi, & préparer ceux qui le suivoient à un si étrange événement. Ils délibérerent souvent de quelle maniére ils en useroient avec lui ; le nommé la Ruë, dont on a déja parlé, qui servoit la Maison de Cany, mais du reste un dangereux scélérat, vint plusieurs fois chez lui voir insolemment qui y étoit, & s'il n'y avoit ni armes ni chevaux. De Thou fut fort tenté de repousser avec outrage l'impudence de ce séditieux ; mais sacrifiant son ressentiment au conseil de ses amis, il évita par sa patience & par sa dissimulation, le péril qui lui en pouvoit arriver.

Ils arrêtérent en ce temps-là, contre toute aparence de raison, Jean Obsopeius, qui avoit contribué si utilement avec Nicolas le Févre à la seconde édition des Commentaires de Muret sur Senéque. Il s'occupoit alors à une Collection des Sybilles, de Zoroastre, & des autres Ecrivains, qu'on a prétendu avoir prédit la naissance de Jesus-Christ. De Thou, qui avoit encore quelque crédit auprés des Magistrats, lui procura la liberté, à condition qu'il fortiroit de la Ville. Comme il le vit réfolu de paffer en Allemagne, il lui confia un exemplaire de Zozime qu'il avoit fait copier par Ulrich Oltinger de Lauffembourg, jeune Allemand fort doux, qu'il entretenoit dans fa maifon, & qui écrivoit correctement le Grec & le Latin. Cette copie fut faite fur le manufcrit que Jean Leonclave avoit aporté de Conftantinople dans le tems qu'il y étoit à la fuite de l'Ambaffadeur de l'Empereur. Leonclave s'en étoit fervi quelques années auparavant, pour le traduire en Latin : il l'avoit publié dans cette langue avec les Hiftoires de Procope & d'Agathias, corrigées fur la traduction de Chriftofle de la Perfonne.

Depuis, Leonclave remit ce manufcrit en original à François Pithou dans le temps qu'il étoit à Bâle, à condition que Pithou ne le feroit point imprimer fans l'en avertir. De Thou, à qui Pithou l'avoit confié, fe reffouvint de la promeffe qu'il avoit faite à Muret, quoi-que Muret fut déja mort ; & fçachant avec quel empreffement un monument fi rare étoit fouhaité du public, il crût qu'il lui étoit permis de fe fervir de quelque détour honnête pour en enrichir la République des Lettres. Il rendit à Pithou fon manufcrit, & chargea Obfopeius de délivrer la copie qu'il en avoit tirée, à Fédéric Sylburge, qui le fit imprimer deux ans aprés à Francfort par Véchel, avec d'autres Auteurs Grecs qui ont écrit l'Hiftoire Romaine ; comme l'avouë Sylburge dans fa Préface. De Thou eut bien de la peine à fe conferver pour lui-même la liberté qu'il avoit procurée à Obfopeius ; la Ruë, dont on a parlé ne l'ayant point trouvé chez lui,

1589. arrêta Madame de Thou & la conduifit à la Baftille. Elle y refta toute la journée, & bien avant dans la nuit ; mais le Duc d'Aumale l'en fit fortir à la recommandation de Baffompierre : pour lui, il fe cachoit & changeoit de logis toutes les nuits ; enfin, il fe retira chez les Cordeliers à la priére de fes amis, qui aprehendoient pour fa liberté. Il fut caché dans ce Convent avec une grande fidélité, par le Pére Robert Cheffé, Prédicateur célébre parmi le peuple, & au commencement dans les interêts du Roi ; mais qui peu de tems après changea malheureufement de parti, & à la prife de Vendôme fut pendu la même année, à caufe de fes Prédications féditieufes.

Alors

Alors tous les bons François fongérent à fe retirer de Paris, malgré la Garde exacte que l'on faifoit aux portes. Les amis de Mr de Thou qui fçavoient que fa vie & fes biens lui étoient moins chers que fa liberté, lui propoférent plufieurs moyens de le tirer de cette efpéce de captivité où il étoit ; il ne pouvoit fe réfoudre d'abandonner fa femme nouvellement fortie de prifon & qui lui étoit fi chére ; mais cette Dame déguifée en Bourgeoife, fe fauva fur une haquenée & fe retira à Chévreufe chez Pierre Brunet, qui avoit été Maître-d'Hôtel du premier Préfident de Thou.

Pour lui, l'on réfolut de le faire fortir en habit de Cordelier, lors que ces Péres iroient en Proceffion à Saint Jacques du Haut-Pas : mais comme il étoit à craindre que s'il étoit reconnu il ne fût expofé à la rifée publique, & que cela ne fît tort au Convent, on jugea plus à propos de le déguifer en Soldat pour tromper la Garde.

Un nommé Feffon, qui étoit connu pour un bon joüeur de Paume, & qu'à caufe de cela le Cardinal de Guife avoit pris pour Valet de chambre, le conduifit dans un Faubourg : de Thou y trouva des chevaux qui l'attendoient. La deftinée du pauvre Feffon fut auffi funefte que celle du P. Cheffé ; deux ans aprés, comme il fortit de la Ville dans le tems qu'elle étoit preffée par la famine, on l'arrêta au premier retranchement : il fut accufé d'avoir cruellement perfécuté ceux qui tenoient le parti du Roi ; le Maréchal d'Aumont prévenu, & qui ne le connoiffoit point, le fit pendre fur le champ. De Thou qui étoit malade alors d'une fiévre violente au Château de Nantoüillet, fut fenfiblement touché de n'avoir pû fauver un homme qui lui avoit rendu un fervice fi important.

Fin du troifiéme Livre.

LIVRE QUATRIÉME.

1589.

QUELLE joye pour ces innocens exilez, de se retrouver à Chévreuse, de rapeller l'idée du péril qu'ils venoient d'éviter, & la maniére dont ils avoient trompé la Garde. Ils ne pûrent s'empêcher de rire, le mari de voir l'équipage de Bourgeoise & le chaperon de sa femme, & la femme de voir l'attirail de Guerre qu'avoit son mari. Dés le lendemain, environ la my-Janvier, ils allérent à Esclimont, où le Chancelier de Chiverni s'étoit retiré : il les y reçût avec toutes les marques possibles d'amitié, & les y arrêta jusqu'au mois suivant. Ils trouvérent chez lui Marie leur sœur, Abbesse des Clairets au Perche, qui venoit de recevoir ses Bulles; mais qui n'avoit pas encore pris possession de son Abbaye.

Là, ils s'entretinrent souvent de l'état malheureux du Royaume, de ce qui s'étoit passé à la Cour, & de tout ce que les Ligueurs avoient écrit & publié depuis le commencement des troubles. De Thou rempli de l'idée d'écrire l'Histoire qu'il commença deux ans aprés, faisoit son possible pour aprendre du Chancelier, dans des conversations familiéres, les particularitez de ces mouvemens, dont ce Magistrat avoit connoissance. Il le fit ressouvenir du mauvais présage qu'il avoit tiré des démêlez continuels du Duc de Guise avec le Roi, qu'on a raportez dans le Livre précedent, & qu'il avoit entendu de sa bouche au mois de Novembre dernier, dans le tems qu'il passa chez lui pour aller à Blois. A son retour à Paris avant la mort des Guises, de Thou avoit fait confidence de ce présage à Edoüard Molé Conseiller au Parlement, qui étoit de ses amis, & qui aprés ce qui arriva ne pouvoit assez admirer la pénétration de Chiverni, qui avoit prévû par justes conjectures, une chose qui paroissoit si incertaine.

Comme l'Abbesse des Clairets, Monsieur & Madame de Thou, virent que la Fête de la Purification aprochoit, ils prirent cette occasion pour se rendre à Chartres auprés de l'Evêque leur oncle : ce Prélat les reçût chez lui avec autant de joye qu'avoit fait le Chancelier. Pendant le féjour qu'ils y firent, les affaires changérent bien de face ; le Duc de Mayenne prit la Citadelle d'Orléans, la Ville s'étant déja déclarée en fa faveur : il marchoit à Paris victorieux, & les Troupes du Roi furent de tous côtez.

Théodore de Ligneris, qui pour plufieurs raifons étoit des amis particuliers de Mr de Thou, l'avertit que Chartres étoit fur le point de fe déclarer pour la Ligue : ce qui obligea de Thou de prendre fon parti fur le champ pour fe mettre en fûreté. Schomberg, par fa prévoyance, lui fut d'un grand fecours en cette occafion ; pour tirer fon ami du danger, où il le croyoit expofé, il lui envoya une lettre écrite de la propre main de Chriftine de Lorraine, qui étoit prête à partir pour l'Italie, afin de fe rendre auprés de Ferdinand de Médicis Grand Duc de Tofcane, auquel elle étoit fiancée. Cette Princeffe lui mandoit de fe trouver fur fa route pour l'accompagner en Italie. En effet, comme les Ligueurs preffoient le Duc de Mayenne de le faire arrêter, de Thou lui fit voir cette Lettre fort à propos pour fe garantir de la prifon.

Le Colonel Dominique de Vic, brave & fidelle ferviteur du Roi, étoit alors à Chartres fort incommodé d'une bleffure à la jambe, qu'il avoit reçûë à Chorges en Provence, où commandoit le Duc d'Epernon. Il avoit long-temps gardé le lit dans l'efpérance de fe conferver la jambe, & à peine alors pouvoit-il monter fur une mule : comme les humeurs fe jettoient fur cette partie, & delà fe répandoient dans toute la maffe du corps, il fouffroit des douleurs continuelles, qui le mettoient de plus en plus hors d'état de fervir : Confidération beaucoup plus fenfible, que fa bleffure même, à un homme de fon courage, dans un tems où la Guerre étoit fi fort allumée, & où le Roi avoit befoin de lui. De Thou jugea qu'il ne guériroit jamais qu'en fe la faifant couper. De Vic y confentit à fa perfuafion, recouvra fes forces & fa fanté, & rendit depuis de grands fervices à Henri III. & de plus grands encore à fon fucceffeur.

De Thou, qui avoit heureufement évité la prifon, envoya fa femme en Picardie prendre foin de leurs affaires domeftiques, avec Henri d'Escoubleau Evêque de Maillezais, Prélat de grand mérite & attaché au bon parti. Pour lui, il s'en fut par Marchénoir, & par Fréteval à Blois, avec un passeport du Duc de Mayenne.

A peine y fût-il arrivé, que le Roi malade & presque abandonné, lui fit dire de se rendre auprés de lui. Ce Prince ne pouvoit se résoudre d'apeller le Roi de Navarre à son secours ; en vain Château-vieux, Schomberg, d'O, Clairmont, Balzac, du Plessis-Liancourt, Grimonville-Larchant, qui étoient avec lui dans le Château, l'en avoient instamment sollicité : cela les obligea de prier de Thou de faire bien comprendre au Roi la nécessité pressante, & qui augmentoit tous les jours, de se déterminer. Ils espéroient que les conseils d'un homme nouvellement arrivé à la Cour, feroient une plus forte impression sur l'esprit de Sa Majesté.

De Thou s'en acquitta exactement ; il fit connoître au Roi, par plusieurs raisons, que l'extrêmité où étoient les affaires ne permettoit plus à Sa Majesté de choisir ; que tout le monde approuveroit que dans une conjoncture si fâcheuse, il eût pris le meilleur parti, puisque c'étoit le plus sûr ; qu'il falloit qu'il assemblât des troupes de tous côtez, & que sa cause seroit toûjours bonne quand il seroit victorieux ; que la Noblesse occupée chez elle à se défendre des insultes des Villes voisines, se rendroit auprés de lui si-tôt qu'elle le verroit à la tête d'une puissante armée ; qu'elle n'étoit retenuë que par l'abattement où elle le voyoit ; qu'elle avoit autant de zéle que jamais pour son service ; qu'elle en seroit toûjours animée, pourvû qu'il ne s'abandonnât pas lui-même, & ne refusât pas un secours nécessaire que le Roi de Navarre lui offroit si à propos. Le Roi fut ébranlé par ces raisons ; ainsi Schomberg & de Thou ayant fait venir secrettement du Plessis-Mornay, firent un Traité avec lui pour le Roi de Navarre son maître.

Le Cardinal François Morosini Légat du Pape, Prélat d'un esprit équitable & trés bien intentionné pour le Roi, auquel il avoit obligation du Chapeau, étoit encore à la Cour. Il n'oublioit rien pour moyenner quelque accommodement ; dans cette vûë, il avoit envoyé au Duc de Mayenne, lorsque ce Prince étoit à Châteaudun, pour lui demander un rendez-vous, où il pût traiter avec lui. Il n'ignoroit pas ce qui se passoit avec du Plessis-Mornay, & lorsque Schomberg & de Thou l'alloient trouver de la part de Sa Majesté, il ne pouvoit desaprouver en particulier une chose où la nécessité forçoit le Roi. Son caractére ne lui permettoit pas d'employer sa médiation avec d'autres qu'avec le Duc de Mayenne ; mais comme il n'en pût rien obtenir, il se retira de la Cour en forçant son inclination, repassa en Italie, & laissa le Royaume dans un grand desordre.

Durant l'assemblée des Etats, de Thou l'avoit vû familiérement, & avoit lié avec lui amitié fort étroite. Ce Prélat l'avoit informé de plusieurs circonstances de sa derniére Ambassade à Constantinople, où la République de Vénise l'avoit envoyé : il lui avoit apris l'horrible méchanceté du Gouverneur de Corfou, pour traverser sa négociation, & avec quelle conduite & quels ménagemens il avoit ramené les esprits des Bachas. De Thou en a parlé dans l'Histoire qu'il nous a donnée, & lui dédia depuis, comme à un homme desintéressé & capable d'assoupir nos différens, la * Paraphrase en Vers Latins des Lamentations de Jéremie qu'il fit en ce tems-là. Il cherchoit en travaillant sur ce Prophête, quelque consolation dans la calamité publique, dont ce Prélat étoit témoin. Il est certain que les funestes divisions, qui depuis dix ans ont desolé ce Royaume si florissant, & qui l'ont réduit à la derniére extrémité, auroient pû être assoupies par le tour d'esprit de ce Cardinal, par l'affection qu'il portoit à la France, & par l'autorité qu'il s'étoit acquise dans les deux partis ; s'ils eussent été capables de connoître leurs véritables interêts : mais Dieu ne permit pas qu'on employât un reméde si favorable pour la guérison de nos maux. Les esprits étoient alors si échauffez, tant dedans que dehors le Royaume, qu'à son retour à Rome on condamna sa modération, & l'on le blâma de n'avoir pas plûtôt allumé le feu de la révolte. On y regardoit la douceur & la prudence, comme des qualitez hors de saison, & ceux qui par des talens si précieux auroient pû contribuër à l'union & à la paix, comme des gens dignes de la haine publique.

* Voi l'Epitre dédicatoire de cette Paraphrase, dans les Poësies sacrées de M. de Thou.

Aprés la malheureuse exécution de Blois, Henri de Bourbon

Prince de Dombes vint à la Cour où son pére l'envoya : c'étoit un jeune Prince parfaitement bien élevé, & fort instruit dans les belles lettres. De Thou lui rendoit ses devoirs réguliérement, & lui presenta l'Ecclesiaste de Salomon, qu'il avoit traduit en Vers Latins, comme un gage de son affection respectueuse pour cette Maison Royale : ce Prince l'en remercia sur le champ par un billet écrit de sa main que de Thou fit imprimer depuis au-devant de sa Traduction. Ce fut-là l'origine de cette généreuse amitié dont ce Prince l'honora jusqu'au dernier moment de sa vie : jamais il n'entreprit ou ne fit rien d'important dans ses affaires, de la plus grande conséquence, qu'il ne le communiquât auparavant à de Thou, & qu'il ne lui en demandât son avis.

Comme on eut perdu toute espérance d'accommodement, le Roi quitta Blois & se rendit à Tours ; en chemin, il tira d'Amboise ceux qu'il avoit fait arrêter, pour les mettre dans un lieu plus sûr. A Tours on résolut d'y établir un Parlement pour l'oposer à celui de la Ligue ; on vouloit, suivant l'ancien usage, y faire aprouver les intentions de Sa Majesté, pour les faire sçavoir dans les Provinces. Cét établissement n'étoit pas sans difficulté ; il se trouvoit un nombre suffisant de Conseillers & de Maîtres des Requêtes : on avoit un Avocat Général, & c'étoit Jacques Faye d'Espesses, trés-zélé défenseur des droits du Roi, qui faisoit cette fonction ; mais on n'avoit point de Présidens : quelques-uns étoient demeurez à Paris, d'autres avoient été mis en prison ; le reste, pour se mettre en sûreté, s'étoit retiré dans des Châteaux de leurs amis, en attendant qu'ils prissent conseil des événemens.

Il n'y avoit pas long-tems que le Président Jean de la Guesle étoit mort au Lavreau en Beauce, & sa Charge n'étoit pas remplie. Là-dessus l'on assembla le Conseil, où assistérent le Cardinal de Vendôme & François de Montolon, à qui le Roi venoit de donner les Sceaux. D'Espesses qui s'y trouva, fit connoître publiquement qu'il y avoit long-temps qu'il étoit résolu de ne plus faire les fonctions de sa Charge, neanmoins qu'il étoit prêt de les continuër, pourvû qu'on mit à leur tête un Président, qui, par son exemple, animât les Conseillers à soûtenir avec fermeté l'honneur de leur emploi. Lui & tous ceux du Conseil convenoient que personne n'y étoit plus propre que de Thou. Ils dirent qu'il étoit d'une famille qui avoit donné des Magistrats distinguez & plusieurs Conseillers au Parlement ; que son pére & son grand-pére avoient été Présidens ; qu'il étoit allié à plusieurs maisons illustres ; & ce qui méritoit le plus d'attention, qu'il avoit toûjours suivi constamment le parti du Roi ; qu'enfin, cette dignité sembloit déja lui apartenir, puisqu'il avoit eu l'agréement de celle de son oncle.

Comme cela se passoit en son absence & à son insçû, un Huissier vint aussi-tôt l'avertir de la part du Roi de se rendre au Conseil. De Thou n'y fut pas plûtôt entré, que le Garde des Sceaux lui fit entendre les intentions de Sa Majesté, que le Cardinal de Vendôme appuya de trés-vives exhortations. Il se défendit constamment d'accepter l'honneur qu'on lui proposoit, & aprés avoir témoigné les sentimens de sa reconnoissance pour le Roi & pour ceux de son Conseil, qui avoient jetté les yeux sur lui pour remplir une place si honorable, il dit : Qu'il étoit vrai que la Charge de Président à Mortier lui étoit destinée, mais qu'il étoit fait de maniére qu'il avoit toûjours fuï les grands emplois ; que soit qu'il y eut de la timidité ou quelque chose de sauvage dans son esprit, il avoit toûjours regardé avec frayeur ces places que les hommes recherchent avec ambition ; qu'il s'étoit attendu de n'être que le dernier des Présidens, lorsqu'il seroit revêtu de cette Dignité ; qu'il n'y avoit qu'une longue expérience qui pût donner à un premier Président les qualitez nécessaires, que tout homme de bien devoit plûtôt souhaiter que la Charge ; que si l'on lui faisoit l'honneur de l'en croire digne, il étoit de son interêt de ne pas tromper mal à propos la bonne opinion qu'on avoit de lui, par une impatience hors de saison.

Comme dans un temps si fâcheux, lui ni d'Espesses ne vouloient point abandonner la Patrie, il se fit alors entr'eux un combat honorable de zéle pour l'Etat & de modestie ; l'un déféroit à l'autre, & quoique le Parlement eut besoin d'un Chef pour y mettre l'ordre, il sembloit qu'aprés eux personne n'oseroit plus accepter une dignité, dont, par une modération si glorieuse, ils se jugeoient incapables. Enfin, de Thou l'emporta par ses priéres, & par le pouvoir qu'il avoit sur l'esprit de son ami, qui fut fait Président à la place de la Guesle. La Charge d'Avocat Général qu'avoit d'Espesses fut donnée, à la recommandation du Cardinal de Vendôme, à Loüis Servin, jeune homme fort sçavant & fort attaché aux interêts de Sa Majesté.

Aprés une distinction si marquée de la part du Roi, de Thou pouvoit rester en France en sûreté & avec honneur; cependant il aima mieux accompagner Schomberg en Allemagne, & partager avec son ami les périls & les incommoditez du voyage. Schomberg avoit eu ordre d'y lever dix mille chevaux & vingt mille hommes de pié. Dans l'embarras où il étoit de choisir son monde, pour l'assister dans cet emploi il avoit jetté les yeux sur de Thou, & l'avoit demandé pour l'envoyer négotier auprés de l'Empereur & des autres Princes d'Allemagne, principalement auprés de nos Alliez, qui devoient l'appuyer de leur crédit, & fournir de l'argent pour la levée de ces Troupes.

Mais l'exécution de ce voyage étoit difficile ; comme il fut sçû par tout le Royaume, les Ligueurs mirent de tous côtez des embuscades pour l'empêcher ou pour le retarder. Ils vouloient fermer toutes les avenües du secours qu'attendoit le Roi, & se vantoient par tout que s'il n'en recevroit point des pays étrangers, il faudroit qu'il quittât honteusement le Royaame devant quatre mois.

En effet, Schomberg accompagné de Philbert de la Guiche Grand-Maître de l'Artillerie, & de Montigny qui venoit d'être fait Gouverneur de Berry, prit d'abord le chemin le plus court par Rémorentin, par le Comté de Charolois, & par Langres, pour gagner les Frontiéres : mais il eut avis qu'il y avoit plus avant un gros corps de Troupes qui l'attendoit ; ce qui l'obligea de revenir sur ses pas à Blois.

Delà, il dépêcha de Thou au Roi, qui étoit à Châtelleraud, avec ordre de rendre compte à Sa Majesté du sujet de son retour, & de lui representer: Que la seule voye qui lui étoit ouverte, étoient les Places du Roi de Navarre: Qu'il faloit changer d'avis selon les occurences, & qu'en cette occasion le chemin le plus court étoit celui qui étoit le plus sûr : Que Dom Antoine, cét infortuné Roi de Portugal, voulant se retirer en France, avoit failli d'être arrêté dans l'Isle de Susinio † sur les côtes

† *Ou Socinio*, ainsi que la nomme d'Aubigné, & aprés lui le sçavant M. le Duchat, dans ses Notes sur le Catholicon.

côtes de Bretagne, par les Partifans de Philippes II. Que ce Prince n'avoit été en fûreté qu'à la Rochelle : Que delà il avoit écrit à Sa Majefté qu'il n'avoit trouvé nulle part plus de fidélité que parmi les Infidéles (c'eft ainfi qu'il nommoit nos Proteftans :) Que s'ils étoient autrefois à craindre, il n'y avoit plus prefentement que leurs Places, où le Roi & fes fidéles fujets pûffent paffer fans péril, puifque tout le refte étoit prefque au pouvoir des féditieux.

Le Roi qui venoit de recevoir les nouvelles de la défaite du Duc d'Aumale prés de Senlis; que Saveufe avoit été battu & tué par Coligny; que les Suiffes que Harlai-Sancy amenoit en France par le Lac de Genéve, marchoient par tout victorieux, confentit aifément que Schomberg, qui s'étoit chargé de la conduite d'un fi puiffant fecours, prît le chemin le plus long, puifque c'étoit le plus fûr. Ainfi Schomberg paffa par Saumur, par Loudun, par Thoüars, & par Niort, & gagna Saint Jean d'Angély, où il arriva fans mauvaife rencontre, avec quelques Capitaines Suiffes.

On y avoit arrêté la Princeffe de Condé aprés la mort du Prince fon mari, de laquelle on parloit fort diverfement. Comme Schomberg ni de Thou n'eurent pas la liberté de la voir, elle leur envoya la Princeffe Eleonor* fa fille, & le fils pofthume, dont elle venoit d'accoucher; elle leur recommanda les interêts de ces illuftres orphelins avec de grandes inftances. Les priéres de cette mére captive ne lui furent pas inutiles; ils lui rendirent depuis & à fes enfans, tous les fervices dont ils étoient capables, perfuadez qu'il étoit abfolument de l'interêt du Roi d'en ufer ainfi : ce qui ne les empêcha pas d'effuyer bien des traverfes, tant de la part des oncles de ces deux enfans, que de la part du Roi lui-même.

* Cette Eleonor époufa depuis Philippe de Naffau Prince d'Orange élevé en Efpagne.

Il avoit été réfolu d'engager Elizabeth Reine d'Angleterre d'apuyer auprés des Princes d'Allemagne les interêts du Roi, de fon argent & de fon crédit : cette commiffion faifoit une partie de l'Ambaffade de Schomberg. Comme il ne pouvoit s'en acquitter en perfonne, il réfolut d'abord d'y envoyer de Thou : depuis, le jugeant plus néceffaire auprés de lui, il choifit en fa place Pierre de Mornay-Buhy, frére de du Pleffis. Buhy vint prendre de Schomberg fes derniéres inftructions à Saint Jean

V

d'Angély, d'où il partit pour la Rochelle, & delà pour l'Angleterre.

Pour Schomberg, il continua fa route par Jonzac & par Coutras, d'où aprés avoir examiné le lieu où la derniére Bataille s'étoit donnée, il vint à Montagne en Périgord, d'où Michel de Montagne & fa famille tirent leur nom. Montagne étoit alors à Bordeaux; mais fa femme, qui étoit fœur de Preffac, qui accompagnoit Schomberg, les reçut parfaitement bien : Caftillon fur la Dordogne n'en eft pas loin. Cette Ville foûtint un long fiége pendant ces derniéres Guerres, contre le Duc de Mayenne, qui s'en rendit enfin le maître ; mais Henri de la Tour Vicomte de Turenne, la reprit auffi-tôt fans beaucoup de peine, & s'en affûra par une bonne Garnifon. C'eft un lieu fameux dans toute la Gafcogne par la défaite de Talbot, arrivée l'an 1453. & c'étoit alors un paffage fûr pour les Royaliftes.

De Montagne on fut à Bergerac, & delà à Sainte-Foy, qui étoit gardé par Pierre de Chouppes Gentilhomme Poitevin, brave & expérimenté Capitaine. Chouppes entretint la compagnie de la bataille de Coutras, où il s'étoit trouvé dans l'Armée du Roi de Navarre, où il avoit fort bien fervi. Il leur fit voir la difpofition du camp, & l'ordre de bataille des deux Armées pendant le combat : il en avoit fait faire un plan qu'il avoit chez lui ; des drapeaux déchirez & en affez mauvais ordre, lui fervoient de tapifferie dans fa Salle à manger. Schomberg, pour qui il avoit de la confidération, obtint de lui, fans beaucoup de peine, de faire ôter ces marques d'un fi funefte combat.

Schomberg paffa delà à Monflanquin en Agenois, & traverfant la riviére à Nérac, puis à Leytoure, il vint à Mauvézin & à Montfort dans l'Armagnac. Guillaume de Salufte du Bartas, encore fort jeune, & Auteur des deux Semaines, les y vint trouver en armes avec fes vaffaux, & leur offrit fes fervices. Il étoit furprenant qu'à fon âge & dans fon pays, fans autre fecours que celui de la nature, qui lui avoit donné un talent particulier pour la Poëfie, & un efprit fort jufte, il eut compofé un fi bel Ouvrage. Auffi il fouhaitoit avec paffion de voir la fin de nos Guerres civiles, pour le corriger & pour venir à Paris le faire réimprimer, principalement fa premiére Semaine, qui avoit été reçûë avec tant d'aprobation. Ce fut ce qu'il confirma plusieurs fois à de Thou pendant trois jours qu'il les accompagna ; ce qu'on remarque exprés, afin que les critiques, comme il s'en trouve toûjours, fçachent qu'il n'ignoroit pas qu'il n'y eut des fautes dans son poëme ; mais qu'il étoit dans le dessein de les corriger par l'avis de ses amis. Sa mort ne lui permit pas ni de voir la fin de nos malheureuses Guerres, ni de mettre la derniére main à ce merveilleux Ouvrage.

On vint ensuite à l'Isle-Jourdain, & delà au Mas de Verdun, où on passa la Garonne, pour éviter le voisinage de Toulouse ; puis on prit par le Querci, d'où Schomberg se rendit à Montauban sur le Tarn. Ce fut-là que Prégent de la Fin, Vidame de Chartres, jeune Seigneur également brave & bien-fait, le vint joindre avec un Corps de Troupes choisies, & le conduisit par Negrepélisse à Saint Antonin à l'entrée du Rovergue : alors, comme on eut espérance de marcher plus commodément & plus vîte, par les plaines, on passa le Tarn pour se rendre à Villemur. Dans cet endroit l'on prit conseil de Loüis d'Amboise Comte d'Aubigeoux, qui avoit son Château de Groslé dans le voisinage : delà, l'on vint à Millac, Château qui apartient à François de Casillac de Sessac, qui y reçût Schomberg avec de grandes marques d'amitié.

Sessac avoit été bon Courtisan & bon Officier ; dans sa jeunesse il s'étoit attaché à Messieurs de Guise, & leur avoit rendu de grands services ; mais depuis qu'on l'eut fait Chevalier de l'Ordre, il ne s'étoit engagé dans aucune faction. Toute la Noblesse du pays lui faisoit la Cour : il l'avertissoit librement de se rendre sage par son exemple ; qu'il n'avoit rien négligé pour s'atirer l'amitié de plusieurs Princes ; qu'il n'en avoit jamais trouvé de plus sûre ni de plus avantageuse que celle du Roi ; que s'il lui envoyoit un chien galeux, il lui céderoit son propre lit : Ce qu'il disoit exprés, sçachant que quelques-uns de ceux qui le venoient voir trouvoient mauvais en particulier, qu'il reçût si bien chez lui ceux qui suivoient le parti de Sa Majesté.

Il y avoit dans son voisinage un jeune Gentilhomme nommé Loüis de Voisins d'Ambres, d'une Noblesse distinguée du païs : étoit fort proche parent du Comte d'Aubigeoux & le sien. Comme jusqu'alors il avoit fait une rude guerre aux Protestans, il étoit à craindre que la cause du Roi se trouvant confonduë avec la leur, il ne les traitât également : d'autant plus qu'il étoit maître de Lavaur, de Saint-Papoul, & d'Alby, d'où il faisoit continuellement des courses de tous côtez. Sessac n'en pouvoit répondre, & dit à Schomberg, que puisqu'il étoit venu si avant, il lui conseilloit de laisser à droit les plaines de Languedoc, & de prendre à gauche par les Montagnes, que ce chemin étoit le plus rude, mais que c'étoit le plus sûr.

Quand ils l'eurent quitté, le premier lieu qu'ils trouvérent fut Villefranque de Rovergue, où Bournazel Gouverneur de la Province attendoit Schomberg : on y arriva fort avant dans la nuit, parce qu'on fut souvent obligé de s'arrêter pour faire ferrer les chevaux. Delà, en rebrouffant chemin, on vint par le Château de Bournazel à Figeac, & delà à Calvinet, la seule Place d'Auvergne qui fut occupée par les Protestans. Messillac Comte de Restignac, y vint trouver Schomberg avec de bonnes troupes, & le conduisit le lendemain à Mur de Barres.

Les Cévennes, qui commencent dans le Périgord, enferment, par une longue chaîne de Montagnes, le Limousin au Nord, le Quercy & le Rovergue au Sud ; plus loin, l'Auvergne & le Vélay, d'où décendant du côté du Midi vers le Rhône, elles comprennent le Givaudan au couchant, & le Vivarais au levant ; là, elles sont les plus hautes & les plus impraticables : elles continuënt leur même nom, & décendent par une plus douce pente jusqu'à Alais.

De Mur de Barres le Comte de Restignac conduisit les Envoyez de Sa Majesté jusqu'à la vûë de Marüége, qui est le lieu seul où il y ait Justice Royale dans le Givaudan.

Si-tôt qu'il crût les avoir mis en sûreté, il les quitta. Marüége avoit été depuis peu ruïnée par les Troupes du Roi, ou plûtôt par l'animosité particuliére d'Antoine de la Tour de Saint Vidal. Il n'y étoit demeuré d'entier qu'une Fontaine & son Présidial, avec son Bassin, du côté du Levant, & de celui du Couchant une seule ruë ; le reste n'étoit qu'une solitude & qu'un amas confus de maisons renversées. Cette ruë n'étoit pas mal peuplée, & ce fut-là qu'on fit rafraîchir les chevaux : la Peire qui eft à droit fur une hauteur, & qui fut ruïnée dans l'expédition du Duc de Joyeufe, n'en eft pas loin. On jugea à propos de poufler delà jufqu'à Chenne, qui eft un Bourg fort peuplé, comme le font tous ceux de ce païs-là : on y voit le Palais de l'Evêque de Mande, avec le cabinet de Durand furnommé le Spéculateur. On coucha dans ce Bourg & le lendemain on fe rendit à Mande; Adam Heurteloup Evêque & Comte de Givaudan avoit eu cet Evêché depuis Renaud de Beaulne, dont nous avons parlé. Il reçût Schomberg, de Thou, & toute leur fuite, avec autant d'amitié que de magnificence.

Ce Prélat étoit d'une grande exactitude pour tout ce qui regardoit fon miniftére ; d'ailleurs d'une fidélité inviolable pour le fervice du Roi, & pour tous ceux qui fuivoient le parti de Sa Majefté. Dans le premier repas qu'il leur donna, l'on remarqua avec quelque furprife, qu'on ne fervoit aucune piece de gibier ou de volaille, à qui il ne manquât, ou la tête, ou l'aîle, ou la cuifle, ou quelqu'autre partie : ce qui lui fit dire agréablement, qu'il falloit le pardonner à la gourmandife de fon Pourvoyeur, qui goûtoit toûjours le premier de ce qu'il aportoit. Comme fes Hôtes lui demandérent qui étoit ce Pourvoyeur, il leur dit :

Dans ce païs des Montagnes, qui font des plus riches du Royaume par leur fertilité, les Aigles ont accoûtumé de faire leur aire dans le creux de quelque roche inacceffible, où l'on peut à peine atteindre avec des échelles ou des grappins. Si-tôt que les Bergers s'en font apperçûs, ils bâtiffent au pié de la roche une petite loge, qui les met à couvert de la furie de ces dangereux oifeaux, lorfqu'ils apportent leur proye à leurs petits. Le mâle ne les abandonne point pendant trois mois, & la femelle ne quitte point l'aire, tant que fon Aiglon n'a pas la force d'en fortir ; elle ne va point non plus chercher le mâle. Pendant ce temps-là ils vont tous deux à la petite Guerre dans tout le païs d'alentour ; ils enlévent des chapons, des poules, des canards, & tout ce qu'ils trouvent dans les baffes-courts, quelquefois même des agneaux, des chévreaux, jufqu'à des cochons de lait, qu'ils portent à leurs petits. Mais leur meilleure chaffe fe fait à la campagne, où ils prennent des faifans, des perdrix, des gelinotes de bois, des canards fauvages, des liévres, & des chevreüils.

Dans le moment que les Bergers voyent que le pére & la mére sont sortis, ils grimpent vîte sur la roche & en raportent ce que ces Aigles ont apporté à leurs petits, ils laissent à la place les entrailles de quelques animaux: mais comme ils ne le peuvent faire si promptement que les péres ou l'Aiglon n'en ayent déja mangé une partie, cela est cause que vous voyez ce qu'on vous sert ainsi mutilé; mais en récompense, d'un goût beaucoup au-dessus de tout ce qui se vend au marché. Il ajoûta, que *lors que l'Aiglon est assez fort pour s'envoler, ce qui n'arrive que tard, parce qu'on l'a privé de sa nourriture, les Bergers l'enchaînent, afin que le pére & la mére continuënt à lui aporter de leur chasse, jusqu'à ce que le pére le premier & la mére ensuite, s'étant accouplez, l'oublient entiérement; alors les Bergers le laissent-là, ou l'aportent chez eux par pitié.*

Effectivement la table de l'Evêque étoit fournie par de pareils Pourvoyeurs, même par des Vautours, qui sont des oiseaux carnaciers plus grands que les Aigles, mais qui ont la tête de côté, & qui ne vivent que de cadavres & de carnage. De Thou eut la curiosité de voir ces Aigles de prés; il monta par un chemin trés-difficile auprés d'une aire, dont l'Aiglon étoit enchaîné. La mére ne tarda pas d'y arriver, les aîles si étenduës, qu'elle leur déroba presque la lumiére: elle aportoit un faisan à son petit, & retourna aussi-tôt à la chasse. De Thou, & ceux qui l'accompagnoient, s'étoient cachez dans une petite loge pour éviter sa furie; les Païsans l'avoient averti que ces dangereux animaux avoient déchiré de jeunes gens qui cherchoient ces aires, ou qui y étoient en garde, pour n'avoir pas pris cette précaution.

L'Evêque les assûra qu'il ne faloit presque que trois ou quatre de ces aires pour entretenir sa table splendidement pendant toute l'année.

Ils séjournérent chez lui pendant trois jours, & delà furent à Villefort par le plus rude chemin des Cévennes; d'où ayant laissé Florac & Andufe à droit, ils décendirent par une plaine à Alais, lieu trés-agréable, mais un peu défiguré par la Guerre: enfin, ils gagnérent Usez, où Schomberg fut obligé de garder le lit pendant quelque temps; comme il étoit fort replet, il étoit fatigué du chemin qu'il avoit été contraint de faire à pié contre sa coûtume, dans les chemins rudes & dangéreux de ces montagnes. A Usez, de Thou fut informé des ravages qu'un nommé Mathieu le Merle fils d'un cardeur de laine, fit durant nos Guerres civiles dans l'Evêché de Mande & dans tout le Givaudan : comme il les apprit de la propre bouche du frére de ce Mathieu le Merle, qui venoit souvent voir Schomberg, il en a fait mention dans l'Histoire qu'il nous a donnée.

Pendant que Schomberg étoit au lit, il envoya demander à Henri de Montmorenci Gouverneur de la Province, quelle route il devoit prendre; mais dans le même temps, il reçût de nouveaux ordres du Roi. Ce Prince lui mandoit, que puisque les Troupes étrangéres, que Sanci lui avoit amenées, lui étoient si utiles, il étoit nécessaire d'en lever davantage; que pour cet effet, comme il ne pouvoit tirer d'argent que de l'Italie, il lui ordonnoit d'y passer, puisqu'il en étoit si proche; que devant que d'aller en Allemagne, il tirât de Florence & de Venise tout l'argent qu'il pourroit.

Les Officiers Suisses, qui accompagnoient Schomberg, avoient envie de retourner chez eux par la Savoye & par la Bresse, qui étoit leur plus court chemin. Pour les contenter & les payer, Schomberg dépêcha de Thou avec Antoine Moret des Reaux, qui étoit avec eux, de la part du Roi de Navarre, pour aller emprunter de l'argent à François de Bonne-Lesdiguiéres. Des Reaux & de Thou prirent leur route par Montelimar, par Créte, par Die, & arrivérent à Puymore. Ils y trouvérent Lesdiguiéres, qui faisoit le siége de Gap, qui lui fut enfin rendu par le Vicomte de Pasgniéres. Lesdiguiéres leur préta deux mil écus d'or; de Thou les ayant reçûs, prit une autre route; il passa par Saint-Paul, trois Châteaux, par Moirs, par Grignan, & laissant Suze à gauche, se rendit au Pont Saint-Esprit, ainsi nommé à cause de son Pont admirable sur le Rhône. Schomberg qui étoit remis de ses fatigues les y attendoit.

S'étant tous rejoints, ils passérent le Rhône, & vinrent à Orange, où ils furent reçus magnifiquement par Hector de la Forêt de Blacons Gouverneur de la Citadelle. Schomberg y congédia les Officiers Suisses & les paya; delà passant proche d'Avignon, il vint à Barbantanes, & logea dans le Château de Mondragon, dont le Seigneur les reçût fort poliment, & lui donna à souper avec Bernard de Nogaret la Valette.

La Valette avoit sommé Château-regnard, qui est dans le voisinage ; sur le refus que la Place fit de se rendre, il fit amener du canon, la prit le lendemain, & en fit pendre le Gouverneur. Aprés cette expédition, il accompagna Schomberg jusqu'à Cavaillon, Ville du Comtat Venaissin sur la Durance. L'Evêque du lieu les y reçût avec de grandes marques d'amitié, & les régala : alors la Valette les quitta, & leur donna le Marquis d'Oraison pour les escorter.

Ils furent dîner à Merindol, où d'abord, comme leur avoit dit d'Oraison, ils ne trouvérent personne. A l'aspect de gens en armes, tous les habitans s'enfuïrent dans des cavernes ; mais comme ils sçûrent que c'étoit d'Oraison, dont ils n'avoient rien à craindre, ils revinrent sur leurs pas dans le moment. D'Oraison leur dit de ces peuples à peu prés ce qu'en raporte J. Sleidan, qui avoit été au service de Guillaume du Bellai-Langei, ou plûtôt de Jean Cardinal du Bellai son frére : Que c'étoient des gens simples, fidelles dans leur négoce, soûmis aux Magistrats, bienfaisans à tout le monde, & sans aucune malice : qui payoient exactement les Tributs qu'ils devoient au Roi, ou à leurs Seigneurs particuliers : que pour conserver leur Religion, ils ne se marioient jamais que parmi eux : qu'ils observoient religieusement les mêmes coûtumes qu'ils avoient reçûës des Vaudois & des Albigeois, qu'on avoit si fort persécutez : que c'étoient-là les restes de ces peuples, qui se conservoient encore à Laurmarin, à Cabriéres, & dans les vallées des Alpes : que ceux-ci étoient du Diocése de l'Evêque de Marseille, auquel ils payoient ses droits régulièrement : Toutes choses que d'Oraison n'avoit point aprises de Sleidan, qu'il n'avoit jamais lû ; mais du bruit commun de toute la Province.

Le même jour d'Oraison les mena coucher à son Château de Cadenet, où il faisoit sa principale demeure. Le lendemain ils furent à Manosque, qui est une Commanderie de l'Ordre de Malthe : delà ils traverserent la Durance, & vinrent à Riez. Fauste, qui en fut Evêque dans le quatriéme siécle, a rendu cette

Ville

Ville célèbre par sa réputation. L'Eglise est hors la Ville, & sur une hauteur qui la commande : les Troupes & les munitions qu'on y mit dans nos derniéres Guerres l'avoient profanée. La plufpart de la Nobleſſe du pays y fait ſon ſéjour ordinaire, entre autres Tournon de Caſtelane pére d'une belle & nombreuſe famille, & qui reçût Schomberg dans ſa maiſon.

Enfin, aprés avoir paſſé par Draguignan, qui étoit occupé par le Baron des Arcs, on arriva en deux jours à Fréjus, où il fallut en attendre trois pour mettre les Tartanes en état. Tout étant prêt, Schomberg ſe rendit à Saint-Rapheau : l'on y voit encore une moitié d'Amphitéâtre fort en deſordre, & c'eſt en ce lieu qu'abordent ordinairement les vaiſſeaux. Là, Schomberg ſe défit de ſes chevaux, & ſur le ſoir du premier jour d'Aouſt, fit voile avec toute ſa ſuite. Il eut le vent ſi favorable, qu'ayant paſſé l'Iſle de Lérins & Antibe, le matin il découvrit Nice à l'embouchure du Var, & ſans aucune incommodité, il arriva à Monaco ſur le midi.

Il n'en fut pas de même de M. de Thou, toute la nuit il eut une furieuſe nauſée, qui aprés lui avoir fait faire des efforts extraordinaires, lui laiſſa une ſi grande altération, qu'ayant bû de l'eau pour l'appaiſer, il penſa ſe perdre l'eſtomac. Du vin de Corſe, qu'il prit, le ſoulagea & lui donna aſſez de force & de vigueur pour ſuivre Schomberg & pour gagner avec lui la Ville de Génes, où ils arrivérent tous deux en bonne ſanté.

La République les reçût avec une grande diſtinction malgré les plaintes des Eſpagnols. Des députez du Sénat vinrent au-devant d'eux les complimenter ſur leur heureuſe arrivée, & leur témoigner les diſpoſitions favorables qu'ils avoient dans le cœur pour le ſervice du Roi, & pour tous ceux qui venoient de ſa part. Toute la Ville étoit dans les mêmes ſentimens, & faiſoit des vœux pour Sa Majeſté au préjudice des rebelles. Il arriva même qu'une Galére de Marſeille, qui quelque temps auparavant étoit venuë dans le Port ſans la Banniére de France, penſa être coulée à fonds par le peuple. Les Marſeillois pour éviter leur perte, ne trouvérent point d'autre reſſource que de reclamer le nom du Roi, & d'arborer ſa Banniére : ce qui ſeul apaiſa la ſédition.

X

De Thou visita Gènes pendant quatre jours avec beaucoup plus d'aplication qu'il n'avoit fait dans le tems qu'il y vint la premiére fois avec Paul de Foix; mais comme durant les grandes chaleurs du pays il voulut boire à la neige, sans en trop examiner les conféquences, il affoiblit son estomac, qui n'étoit pas bien remis des fatigues de la mer, & fut pris d'une fiévre lente, accompagnée de lassitudes & d'inquiétudes par tout le corps.

Dans ce temps-là Schomberg le quitta, & voulut aller à Florence *incognitò*, pour s'assûrer de l'argent qu'on lui avoit promis, & en tirer davantage s'il pouvoit. Il chargea de Thou d'aller droit à Venise, & de prendre de certaines mesures avec André Hurault de Maisse Ambassadeur de Sa Majesté; il lui donna ensuite rendez-vous dans un lieu qu'il lui marqua, & où il devoit l'attendre. On ne sçavoit point encore en Italie le détestable parricide du Roi. De Thou, qui l'ignoroit aussi, passa l'Apennin, & vint à Tortone : il y vit Christine de Dannemarck mére de Charles Duc de Lorraine, qui avoit eu cette Ville pour son Doüaire. Il en partit aussi-tôt & se rendit à Plaisance, pouvant à peine se tenir à cheval : il y séjourna un jour pour se reposer. Heureusement comme il ne pouvoit plus suporter la fatigue du cheval, il eut la commodité de décendre le Pô, & de se rendre par eau à Venise.

Il y arriva le 14. d'Aoust, le jour même qu'un Courrier parti de Milan avoit répandu dans la Ville la nouvelle de la mort du Roi. Comme il venoit d'un lieu suspect, on y ajoûta pas beaucoup de foi. Trois jours aprés il en arriva un autre, qui confirma cette fâcheuse nouvelle ; mais qui convertit la consternation générale en une joye inespérée, il fit sçavoir en même tems que l'Armée de France & toute la Noblesse avoit reconnu le Roi de Navarre.

Sur cette nouvelle, Marc-Antoine Barbaro, Procurateur de Saint Marc, se rendit au Sénat, & y proposa d'envoyer au nouveau Roi une célébre Ambassade pour le féliciter sur son avenement à la Couronne. Voici les principales raisons de son avis :

Que la République avoit un fort grand intérêt, qu'il eût y en France un Roi reconnu & certain, qui par sa puissance conservât entre les Princes Chrétiens cét équilibre nécessaire, qui sert de régle à la prudence de ses conseils : Qu'il ne pouvoit y en avoir d'autre, que celui qu'une succession légitime appelloit à la Couronne : Que si son droit à la succession recevoit quelque difficulté, qui par une Loi nouvelle du Royaume dépendoit du suffrage de ses peuples, les Grands & cette brave & nombreuse Noblesse qui en font la force & l'appui, avoient d'autant plus de droit de se choisir un Roi : Que le Sénat étoit informé que le Roi de Navarre avoit pour lui & le droit à la succession, & le consentement de la Noblesse, qui malgré les soupçons qu'on a toûjours eûs de son trop de confiance & de sa légéreté, avoit donné des marques admirables de sa sagesse en cette occasion. Qu'au reste, le Sénat ne pouvoit rien espérer que d'avantageux d'un si grand Prince, dont la vertu mériteroit une Couronne, quand sa naissance la lui refuseroit. C'est ainsi que ce sage Sénat délibéroit dans cette conjoncture.

Le Cardinal de Joyeuse étoit alors à Venise, & logeoit au Palais Saint George, qui lui avoit été assigné par la République : il avoit auprés de lui Arnaud d'Ossat ami particulier de Mr de Thou. Ce Prélat avoit choisi cette retraite aprés la Bulle précipitée de Sixte V. contre Henri III. & vouloit au moins par son absence deffendre l'honneur de son Souverain, & la Majesté de nos Rois flétrie par cette Bulle. Par-là, il donnoit aussi des marques publiques de sa reconnoissance pour un Prince libéral qui l'avoit comblé de tant de bien-faits.

De Thou ne le quittoit guéres, & ils entendoient presque tous les jours ensemble la Messe du Pére Ange de Joyeuse son frére, au Convent des Capucins de Saint Roch, où ce Pére étoit en ce temps-là.

Le Cardinal ne doutoit point que le Roi de Navarre justement irrité du détestable parricide du Roi, ne marchât droit à Paris, & qu'il ne s'en rendît le maître ; ce qui lui paroissoit d'autant plus aisé, que ce terrible coup devoit avoir étourdi ceux qui en étoient complices, & divisé les esprits de cette grande Ville, que la Noblesse étoit animée de vengeance, & le Soldat de l'espérance du pillage. Rempli de cette idée, il s'imaginoit déja entendre les cris des enfans, les plaintes des vieillards, & les gémissemens des femmes ; il croyoit déja voir le Soldat furieux courir de tous côtez l'épée à la main, mettre tout à feu & à sang :

commettre en un mot, toutes les cruautez qu'on exerce dans une Ville prife d'affaut.

Comme les troubles de fa Patrie l'empêchoient d'y demeurer, il fe plaignoit d'être contraint par la fortune de retourner dans une autre, dont il avoit été obligé de fortir du vivant du Roi fon maître. Il difoit cependant qu'il ne pouvoit demeurer ailleurs; que puifqu'il ne vouloit pas retourner en France, & qu'il n'avoit aucun engagement avec Henri IV. qui n'étoit pas reconnu à Rome & dans une grande partie de l'Europe, il fe tiendroit à Rome comme dans un Port affûré, où il pourroit attendre la fin de la tempête & le calme des efprits : que là il fe détermineroit plus fûrement fur le parti qu'il devoit prendre.

Ce Prélat n'étoit engagé dans aucune faction, & ne s'y engagea jamais. L'on peut dire que la conduite qu'il eut depuis, fut plûtôt un effet de la dignité qu'il avoit à foûtenir, que de fon inclination. Comme il s'étoit fervi de fa prudence pour s'accommoder au tems, il fe fervit auffi de fon équité dés que l'occafion s'en prefenta. Il quitta tout engagement, & s'attacha uniquement aux interêts du Roi & de fa Patrie; ce qu'il fit fi à propos & avec tant de zéle, que lors qu'il revint à la Cour, il n'y eut point d'affaires de conféquence que le Roi ne lui communiquât : même depuis la mort déplorable de ce Prince, il s'employa avec tant de defintéreffement à réconcilier les grands Seigneurs, qui étoient prefque tous fes parens, qu'il devint le médiateur de leur réünion & l'arbitre de leurs différens.

Il retourna donc à Rome avec d'Offat. Avant leur départ, d'Offat étoit venu plufieurs fois voir de Thou, & s'étoit entretenu familiérement avec lui fur les affaires de France : ce fut au fujet de ces entretiens que de Thou lui dédia le Poëme fuivant, qu'il acheva le 24. Septembre, & qui fut imprimé depuis à Tours avec la même datte; mais fans le nom de celui auquel il étoit adreffé.

Il eut peut-être été à propos de le raporter ici tout entier, parce qu'il eft devenu fort rare, & qu'il contient des faits de conféquence pour l'Hiftoire de ce tems-là : mais comme la jufte douleur des troubles paffez pouvoit alors en faire excufer la liberté même dans l'esprit des plus mal intentionnez, il pourroit irriter aujourd'hui de certaines personnes que l'interêt public, plus que celui de Mr de Thou, porte à ménager, à cause du long intervale qui s'est écoulé depuis les troubles. On n'en mettra donc ici que le commencement & la fin.

A MONSIEUR D'OSSAT.

SIECLE infâme, & rempli de monstres execrables,
As-tu pû mettre au jour des François si coupables,
Que peut-il leur rester pour combler leur fureur,
Pour être à l'Univers des spectacles d'horreur ?
Si ces séditieux font gloire de leur crime,
Aprés le sang versé de leur Roi légitime ;
Prévenus d'une erreur, contraire à tous les droits,
Qu'on peut empoisonner & poignarder les Rois.

D'Ossat, mon cher d'Ossat, ami tendre & fidelle,
Nous, qui pour la Patrie avons le même zéle,
Nous, dont le cœur est pur, & saine la raison,
Parlons en liberté de cette trahison ;
Nous voici dans Venise, où loin du sot vulgaire
On peut s'entretenir, sans peur de lui déplaire :
Qui l'eut jamais pensé, de nôtre Nation,
Qu'un peuple si connu par son affection,
Par sa fidelité, pour ses Rois si certaine,
Ait immolé son Prince à sa cruelle haine ?
Que cette haine encor dure aprés son trépas ;
Aprés tant de fureur que ne croira-t'on pas ?

François dénaturez, s'il est permis encore,

De vous donner un nom que l'Univers honore ;
Dequoi vous a servi cet horrible attentat,
Qu'à rallumer la Guerre & renverser l'Etat ?
Ces troubles que permet la Justice divine,
Ne se termineront que par vôtre ruine ;
Et vous reconnoîtrez aux plus rudes fleaux,
Que la rebellion est le plus grand des maux.

Quoi ! si vous aviez peur du joug de l'Hérétique,
Pourquoi ne pas aimer un Roi si Catholique ?
Un Roi dont la vertu digne de ses Ayeuls,
Dont le zéle & la Foi, &c.

Il y avoit de suite environ deux cens Vers, dont l'Auteur est bien aise qu'on ne se souvienne plus. Puis s'adressant à Henri IV. il ajoûte :

Prince envoyé du Ciel à l'Etat abattu,
Qui pourroit dignement célébrer ta vertu ?
La prudente Venise admire ton courage,
Et déja le Sénat t'a donné son suffrage ;
Malgré tes ennemis & leurs lâches complots,
La Brente en ta faveur fait murmurer ses flots ;
Et sur le Lac de Garde, on voit les Dieux de l'onde
T'appeller par ton nom à l'Empire du monde.

C'est en vain que Milan redouble ses efforts,
En vain le fier Ibére épuise ses tresors,
Pour armer contre toi le reste de la terre,
Ta valeur va fixer le destin de la Guerre ;
Tel est l'Arrêt du Ciel, & ce qu'a dit de toi,
L'Oracle de Venise aprés la mort du Roi.

Voyant de ton parti tout ce Conseil de sages,
Les François abattus relevent leurs courages ;
Un lâche assassinat les avoit consternez :
Ils couroient dans Venise éperdus, étonnez,
Déplorans les malheurs de leur chére Patrie,
Et l'opprobre éternel dont elle s'est flétrie.

Pour nous, mon cher d'Ossat, pleins du plus doux espoir,
La piété du Prince a dû nous faire voir,
Que le Ciel soûtenant les droits de sa naissance,
Il nous rendra la paix & l'honneur à la France.
Tu veux aller à Rome, où hâtant ton retour,
Tu verras le parti que prendra cette Cour.

Ce digne Cardinal, qui veille à nos affaires,
Veut toûjours écouter tes avis salutaires.
Moi je vais traverser par des païs affreux,
Pour revoir ma Patrie & nos champs malheureux,
Où triomphe à grand bruit la Discorde cruelle,
Même aprés son trépas, au Roi toûjours fidelle.

Je veux de mille pleurs arroser son tombeau ;
En vain un peuple ingrat, & qui fut son bourreau,
Menace l'innocence & répand des blasphêmes ;
En vain ces fiers Titans attaquent les Dieux mêmes,
Recommencent la Guerre à leur confusion ;
Je crains peu leur menace & leur vaine union.

Quiconque a comme moi la conscience pure,
Se fie en sa vertu, quelques maux qu'il endure ;
Son honneur le conduit au milieu des hazards,

Et sa fidélité l'armant de toutes parts,
Il souffre avec plaisir d'une Troupe rebelle,
S'il peut donner au moins quelques marques de zéle.

Aprés le départ du Cardinal de Joyeuse & de d'Ossat, de Thou voulut voir Padouë, & joüir pendant quelques jours des charmes de la conversation de Jean Vincent Pinelli, qu'il n'avoit point vû depuis seize ans. Durant le séjour paisible qu'il y fit, il visita souvent la belle Bibliotéque, que Pinelli avoit formée pendant tant d'années & avec tant de soins. Il trouva dans la maison de Pinelli, Paul Aicardo de Génes, homme poli, trés-bon Juge sur les matiéres de littérature, & qu'il n'avoit pas moins d'envie de voir que Pinelli. Aicardo faisoit grand cas de la version de Saint Bazile, & des autres Péres Grecs, qui ont écrit de la Sainte Trinité, & qu'on a donnez au Public avec Phœbade Evêque d'Agen. Il fit present à de Thou d'un beau manuscrit du Livre de l'Hérésiarque Eunomius, dans la vûë qu'en l'examinant sur ce qu'on avoit déja imprimé de S. Bazile, & sur ce qu'on devoit imprimer de S. Grégoire de Nysse, on peut donner plus de lumiére & de correction à la nouvelle édition qu'on en attendoit.

De Thou s'informoit exactement à Pinelli de tous les hommes illustres dans les Sciences, qui ont paru en Italie, & dont la mémoire commençoit à vieillir: il vouloit la faire revivre dans ses Annales, comme en effet il le fit depuis sans aucune passion: il n'oublia pas non plus les sçavans Espagnols; & l'on peut dire avec confiance, qu'il rendit également justice par tout où il trouva de la doctrine & de la vertu. Un procédé si équitable, lui faisoit espérer quelque reconnoissance de la part des Italiens & des Espagnols; cependant il ne fut jamais plus trompé dans ses espérances, ce sont les deux Nations du monde qui lui ont témoigné plus d'ingratitude.

Revenons à Schomberg, qui étoit toûjours resté à Florence. Si-tôt qu'il eut apris la mort d'Henri III. il fit revenir Guichardin son Ecuyer, qu'il avoit envoyé avec de l'argent pour lever des Troupes. Il partit ensuite pour Mantouë, où il vouloit conférer

férer avec de Maiſſe Ambaſſadeur de France à Veniſe. Il n'y fut pas plûtôt arrivé, qu'il en repartit avec de Thou, qui l'y étoit venu trouver pour ſe rendre à Verone, où de Maiſſe les attendoit. Tous enſemble retournérent encore à Mantouë pour quelques ſecrettes conférences avec le Duc Vincent, & revinrent à Verone. De Maiſſe les y quitta pour reprendre le chemin de Veniſe.

Schomberg & de Thou, qui s'arrêtérent à Verone, alloient ſouvent chez le Comte Bévilaqua, dont la maiſon étoit ornée des plus belles ſtatuës de l'antiquité & des tableaux des meilleurs Peintres. Ce Comte n'aimoit pas ſeulement tous les beaux Arts; mais avoit encore un goût merveilleux pour la muſique. Il y avoit chez lui trois fois la ſemaine un concert compoſé de plus de trente des plus belles voix & des plus excellens joüeurs d'inſtrumens. De Thou s'y trouvoit ſouvent, & s'entretenoit avec lui ſur des matiéres indifférentes ſans ſe découvrir. Bévilaqua ne s'étoit jamais marié, il étoit déja avancé en âge, ſérieux, mais poli, & ſongeoit à aller finir ſes jours à Rome. Auſſi le ſoupçonnoit-on de n'être pas dans les intéréts du Roi de Navarre, quoique tous les peuples de l'Etat de Veniſe ſe fuſſent ouvertement déclarez en faveur de Sa Majeſté.

Aprés un ſéjour de quelques jours, Schomberg & de Thou ſe ſéparérent encore. Le premier prit la route d'Allemagne par le Trentin, & de Thou paſſa par Breſſe & par le Lac d'Iſchia. En laiſſant à gauche Bergame & Chiavenne, il décendit chez les Griſons, aprés avoir traverſé la Valteline. Ce païs, quoiqu'enfermé par les Alpes, produit des vins excellens. Il dîna à Tirano, & delà vint à Poſchiavo: il lui falut enſuite traverſer d'affreuſes Montagnes, & principalement celle d'Arbone, d'où le Rhin ſe précipite avec un bruit horrible pour gagner Coire.

Cette Ville étoit autrefois un Evêché: on y voit encore à quelque diſtance la Cathédrale, mais fort en deſordre; ceux qui en joüiſſent ſe contentant du titre de Prince, & d'en recevoir les revenus. A l'égard des fonctions Eccleſiaſtiques, elles n'y ſont plus d'uſage, comme il arrive parmi les Proteſtans, dont les Ligues Griſes ont preſque toutes embraſſé la croyance. Ce fut à Coire que de Thou fut informé plus ſûrement de ce qui ſe se passoit en France, & que le Roi étoit presque par tout suivi de la victoire. Faisant alors refléxion sur la prédiction du Cardinal de Joyeuse, & s'échauffant du même feu qui lui avoit inspiré le Poëme adressé à d'Ossat, il composa l'Ode suivante de l'Oracle de la Seine.

L'ORACLE DE LA SEINE.
ODE.

QUELLE est cette barbarie
Qui régne dans les esprits!
Je voi Clément en furie
Sortir des murs de Paris.
Dés qu'il paroît dans la plaine,
Je voi le Dieu de la Seine
Suspendre aussi-tôt son cours,
Et de larmes tout humide,
Adresser à ce perfide
Ce prophétique discours.

 Arrête, méchant, arrête,
Quel Démon conduit tes pas?
Je voi fondre sur ta tête
Un infaillible trépas.
Vas-tu poussé d'un faux zéle,
D'un peuple autrefois fidelle
Contenter la passion?
Veux-tu qu'une injuste haine
Te fasse porter la peine,
D'une exécrable action?

 Quelle peut être la cause
Qui t'arme contre ton Roi?
Est-ce-là ce que t'impose
L'Ordre dont tu suis la Loi?
Considére au moins les suites
Du crime que tu médites,
Et tes devoirs les plus Saints;
Songe, que tous tes semblables
Seront fuis comme coupables,
Et traitez comme assassins.

 Je voi la pâle famine,
Avec toutes ses rigueurs,
Qui lentement extermine
Ces desespérez Ligueurs.
Alors toutes desolées,
Les méres échévelées,
Meurtrissent leur sein de coups;
Et les vieillards, dans l'Eglise,
Iront d'une voix soûmise
Demander grace à genoux.

 Tu méprise cét Augure,
Tu ne veux rien écouter;
Opprobre de la Nature,
Va, cours te précipiter.
Poursui ton dessein perfide,
Exécute un parricide;

Trouble, renverse l'Etat :
Bien-tôt la Guerre civile,
Sur une coupable Ville,
Vangera cet attentat.

   O toi ! qu'un climat fertile
Enrichit de toutes parts,
Toi qui fus jadis l'azile
Des Muses & des beaux Arts :
Amour de chaque Province,
Séjour chéri de ton Prince,
Paris, superbe Cité,
De quel nom t'appellerai-je,
Si tu perds ce privilége
Par ton infidélité ?

   Tu n'es qu'un vaste repaire
De monstres, qui font horreur,
Un antre affreux, que Mégére
A rempli de sa fureur.
Est-il Nation barbare,
A laquelle on ne compare
Tes Ligueurs enorgueillis ?
Veux-tu conjurer la France
Contre un Roi, dont la naissance
L'appelle au Trône des Lys.

   Plus tu lui feras la Guerre,
Plus brillera sa vertu ;
Son nom fait trembler la terre,
Quand on le croit abattu.
S'il forme quelque entreprise,
Soudain Mars la favorise,
A la honte des mutins.
Il confond leur médisance,
Qui nie avec arrogance
Ses succez les plus certains.

   Ce Prince par son courage
Accable ces factieux,
Et tourne à son avantage
Leurs complots pernicieux.
Je le voi, qui sur leurs têtes,
Par ses rapides Conquêtes,
Fait retomber tous leurs traits :
Ainsi périt le rebelle,
Dont l'audace criminelle,
En vain s'oppose à la paix.

   Ce n'est pas que la vengeance
Soit l'objet de ce Vainqueur,
Son héroïque clémence
Ne demande que leur cœur.
Le moindre retour sincére
Desarmeroit sa colére ;
Mais leur cœur est un rocher :
Et la Justice divine
Les poussant à leur ruïne,
Rien n'est propre à les toucher.

   Lors qu'entr'autres avantages
Le Ciel leur donnoit la paix,
N'ont-ils pas par mille outrages
Abusé de ses bienfaits ?
Accoûtumez aux grands crimes,
A d'innocentes victimes,
N'ont-ils pas ravi le jour ?
N'ont-ils pas, ces Polyphêmes,
Du sang de leurs Hôtes mêmes,
Rougi leurs mains tour à tour ?

   La voix de ce sang qui crie,
Dévroit les faire trembler ;
Une implacable Furie

Vient encore les troubler.
Loin de craindre un Dieu terrible,
Par un crime plus horrible,
Ils vont poignarder leur Roi;
Et pour comble d'insolence,
Aux ennemis de la France
Ils ont engagé leur foi.

Mais en vain l'Ibére en joye
Les amuse de discours;
En vain des monts de Savoye,
Ils attendent du secours.
Déja Bourbon à leurs portes,
Suivi de mille cohortes,
Va foudroyer leurs ramparts;
Déja pour venger son frére,
Les torrens de sa colére
S'étendent de toutes parts.

Au sortir de Coire, de Thou fut s'embarquer devant le lever du Soleil sur le Lac le plus prochain, avec toute sa suite. Ce Lac est entouré de tous côtez de montagnes fort élevées, & sujet, comme le Lac de Garde, à des vents trés-violens. De Thou, de même que ceux qui l'accompagnoient, pensa l'éprouver à ses dépens : le temps s'étoit mis à la pluye, la barque où ils étoient, n'étoit que de bois de sapin, & celui qui la conduisoit, y avoit imprudemment reçû un Allemand avec son cheval; cét animal effrayé des coups de vagues, se laissoit souvent tomber & mettoit à toute heure la barque en risque de tourner. Comme la pluye & le vent augmentoient toûjours, & que la rive la plus proche de la terre étoit bordée d'un grand & continuel rocher, il n'y avoit pas d'aparence de pouvoir y aborder; ce qui jettoit tout le monde dans une grande consternation : elle redoubla, quand on vit le Pilote abandonner le gouvernail, & qu'on l'entendit crier que chacun songeât à se sauver comme il pourroit.

Nicolas Rapin, fils d'un autre Nicolas, qui s'est distingué dans nos Guerres par son esprit & par sa valeur, étoit auprés de Mr de Thou : c'étoit un jeune homme plein de courage, & qui savoit fort bien nager. Il mit bas sa cuirasse & son pourpoint, se tint prêt à sauter dans le Lac, & dit à de Thou de le prendre par la ceinture, de s'y tenir ferme, & de se jetter avec lui; qu'il le mettroit à terre si-tôt qu'il pourroit y aborder, ou qu'il périroit le premier. Dans cette extrémité, & n'espérant plus qu'en la bonté divine, ils apperçûrent une caverne creusée dans le roc. Aussi-tôt ils commandérent au Patron de tourner de ce côté là, & mettans tous la main à la rame, pour forcer le vent, qui faisoit entrer l'eau de tous côtez dans la barque, ils gagnérent le bord, & sautérent à terre tous percez de la pluye. Ils n'emportérent que ce qui se trouva sous leur main, ne croyant pas qu'il y eut pour eux un plus grand danger que celui d'être sur le Lac pendant la tempête.

Heureusement il se trouva qu'il y avoit des espéces de marches taillées dans le roc de distance en distance ; ainsi quoiqu'ils fussent presque tous bottez & en manteau, que le chemin fut trés-rude & trés-difficile, ils ne laissérent pas, malgré le vent & la pluye, dont ils étoient fort incommodez, de monter avec plaisir plus de mille pas pour gagner la hauteur, fort surpris de rencontrer sur leur route un chariot attelé de bœufs qui décendoit par ce précipice.

Une hôtellerie qui étoit à quelque distance du sommet, leur fut d'un grand secours; les poëles servirent à sécher promptement leurs habits, & leur joye fut aussi grande qu'inespérée, de pouvoir s'y remettre de leur frayeur, & de s'y rafraîchir. Ils y dînérent, & comme ils n'avoient point de chevaux, il falut marcher à pié par un chemin trés-fangeux & trés-glissant pour gagner la couchée, qui étoit éloignée de deux mille & à la tête du Lac de Zurich : Personne cependant ne se plaignit de cette fatigue, tant leur esprit étoit encore rempli de l'idée du danger qu'ils avoient couru.

Enfin, le temps s'étant remis au beau, en deux jours ils vinrent à Zurich par le Lac. Il falut visiter cette Ville, de tout tems la premiére des Cantons, & féconde en hommes illustres dans les sciences : c'est où Conrad Gesner, Gaspard Volfius, & Josias Simler, ont pris naissance dans de pauvres cabanes. Jean-Guillaume Stukius, homme officieux & attaché à la France, fit voir à de Thou ce qu'il y avoit de plus remarquable, & l'accompagna par toute la Ville.

Delà, de Thou se rendit à Soleurre. Comme il y arrivoit, il trouva à plus de cinq cens pas en deçà de la Ville, Nicolas Brûlard de Sillery Ambassadeur de Sa Majesté, qui étoit assis sous un tilleul : quoi-qu'il ne pensât guére à lui dans ce moment, il le reconnut, & mettant aussi-tôt pied à terre avec toute sa suite, il courut l'embrasser comme son intime ami, & demeura avec lui pendant quelques jours.

C'étoit dans le tems qu'on travailloit avec chaleur à conclure un Traité commencé entre le Duc de Savoye & le Canton de Berne. Il étoit à craindre qu'il ne portât préjudice aux intérêts du Roi, s'il étoit ratifié par le serment des Bailliages assemblez, suivant l'usage de ces peuples. Les cinq petits Cantons, gagnez par l'or d'Espagne, en pressoient la conclusion ; la Ligue, pour veiller à ses intérêts, leur avoit envoyé Leon Lescot de Clermont, Conseiller au Parlement de Paris. Comme il étoit des amis de Mr de Thou, Sillery jugea à propos que de Thou lui demandât une conférence, pour tâcher par son moyen de retarder cette affaire, ou d'y faire naître des difficultez ; mais il n'en fut pas besoin. Les Ministres qui desaprouvoient ce Traité prêchérent avec tant de force, & animérent si bien les peuples du Bailliage de Valais, que sans que de Thou s'en mêlât, ils obligérent non-seulement les Députez qui étoient venus à Berne pour le jurer, de se retirer sans rien conclure ; mais les contraignirent encore de se mettre en sûreté par la fuite : il fut même résolu d'informer contre eux, comme contre des traîtres & des criminels de Léze-Majesté ; ce qui délivra Silleri d'une grande inquiétude.

De Thou prit congé de lui, passa le Mont-jura, & vint à Bâle avec les Officiers Suisses qui avoient quitté Schomberg à Orange, & qui ayant achevé leurs affaires dans leur pays, retournoient à l'Armée du Roi ; car aprés la mort d'Henri III. Sanci avoit été renvoyé en Suisse par son successeur, pour faire de nouvelles levées. De Thou apprit à Basle que Theodore Zuinger & Basile Amerbach, qu'il y avoit connus, il y avoit dix ans, étoient morts durant nos Guerres. Il y fut quelquefois entendre Jacques Grinay parent du fameux Simon, qui y enseignoit publiquement l'Histoire de Sleidan. Comme Grinay avoit fréquenté les Cours d'Allemagne, il y avoit apris beaucoup de particularitez, qui n'étoient point venus à la connoissance de cet Auteur, qu'il expliquoit avec beaucoup de clarté & d'élégance.

Delà, ils traverférent avec précaution la Franche-Comté, & arrivérent tous à Langres, qui s'étoit déclarée pour le Roi. Pierre Roussard, de la même famille que ce Loüis, à qui selon Duaren, les Jurisconsultes ont tant d'obligation, pour avoir donné plus de lumière qu'aucun autre aux obfervations du Droit, en étoit Lieutenant Général, & n'avoit rien oublié pour en bannir l'efprit de la Ligue.

Au fortir de Langres, ils paffèrent à Arc en Barrois, & vinrent à Châteauvilain, qui ayant été affiégé par les ennemis depuis peu de tems, les avoit repouffez avec perte. Ils y trouvèrent le Comte Loüis * Diacette, qui s'occupoit à réparer la Place, & à la munir d'une bonne Garnifon. Il y avoit une amitié de pére en fils entre Diacette & de Thou, auffi le Comte le retint pendant qu'il donnoit ordre à la Garnifon, & lui découvrit en fecret plufieurs chofes dont il crût que le Roi devoit être informé. Il étoit perfuadé qu'à la fin toût fe tourneroit de maniére, que le fucceffeur légitime, c'eft-à-dire le Roi de Navarre, demeureroit le maître du Royaume; que les ennemis de ce Prince n'avoient de reffource que dans les richeffes étrangéres & dans la faveur inconftante des peuples; que les Chefs de la Ligue & que la Nobleffe s'ennuyeroient infailliblement de la Guerre, fe réconcilieroient avec Sa Majefté, & fe retireroient.

*Il s'apelloit Loüis Dighiaceti.

Comme il faifoit la revûë des Officiers de fa Garnifon, il fe défendit long-temps d'y recevoir un nommé Pierre Choéfel-la-Meufe, quoi-que cét Officier eut fort bien fait fon devoir dans la derniére occafion. Ayant cependant été comme forcé de le recevoir par les inftantes priéres de fes amis, qu'il ne crût pas devoir refufer, il leur dit; qu'on verroit quelque jour qu'il avoit eu fes raifons pour les avoir fi long-temps refufez; qu'un homme auffi querelleur que celui-là, lui attireroit infailliblement quelque malheur confidérable. Ce fut en effet ce même la Meufe, qui quatre ans aprés prit querelle avec Diacette fur quelques paroles, & qui le tua.

Lors qu'un Officier de la Garnifon de Châteauvilain vint en aporter la nouvelle à la Cour, de Thou qui s'y trouva, n'attendit pas qu'il nommât le meurtrier, & fe reffouvenant fur le champ de cette funefte prédiction, il dit que c'étoit la Meufe. Comme la chofe fut auffi tôt confirmée, on lui demanda comment il avoit pû la deviner? Il raconta alors ce qu'il avoit entendu dire à Diacette, il y avoit quatre ans; & tout le monde demeura furpris du preffentiment que ce pauvre Gentilhomme avoit eu d'un malheur fi éloigné.

Diacette avoit époufé Anne Aquaviva, fille du Duc d'Atry, dans le Royaume de Naples, Dame d'un grand courage & d'une grande probité *. Elle avoit eu de fon Mariage un fils & une fille, avec lefquels elle s'étoit retirée à Langres, où fon mari avoit eu foin de faire tranfporter fes meilleurs effets : ils furent vendus dans la fuite, & l'argent prêté au Roi pour foûtenir les frais de la Guerre. Diacette avoit plus de foixante ans quand il fut tué ; mais comme il s'étoit abftenu dés fa jeuneffe des plaifirs des jeunes gens, il étoit encore d'une fanté fi vigoureufe, qu'à fon âge il couchoit en Hyver dans un chambre fort expofée aux injures de l'air, fans rideaux & fans couverture : il n'étoit incommodé ni du froid, ni du ferein, ni des broüillards, comme fi Dieu lui eut confervé des forces pour réfifter dans des tems difficiles. Ce n'étoit ni par impatience ni par chagrin d'avoir facrifié fon bien pour le fervice du Roi, qu'il parloit de fes fatigues, il faifoit voir en toutes occafions que le repos de l'Etat lui étoit plus cher que le fien, & que pour le procurer il étoit toûjours prêt d'expofer fa perfonne & d'engager le refte de fon bien.

Enfin, de Thou partit de Châteauvilain avec les Capitaines Suiffes, & prit fon chemin par Vandeuvre & par Pougi, qui appartient à la Maifon de Luxembourg. Il y rencontra François Duc de Piney, qui s'en alloit à Rome. Il lui rendit compte de tout ce qui s'étoit paffé à Florence, à Venife, à Mantouë, & en Suiffe. En arrivant à Pougi, Henri, fils du Duc, qui n'étoit âgé que de dix ans, l'y reçût honorablement avec toute fa fuite.

De Pougi, de Thou fe rendit à Châlons. Il y avoit eu tout proche un combat qui avoit duré trois jours ; Robert de Joyeufe, Comte de Grand-pré, s'y étoit battu avec beaucoup de valeur contre Saint-Paul ; mais fa Victoire lui avoit coûté la vie. L'Epitaphe fuivante fait voir les regrets de Mr de Thou fur la mort de ce jeune Seigneur.

* Cela détruit ce qui en eft dit dans la Confeffion de Sancy.

EPITAPHE

EPITAPHE
DU COMTE DE GRAND-PRÉ.

Peuples ornez de fleurs sans nombre,
Le Tombeau que vous élevez,
Vous devez ce tribut à l'Ombre
Du Héros qui vous a sauvez.

Grand-pré, qu'enferme cette Biére,
Trois jours entiers a combattu,
Pour chasser de vôtre Frontiére
Un ennemi qui céde à sa vertu.

Il meurt aprés cette Victoire,
Et meurt percé de mille coups,
Châlons dormez en paix à l'abri de sa gloire,
Habitans réjoüissez-vous.

Si par une attaque soudaine,
Dans vos ramparts on osoit pénétrer,
Les Manes de ce Capitaine
Suffiroient pour vous délivrer.

Ce fut à Châlons que de Thou fut informé de la perte qu'il avoit faite à la Fére de tous ses meilleurs meubles, qui y avoient été transportez, comme on l'a dit ci-dessus. Il la suporta bien plus patiemment que celle de deux jeunes Seigneurs de ses amis dont on va parler.

De Châlons, il vint à Château-Thierri situé sur la Marne : cette riviére se rend dans la Seine, & aporte une partie des vivres qui font subsister Paris. Comme il entroit dans la Ville à la nuit, dans le tems qu'on fonnoit la cloche pour la Garde, il rencontra dans une ruë Pierre Picherel, qui l'arrêta par la bride de fon cheval. Cét homme étoit de la Ferté au Coulph, qui n'en eft pas loin, & avoit été Moine dans l'Abbaye d'Effone. Il avoit l'efprit vif, & fçavoit fort bien les trois langues, ayant étudié fous Vatable avec Jean de Salignac & Jean Mercier. De Thou le reconnut aprés l'avoir examiné, & lui demanda ce qu'il faifoit-là parmi le bruit éclatant des armes & des trompettes. Picherel lui répondit, en lui montrant fon logis qui n'étoit pas loin, que malgré ce tumulte il n'avoit pas laiffé de travailler quatorze heures ce jour-là, qui étoit le dernier de fa foixante & dix-neuviéme année; qu'en le finiffant, il avoit achevé fon Commentaire fur faint Paul, & mis la derniére main à l'Epître à Philemon; qu'il n'attendoit que la fin de la Guerre, qu'il fouhaitoit avec paffion, pour le faire imprimer; qu'à fon âge il n'avoit aucune incommodité confidérable; qu'il avoit la vûë & l'oüie auffi bonnes que jamais, & l'efprit auffi net; mais que comme les jeunes gens font expofez à une infinité de dangers, qui ne leur permettent pas d'efpérer de vieillir, ceux qui font fort âgez font fûrs de ne pouvoir pas vivre long-temps.

C'étoit à la confidération de Mr de Thou, qu'il avoit écrit fur faint Paul, aprés avoir travaillé fur faint Luc & fur faint Mathieu, & il avoit entrepris ce Commentaire avec d'autant plus de bonne volonté, qu'il étoit perfuadé que peu de perfonnes jufqu'alors y avoient réüffi. La Religion à part, il loüoit fort l'exactitude de Béze; mais il difoit qu'aprés avoir moiffonné dans un champ fi fertile, Béze avoit encore laiffé, & à lui & aux autres, beaucoup à recueillir. Malheureufement Picherel étant mort peu de tems aprés, ce précieux effet de fa fucceffion tomba entre les mains de fes héritiers, qui fe ruïnant en procez les uns contre les autres, le diffipérent ou l'abandonnérent à des mains étrangéres, dont il n'y a pas d'aparence de le pouvoir retirer, ni que le public en profite.

Le Vicomte de Comblify, fils de Pinard, commandóit dans Château-Thierry. Il donna à fouper à de Thou, & lui apprit que le Roi s'étoit rendu maître des Faubourgs de Paris. Ils convinrent que fi le fiége tiroit en longueur, la néceffité & le défaut de vivres obligeroient la Ville à se rendre; que sa Place pourroit beaucoup contribuër à en avancer la prise, puisque c'étoit par-là que Paris recevoit la plus grande partie de ses provisions; qu'à la vérité Meaux, dont les Ligueurs étoient les maîtres, abondoit en bleds; mais qu'il n'y en auroit pas assez quand on priveroit cette grande Ville du commerce des Places qui sont au-dessus; que par conséquent la sienne & celle de Châlons étoient d'une grande importance pour le Roi; qu'on ne pouvoit trop être sur ses gardes, ni trop recommander aux Gouverneurs, de ne rien laisser passer qui pût décendre à Meaux.

Il chargea de Thou de representer à Sa Majesté, qu'il étoit à propos de renforcer sa Garnison. De Thou le quitta le lendemain dans ces bons sentimens *, & prit sa route par Lagny, où commandoit pour le Roi Jacques la Fin, dont l'histoire de ce temps-là parle en plusieurs endroits.

Ayant passé au-dessus de Paris, il prit par Montfort-Lamaurri, dans le tems que le Roi, après la prise d'Estampes, étoit décendu dans le pays Chartrain. De Montfort, il falut marcher par Nogent-le-Roi, par Houdan, & reprendre par le Perche, pour éviter Chartres, qui tenoit pour la Ligue & se rendre à Frazé. Le lendemain comme ils marchoient de nuit, parce qu'il n'étoit pas sûr de marcher le jour, ils entendirent crier aux armes deux fois de suite, proche de Château-neuf en Thimerais; chacun se prépara comme si les ennemis eussent été en presence: on reconnut que c'étoient des troupes de Sa Majesté, qui conduisoient sur des chariots les corps de deux jeunes Seigneurs à leurs parens.

Celui de Loüis de Rohan Duc de Montbazon étoit dans le premier chariot: ce triste spectacle fit cesser la crainte, mais il n'en causa pas moins de douleur. Celle de Mr de Thou fut si vive, qu'il ne pût retenir ses larmes: les Vers suivans ne font voir qu'une partie de ses regrets.

* Ce n'est pas sans raison que de Thou s'exprime ainsi; car Pinard après quelque résistance, vendit sa place au Duc de Mayenne peu de tems aprés. Le Parlement séant à Châlons, lui fit son procez & à son pére, & confisqua leurs biens. Depuis, Henri IV. les rétablit dans leurs biens, & dans leur honneur. Voi les remarques sur Davila par Mr de Beauvais-Nangis, & Mr de l'hou lui-même dans l'Histoire générale.

SUR LA MORT
DE LOUIS DE ROHAN,
DUC DE MONTBAZON.

SI le Dieu des Combats ne verse point de larmes,
Il n'est pas insensible à la mort des Guerriers,
On dit qu'il soûpira, quand le destin des armes
Accabla Montbazon sous ses propres Lauriers.
Aux débris de son casque, aux éclats de sa lance,
On crût que sa douleur le rendroit furieux :
  N'est-il pas juste que les Dieux,
A la mort des Héros de célèste naissance,
Remplissent de regrets & la terre & les Cieux ?

Il y avoit une parfaite union d'amitié, & une grande conformité d'humeur & d'inclination entre le Duc de Montbazon & de Thou. Il avoit trouvé dans ce jeune Seigneur des sentimens si sincéres de Religion, une passion si solide pour l'équité, & pour tous les devoirs de l'honnête homme, un zéle si ardent pour la Patrie, & pour l'honneur de la France, que ce n'étoit pas sans raison qu'il regrettoit avec des expressions si tendres, la perte de tant d'excellentes qualitez, qu'il avoit cherchées jusqu'alors inutilement parmi les plus grands Seigneurs; aussi n'en parloit-on jamais devant lui, que ce triste souvenir ne lui arrachât des larmes.

Environ une heure aprés, ils rencontrérent le second chariot: il portoit le corps de Josias de la Rochefoucault Comte de Roucy, tué au combat d'Arques le 24 Septembre. Ce Seigneur étoit proche parent des enfans du Prince de Condé, sortis d'Eleonor de Roye, sœur de Charlotte sa mére. Cette parenté lui avoit donné une grande familiarité avec le Cardinal de Vendôme ;

par ce moyen, de Thou attaché au Cardinal avoit fait amitié avec lui : il en donna des marques dans les Vers fuivans, qu'il compofa pendant le chemin.

SUR LA MORT DU COMTE DE ROUCY.

A La mort de Roucy, les jeux, les ris, les Graces,
Par mille pleurs marquérent leur douleur ;
On les vit même éclater en menaces
Contre le Dieu jaloux, qui caufa ce malheur.
Dieu cruel, dirent-ils, Dieu de fang, de carnage,
Barbare, impitoyable Mars,
Qui voudra deformais fuivre tes étandarts ?
Si tu n'as respecté ni la beauté ni l'âge
De ce jeune Héros, qui charmoit nos regards ;
Ce port fi plein d'attraits, cette noble éloquence,
Rien n'a pû te fléchir, ni priéres, ni vœux :
Ah ! fans doute, pour fuir l'éclat de fa prefence
Tu détournas l'oreille & tu fermas les yeux ;
Ou plûtôt inhumain, ta jaloufie extrême
T'arma feule contre fes jours ;
Tu craignois fa valeur, ou fes charmans difcours,
Qui t'auroient defarmé toi-même.

L'enjoüement de ce jeune Comte égaloit fa valeur : Qualitez héréditaires dans la maifon de la Rochefoucault, & qui avoient rendu le Comte François fon pére, tué dix-fept ans auparavant au maffacre de la faint Barthélemi, fi cher & fi agréable à Charles IX. Le fils parloit bien Latin & encore mieux Italien ; il avoit fi bien attrapé les maniéres, le ton, & les différences de cette derniére langue, selon les personnages qu'il vouloit representer, que dans les heures de plaisir, qu'il passoit en particulier avec le Cardinal son cousin, où de Thou se trouvoit souvent, personne ne pouvoit s'empêcher d'éclater de rire, principalement en voyant son grand sérieux.

Aprés avoir traversé la France, ils arrivérent enfin à Châteaudun dans le Dunois, Domaine de la maison de Longueville ; le Roi s'y étoit rendu aprés avoir mis Garnison dans la petite Ville de Patai, en Beausse. De Thou l'y alla saluër aussi-tôt, & en fut reçû fort obligeamment : il lui rendit un compte exact de tout ce qu'il avoit fait en Italie, en Allemagne, & en Suisse ; il lui fit connoître dans une longue conversation qu'il eut avec lui, l'envie qu'il avoit remarquée dans Ferdinand de Médicis, Grand Duc de Toscane, de lui proposer Marie de Médicis sa niéce, que Sa Majesté épousa dix ans aprés. Il lui dit que le Sénat de Vénise, & tous les Princes d'Italie, ausquels la trop grande puissance d'Espagne étoit suspecte, auroient fort souhaité que Sa Majesté rentrât dans la Religion de ses péres ; mais qu'il ne croyoit pas que l'état de ses affaires permit qu'il le fît alors, ni même qu'il fut à propos qu'il témoignât en avoir le dessein ; que ne pouvant pas l'assister ouvertement, ils l'assisteroient en secret de quelques secours d'argent, qu'ils l'exhortoient neanmoins d'executer le plûtôt qu'il pourroit ; ce qu'il paroissoit résolu de faire, lors qu'il trouveroit des conditions sûres & raisonnables.

Le Roi, qui l'écoutoit attentivement, lui répondit : *Que contre son attente & toute apparence, la Providence divine l'avoit élevé à ce haut degré de grandeur où les autres se hâtent de monter par le desordre & par le renversement des Loix : Qu'il avoit vû devant lui quatre Princes dans la famille Royale, dont trois avoient régné sans laisser de postérité : Que Dieu avoit fait la grace au quatriéme de le mettre dans une situation égale à celle des Rois ; mais que ce Prince n'ayant pas reconnu ce que meritoient de si grands bienfaits, au contraire en ayant abusé, étoit mort devant que de parvenir à la Couronne : Que c'étoit à lui de prendre bien garde de tomber dans le même crime d'ingratitude, de peur d'éprouver le même châtiment, & d'être privé d'enfans ; ce qui lui seroit aussi sensible que préjudiciable à la France.*

Que l'affaire de la Religion lui faisoit d'autant plus de peine, qu'on y agissoit avec plus d'aigreur que de charité : Que ce n'étoit ni entêtement ni obstination, qui le faisoient persévérer dans une croyance où il avoit été nourri, & qu'il croyoit jusqu'à present la plus saine ; mais qu'il ne refusoit pas d'en embrasser une meilleure, lorsqu'on la lui feroit connoître : Que ce n'étoit ni par contrainte ni par violence, qu'il vouloit qu'on l'y amenât ; mais de son bon gré & comme par la main ; ainsi que la Providence l'avoit conduit sur le Trône : Qu'il souhaitoit que sa conversion ne lui fut pas particuliére, mais qu'à son exemple plusieurs autres, s'il se pouvoit, se fissent instruire tant dedans que dehors le Royaume.

Que suivant la coûtume reçûë dans l'Eglise cela se pourroit faire par l'assemblée d'un Concile, ou si le temps ne permettoit pas d'en tenir un général, par un National, ou du moins par une Conférence : Qu'il étoit prêt de sacrifier sa vie pour faire cesser une Guerre, qui faisoit répandre tant de sang innocent : Qu'on devoit avoir assez d'égards pour un Prince comme lui, sorti de tant de Rois, depuis un si grand nombre de siécles, & dont la cause étoit commune avec de puissantes Nations, pour faire en sa faveur ce qu'on sçavoit : ce que l'Eglise avoit accordé si souvent avec tant de fruit. Son salut étoit-il si peu considérable, & celui de tant d'ames répanduës dans toute l'Europe, au raport de ceux qui en jugent sainement, pour préférer pour les reünir, une voye incertaine & ruïneuse, à une douce & raisonnable ? En voyant les périls dont Dieu me garantit tous les jours, qui sçait, disoit-il, s'il ne m'a point fait naître pour être l'instrument dont il veut se servir à procurer la reünion de l'Eglise ? J'en suis persuadé & je le souhaite, mais quoiqu'il en puisse arriver, je me suis engagé par serment de ne faire violence à personne de même que je ne veux pas qu'on m'en fasse. J'ai juré de bonne foi en venant à la Couronne, de deffendre la Religion Catholique, Apostolique & Romaine ; je le ferai exactement. J'en prendrai les Evêques & les principaux auprés de moi, je mettrai les autres sous ma protection ; & puisqu'il est de mon devoir & de l'interêt de l'Etat que je veille également à la conservation de tous mes Sujets, je veux qu'on sçache & qu'on soit persuadé, que l'ambition ne me met point les armes à la main ; mais la justice des droits d'une légitime succession. Il est de mon devoir d'assûrer le repos & la tranquilité *des peuples, qui ne pouvant souffrir une domination étrangére, m'ont appellé à leur défense. Si je ne la prenois pas, j'aurois à essuyer de justes reproches, & la honte, dans les temps à venir, d'avoir laissé périr, par ma lâcheté, ceux qui attendoient leur salut de ma vertu.*

    Il tint encore sur le même sujet plusieurs autres discours avec cette éloquence vive & insinuante, qui lui étoit naturelle. Il ne pût même s'empêcher de laisser échaper quelques larmes, marques certaines que ses paroles étoient conformes à ses intentions & qu'il ne disoit rien qui ne partit du cœur.

    Cependant l'Armée s'aprocha de Vendôme ; le Gouverneur qui y avoit été mis auparavant par Sa Majesté, avoit trahi le feu Roi, & avoit manqué de parole au Comte de Soissons, qui en avoit répondu. Il avoit arrêté le Grand Conseil dans le temps qu'il y tenoit sa Jurisdiction durant les Etats ; mais alors n'aiant ni le courage de se deffendre, ni l'adresse de faire sa composition, lorsqu'on le somma, il fut pris avec la Ville, & eut sur le champ la tête trenchée. On pendit aussi le P. Robert Cheffé. De Thou qui avoit obligation à ce Cordelier, fit tout ce qu'il pût pour le sauver ; mais comme le Roi étoit hors la Ville, & que c'étoit Biron qui y commandoit absolument en son absence, on eut peu d'égards dans la chaleur de l'action aux sollicitations qu'on faisoit pour un homme de peu, dans le tems qu'on menoit au supplice le Gouverneur de la Ville, qui étoit d'une maison illustre ; d'autant plus que ceux qui intercédoient pour ce Gentilhomme, rejettoient la faute de sa desertion sur le Cordelier.

    Aprés la prise de Vendôme le Roi se rendit à Tours, où il fut reçû aux acclamations de toute la Ville. Il y fit espérer de remettre dans la premiére dignité de la Robe, Achilles de Harlai premier Président, qui s'étant peu de temps auparavant sauvé de la Bastille, étoit arrivé à Tours. Delà, il fut rejoindre son Armée, qui étoit décenduë dans le Maine, aprés avoir passé par l'Anjou & par le Château du Loir. Elle avoit assiégé le Mans, Capitale de la Province, qui se rendit à la honte des assiégez, aprés que ses Faubourgs eurent été brûlez ; ce qui donna beaucoup de chagrin à Sa Majesté.

    Ce Prince s'entretint avec de Thou sur le même sujet, dont

on a parlé ci-deſſus, & de Thou prit cette occaſion pour lui parler des conférences qu'il avoit eûës avec Vincent Duc de Mantouë, qui recommandoit inſtamment à Sa Majeſté les intérêts du Duc de Nevers ſon oncle. Là-deſſus le Roi écrivit au Duc de Nevers, & lui dépêcha de Thou, qui fit ſur le chemin de grandes refléxions ſur les converſations qu'il avoit eu l'honneur d'avoir avec Sa Majeſté, & ſur les heureux ſuccez de ſon nouveau régne : ce qui lui fournit le ſujet de l'Ode ſuivante, qu'il compoſa ſur la route. On y peut juger du caractére de ſon eſprit, & avec quelle modération il ménage la réputation de tout le monde, dans un tems où l'irritation des eſprits ſembloit donner la liberté de faire & de dire toutes choſes impunément : ainſi l'on doit avoir égard au temps qu'elle a été écrite, afin qu'on ne lui puiſſe rien reprocher.

ODE A HENRI IV.

HENRI l'amour du Ciel, délices de la France,
Appui des bons ſujets, leur plus douce eſpérance,
Prince, ſur qui l'Europe a maintenant les yeux,
Viens recevoir le prix que ta vertu te donne,
  Viens porter la Couronne
  Que portoient tes Ayeux.

Dieu t'appelle à vanger le meurtre de ton frére,
Son trépas te preſcrit une Loi néceſſaire
De ſoûtenir le poids d'un Sceptre abandonné,
Dans les plus grands périls, ta valeur qu'on admire
  Peut relever l'Empire
  Qui te fut deſtiné.

Celui qui comme toi, ſur l'Eternel s'aſſûre,
Qui l'invoque lui ſeul dans les maux qu'il endure,
Et qui croit que c'eſt Dieu, qui fait régner les Rois,
Se verra ſoûtenu par une main puiſſante,

Qui selon son attente
Couronnera ses droits.

Il s'expose au milieu des feux & du carnage,
Il force, sans trembler, le plus affreux passage,
Certain que l'Eternel sera son bouclier ;
Son bras aux ennemis arrache la Victoire,
Et des mains de la gloire
En reçoit le Laurier.

N'en a-tu pas, grand Prince, une preuve éclatante ?
Le Ciel qui te protege, a rempli d'épouvente
Ton superbe ennemi de sa fuite étonné,
Lorsque de tous côtez sa redoutable Armée,
Devant Dieppe allarmée,
T'avoit environné.

Ses nombreux Bataillons inondoient la campagne,
D'un côté l'on voyoit le rebut de l'Espagne,
De l'autre un tas confus de Valons, d'Allemans,
D'Italiens proscrits, acharnez au pillage,
Et qu'avec eux engage
La peur des châtimens.

Tels qu'on voit en Bearn, sur les monts Pyrenées,
Ou dans un bois épais, respecté des années,
Les pins passer de loin les arbres les plus hauts ;
Telles on vit alors mille enseignes flottantes
Briller parmi les tentes
De tes fameux rivaux.

Quand le bras du Seigneur, armé pour ta deffense,
Dissipa dans l'instant cette grande Puissance,
Dont les premiers efforts avoient rompu tes rangs ;
Il força la Victoire à marcher à ta suite,
Et fit prendre la fuite
A ces fiers Conquerans.

Plus une cause est juste, & son droit légitime,
Plus pour la soûtenir un bon sujet s'anime ;
Mais ceux que l'injustice arme contre l'Etat
Sont saisis de frayeur, qui semblable au tonnerre
  Les frappe & les atterre
  Au milieu du combat.

Déja les Ennemis publioient ta défaite,
Ils se vantoient déja de couper ta retraite,
Qu'ils t'avoient enfermé, sans espoir de sortir ;
Si tu ne hazardois ta vie & ta fortune
  Sur les flots de Neptune
  Qui devoient t'engloutir.

Saisis d'une terreur prodigieuse & prompte
Ils décampent alors, & se couvrent de honte ;
Dans leur déroute même, ils marquent tant d'effroi,
Qu'à l'aspect de Soissons, suivi d'un petit nombre,
  Ils ont peur de son ombre,
  Et pensent que c'est toi.

Vante ce faux triomphe, & tes Héros rebelles,
Fiére Ligue, en cent lieux, fais voler ces nouvelles,
Des femmes, des enfans, emprunte ici la voix,
Ou plûtôt voi Bourbon, avec mille cohortes,
  Qui va paroître aux portes
  De Paris aux abois.

Déja de tous côtez l'ennemi s'épouvente,
Il craint d'un Dieu vengeur, la foudre menaçante,
Tout reconnoît les Loix d'un Roi vaillant & doux,
Les Villes, les Châteaux, se rendent à sa vûë,
  Et la Ligue abattuë
  Embrasse ses genoux.

Considére les fruits que produit ta clémence,

MEMOIRES DE LA VIE

Sans répandre de sang, sans tirer de vengeance,
Tu fais offrir ta grace aux sujets repentans,
Ainsi dans peu de jours, tu soûmets tout le Maine,
  Dont ta bonté sans peine
  Gagne les habitans.

Si déja tant de gloire en tous lieux est semée,
Dirai-je que Vendôme, & prise & desarmée
N'a point interrompu le cours de tes exploits?
Dirai-je que le Loir, & fidelle & tranquille,
  N'arrose plus de Ville
  Qui ne soit sous tes Loix?

Les dehors de Paris, dont tu t'es rendu maître
A la Ville tremblante, ont déja fait connoître
Qu'en vain pour sa deffense elle attend l'étranger;
Et que pour prévenir les feux de ta vengeance,
  Ce n'est que ta clémence
  Qui la peut proteger.

Je voi la France, un jour, par tes soins réparée,
Joüir de l'âge d'or, de Saturne, & de Rhée,
Aprés un siécle affreux, de troubles & de combats;
Et la Religion, la pudeur, la Justice,
  A la place du vice,
  Régner dans tes Etats.

Tu sçais, comme à propos, on conjure un orage,
Comme on tient sous le joug, tout un peuple volage,
Comme on peut ramener de factieux Sujets;
Effet de cette vive, & haute intelligence,
  Qui par sa prévoyance
  Confond tous leurs projets.

Aussi, quand des mutins la fureur inutile
Recommençant sans cesse une Guerre civile,
Te contraint de t'armer, & de les prévenir,

La Victoire te fuit, & ses faveurs nouvelles
  Font voir à ces rebelles
  Que tu sçais les punir.

Poursuis, grand Roi, poursuis, dissipe tant de Ligues,
 Confonds le fier Ibére, épuise ses intrigues ;
Du Beau-pére & du Gendre arrête les efforts,
Rétablis les Autels, fais trembler le profane,
  Que ta voix le condamne
  A de justes remords.

Mais aprés que ton bras, sur un parti rebelle,
 Aura vengé ton frére & ta propre querelle,
Couronne tes exploits, par une heureuse paix ;
L'Etat te la demande, & sans impatience,
  L'attend de ta prudence,
  Réponds à ses souhaits.

Fin du quatriéme Livre.

LIVRE CINQUIÉME.

1590.

QUAND de Thou se fut aquitté de sa commission vers le Duc de Nevers, il revint trouver le Roi, qui aprés la prise du Mans, s'étoit rendu maître, avec la même facilité, de Laval, de Château-Gontier, d'Alençon, & d'Argentan. Le Château de Falaise s'étoit aussi soûmis aux forces & à la clémence de Sa Majesté, & Lysieux avoit pris le même parti.

Ce fut dans cette derniére Ville, que de Thou lui rendit compte de ce qu'il avoit fait à Nevers. Le Roi fut ensuite assiéger Honfleur, qui l'arrêta quelque temps, & il y courut risque de sa personne. Cette Place réduite, & tous les Châteaux des environs, il marcha aussi-tôt pour secourir Meulan, & renvoya de Thou à Tours, avec des Lettres pour le Cardinal de Vendôme. Il étoit instruit que ce Prélat avoit auprés de lui des personnes mal-intentionnées, qui lui debitoient des nouvelles contraires aux interêts de Sa Majesté, & qui les faisoient passer dans les Villes de son parti. Comme sa pénétration lui en fit envisager les conséquences, il chargea de Thou expressément de ne point quitter le Cardinal, ni le Comte de Soissons son frére, sûr, que tandis que de Thou seroit auprés de ces Princes, ils ne se laisseroient pas séduire par ces dangéreux esprits.

Aprés qu'il eut fait lever le siége de Meulan à ses ennemis, il vint se presenter devant Dreux, & le 14. de Mars donna la Bataille d'Yvry. Le Comte de Soissons de retour à Tours avant le combat, eut un si grand chagrin de ne s'y être point trouvé, qu'il en étoit inconsolable. La douleur qu'il en ressentit fut si vive, qu'il fut pris d'une fiévre quarte qui lui dura quinze mois, & pendant sa maladie on eut toutes les peines du monde à lui ôter de l'esprit l'idée de ce combat. Tout le parti du Roi reçût la nouvelle de cette Victoire avec des démonstations de joye qui éclatérent de tous côtez. De Thou témoigna la sienne de cette maniére :

SUR LA BATAILLE D'YVRY.

TU viens de te combler d'une immortelle gloire,
  Invincible Henri,
Ce n'est qu'à ton seul bras que tu dois la Victoire,
  Aux campagnes d'Yvry.

Ta valeur délivrant ton peuple d'esclavage,
  Rend l'honneur aux François,
Et remplit tes Soldats de ce brillant courage,
  Qu'ils avoient autrefois.

L'Ibére, dont le nombre enfloit les espérances,
  Les forçoit de plier ;
Quand te mêlant toi-même, au milieu de ses lances,
  Tu les romps le premier.

Par tes terribles coups tu fais prendre la fuïte
  A l'ennemi dompté,
Et la Victoire alors, étonnée à sa suite,
  Vole de ton côté.

On voit ailleurs des Rois, que la gloire Couronne
  Aux dépens du Soldat :
Ici ta valeur seule, & ta propre personne,
  Décident du combat.

Il fit encore sur ce sujet les Vers suivans :

CHantez, peuples, chantez, le triomphe du Roi,
  Chantez sa gloire & son courage,
Voyez les Lansquenets, vaincus, saisis d'effroi,

Nous laisser par leur fuite & canon & bagage ;
Les Suisses desarmez, & frémissans de rage
Leur reprochent leur lâcheté ;
Et soûmis au Vainqueur, ennemi du carnage,
Recouvrent leurs drapeaux avec la liberté.

Regardez mordre la poussiére
A tant de Castillans, à tant d'Italiens ;
D'Egmond, qui par orgüeil vous forgeoit des liens,
Dans un parti fatal voit finir sa carriére.
Chantez, peuples, chantez, le plus grand de vos Rois,
Célébrez sa valeur sur la terre & sur l'onde ;
Cette suite de grands exploits
Lui promet l'Empire du monde.

De Thou voulut encore féliciter sur cette Victoire la Ville de Tours, qu'on regardoit alors comme la vraye Capitale du Royaume.

A LA VILLE DE TOURS.

HEureuse Tours, heureux azile
Du peuple fidelle à ses Rois,
Doux séjour, agréable Ville,
Capitale des bons François.

Rendés graces au Dieu des armées,
Le Roi vainqueur est de retour,
Par des fleurs sur ses pas semées,
Solemnisez un si grand jour.

Montrez-lui par vôtre allégresse
Qu'il vous est cher & précieux ;
Embrassez sa brave Noblesse,
Qui vient de vaincre sous ses yeux.

Célébrez à jamais la gloire
D'un succés qui vous rend heureux ;
Faites-en durer la mémoire
Par des Fêtes & par des Jeux.

Que cette Victoire a de charmes
Pour tous les bons sujets du Roi,
Elle met fin à leurs allarmes
Et remplit les méchans d'effroi.
L'Ibére

L'Ibére armé de confiance,
Nous insultoit avec fierté;
Mais Dieu qui protége la France
A puni sa témérité.

Il lui fait voir que c'est un crime
D'appuyer la rebellion,
Qui ne peut être légitime
Sous le nom de Religion.

Qu'on fonde en vain ses espérances
Sur un peuple foible & leger,
Qui sur les moindres apparences,
A l'instant est prêt à changer.

Qu'il benit la plus juste cause,
Qu'il est le maître des combats;

Et que sa volonté dispose
Du gouvernement des Etats.

Que donc aujourd'hui vôtre zéle
Pour vôtre Roi victorieux,
Consacre une Fête nouvelle
A ce triomphe glorieux.

Ainsi, que jamais en furie,
La Loire débordant ses eaux,
Ne submerge vôtre prairie,
Et n'engloutisse vos troupeaux.

Que toûjours de fortes levées
Servent de digue à sa fureur;
Et que vos moissons conservées
Enrichissent le Laboureur.

Mantes ouvrit ses portes aprés la Bataille, Melun aprés quelque résistance, fut forcé d'en faire autant. Nogent & Bray sur Seine, se soûmirent encore au Vainqueur, que de Thou vint saluër aussi-tôt. Il trouva ce Prince dans les mêmes dispositions où il l'avoit laissé en partant pour Nevers; mais malheureusement la fureur de la Guerre ne permettoit pas aux Ligueurs de prêter l'oreille à des sentimens si raisonnables. De Thou absent de sa femme depuis un an, la vint voir à Senlis par la permission de Sa Majesté.

Pendant le siége de Paris, le Roi voulut surprendre Sens; comme il y trouva plus de résistance qu'il n'avoit crû, il revint dans son premier poste: aussi disoit-on alors, qu'il n'avoit quitté Dreux que pour vaincre à Yvry, & abandonné Sens que pour prendre Paris. Que si le Siége de cette derniére Ville n'eut pas le succez qu'il en espéroit, on peut dire que sa bonté seule en fut la cause. Ce généreux Prince qui ne pouvoit se résoudre à emporter de force, & à exposer au pillage la Capitale de son Royaume, voulut bien en différer la prise en écoutant des propositions d'accommodement : il aima mieux l'abandonner entière, que de la prendre ruïnée : ce qui parut bien quatre ans après, lors qu'il la prît & la conserva. Roi véritablement légitime, qui plus attentif à la conservation de son propre bien, qu'avide de celui d'autrui, ne sépare point ses intérêts de ceux de son peuple.

Comme le siége de Paris tiroit en longueur, le Roi voulut remettre l'ordre dans ses Finances, que la Guerre & ses fréquentes courses avoient fort dérangées. Pour cet effet, il jetta les yeux sur le Chancelier de Chiverni, & pour le faire venir à la Cour, lui dépêcha de Thou au Château d'Esclimont, où ce Magistrat s'étoit retiré. De Thou y fit plusieurs voyages par des chaleurs si excessives, qu'il en pensa souvent perdre la vie. Les Vers suivans qu'il composa sur le chemin, font voir la disposition des esprits & des saisons de ce temps-là.

STANCES IRRÉGULIÈRES AUX ZÉPHIRS.

Doux Zéphirs, qui par vos haleines
 Moderez si souvent les plus vives chaleurs,
  Soyez sensibles à mes peines,
Hâtez-vous d'appaiser mes mortelles douleurs ;
Tout languit dans nos champs, la poussiére brûlante
N'exhale que des feux, en épais tourbillons ;
Volez, Zéphirs, secondez mon attente,
Et pour me ranimer devenez Aquilons.

Flore dans nos Jardins ne respire qu'à peine,
Le vent n'agite plus les feüilles des Forêts,
Les troupeaux étendus au milieu de la plaine
  Cherchent en vain l'herbe & le frais,
Et mon cheval recrû me laissant sur l'arêne,

Je ne puis m'acquitter de mes ordres secrets ;
Volez, Zéphirs, que Flore vous raméne.

  Et toi, Flambeau du jour, & toi,
De tes ardens rayons, suspends la violence ;
Ne te souvient-il plus qu'au sortir de l'enfance,
Entraîné par l'amour, éprouvant sa puissance ?
Je montois au Parnasse, où tu donne la Loi ;
Je suis ton nourrisson, Phœbus, épargne-moi.

  As-tu vû sur nôtre Hémisphére
De Roi plus grand, que celui que je sers ?
  Lance tes feux dans ta colére
Contre ses ennemis cachez ou découverts :
Conserve ce Monarque, & détruis les Rebelles,
  Consume-les de toutes parts ;
Mais daigne garantir tous ses sujets fidelles,
Et les favoriser de tes plus doux regards.

  Qui peut troubler toute la terre,
Qu'une rebellion, si digne de tes traits ?
  Elle en bannit la douceur de la paix,
Et porte impunément le Flambeau de la guerre ;
Eclaireras-tu donc tant de lâches projets,
Tant d'affreux attentats, contre un Roi légitime ?
  Prêtes-tu ta lumiére au crime ?
Et vois-tu sans horreur de perfides Sujets ?

  Si nous en croyons tes Oracles,
  Bien-tôt le Roi victorieux,
  Forçant les plus puissans obstacles,
  Accablera les factieux,

Et montant sur un Trône, où régnoient ses Ayeux,
 Fera fleurir la paix en France.
Alors succederont aux triomphes de Mars
 Les Muses avec les beaux Arts ;
Les Poëtes alors, qui sont sous ta puissance,
Verront leur front couronné de Lauriers :
 Illustre & noble récompense
Des Chantres du Parnasse & des fameux Guerriers.

 Le lendemain du retour du Chancelier, le Roi se rendit maître de Saint Denis. Cette expédition réduisit les Parisiens à l'extrémité ; mais les delais de sa clémence, dont on vient de parler, donnérent le loisir au Duc de Parme de venir à leur secours, & il falut lever le siége.
 Dans ce tems-là, de Thou fut attaqué d'une fiévre violente au Château de Nantoüillet, dont le Roi lui avoit confié la garde avec une bonne Garnison. Il y apprit la mort de l'Abbé d'Elbéne. Il entretenoit un commerce journalier de lettres avec ce cher ami. Dans l'abattement que lui causérent cette perte & sa fiévre, il composa les Vers suivans.

SUR LA MORT
DE PIERRE D'ELBENE,
ABBÉ DE BELLOZANE.

Que le monde a de vains attraits,
 Et que la mort est incertaine,
  Elle ravit mon cher d'Elbéne,
Et me laisse vivant en proye à mes regrets.

D'Elbéne, en qui sembloient infuses
Les qualitez des hommes excellens,
Qui fut le favori des Muses,
Et dont la Cour admira les talens.

Ce docte Abbé, dont l'éloquence
Et l'esprit propre aux grands emplois,
Gagnoient avec tant d'assurance
Le cœur des Princes & des Rois.

La perte d'un homme si rare
Ne peut jamais se réparer ;
Ah ! faut-il que la mort barbare
Vienne aujourd'hui nous séparer.

Mon ame attachée à la tienne
Ne pouvoit, cher Ami, respirer qu'avec toi ;
Ne trouvant rien qui la soûtienne,
Je ne vis plus que malgré moi.

D'une amitié si fidelle, si tendre
Le cours ne devoit point finir :
Ah ! si la mort vient te surprendre,
Devoit-elle pas nous unir.

Si je n'ai pû, par mon abscence,
Recevoir tes derniers soûpirs,
Je veux du moins que ma reconnoissance
Fasse vivre à jamais en France
Tes vertus & mes déplaisirs.

Je veux graver au Temple de mémoire

Ton amitié conſtante, & tes emplois divers;
Aſſûré que ton nom paroiſſant dans mes Vers,
J'aurai quelque part à ta Gloire.

Au même Château de Nantoüillet, de Thou mit la derniére main à ſa Paraphraſe en Vers Latins des ſix petits Prophêtes. Comme Schomberg étoit abſent, il la dédia au fils de ce Seigneur, qui ſe nommoit le Comte de Nanteüil, jeune Gentilhomme qui donnoit déja de grandes eſpérances, qu'il a bien remplies depuis, & qui eſt preſentement l'honneur de ſa maiſon. Nous le voyons à la Cour avec de grandes Alliances & de grands biens; il en a dans l'Anjou, dans la Bretagne & la Xaintonge, outre ceux qui lui ſont venus de la ſucceſſion de ſon pére, dont il ſoûtient noblement la grande réputation.

Aprés la levée du ſiége de Paris on rappella la garniſon de Nantoüillet, & de Thou ſe retira à Senlis avec ſa femme. Là, il réſolut de s'aller établir à Tours, avec ce qu'il avoit pû ſauver du débris de la Fére. Comme ils alloient à Méru ſur le ſoir, un parti de la Garniſon de Beauvais leur enleva ces reſtes, & fit Madame de Thou priſonniére avec tout ſon équipage. Le mari ne pouvoit ſe réſoudre à abandonner une femme qui lui étoit ſi chére; mais ſes domeſtiques lui ayant repreſenté, que vû l'aigreur qui régnoit entre les partis, il avoit à craindre quelque choſe de plus fâcheux que la priſon, il ſe ſauva ſur un cheval vigoureux, & gagna Chaumont en Véxin, ſuivi tout au plus de deux Valets.

Jean de Chaumont-Guitry, ami intime de Mr de Thou, commandoit dans le Château. Il envoya ſur le champ un Trompette à Beauvais reclamer cette Dame, & tout ce qu'on lui avoit enlevé. Comme il ne pût rien obtenir, on dépêcha à Giſors où étoit le Roi. Biron en écrivit à Seſſeval, qui lui renvoya Madame de Thou avec tous ſes gens & ſon équipage: ainſi elle vint retrouver ſon mari avec ſes mêmes chevaux qu'elle avoit rachetez à Beauvais de l'argent qu'elle emprunta de ſes amis.

Dans ce temps-là l'on réſolut à la Cour d'envoyer en Allemagne Henri de la Tour Vicomte de Turenne, pour lever des

Troupes ; on lui voulut aſſocier de Thou pour négocier auprés des Princes d'Allemagne, tandis que Turenne agiroit de ſon côté ; mais dans la ſuite, on aima mieux le laiſſer auprés du Chancelier ſon beau-frére pour le ſoulager dans l'expédition des affaires. Depuis le Roi le jugea plus utile à Tours auprés du Cardinal de Bourbon-Vendôme, connoiſſant le pouvoir qu'il avoit ſur ſon eſprit & la ſageſſe de ſes conſeils, qui retiendroient ce Prélat dans ſon devoir. On avoit averti Sa Majeſté que le tiers parti, compoſé d'eſprits ambitieux, qui cherchoient à s'élever parmi les troubles, vouloit profiter de la diviſion de la maiſon Royale. Effectivement quand de Thou fut arrivé à Tours, il s'apperçût que l'avis n'étoit pas ſans fondement.

Cependant par les conſeils & par les ſoins du Chancelier on diſpoſa toutes choſes pour le ſiége de Chartres ; il fut plus long qu'on ne l'avoit crû. Pendant ce temps-là les Ligueurs ſe rendirent maîtres de Château-Thierry, & firent venir à Paris des vivres en abondance par la Champagne & par la Brie. On eſpéroit pourtant que la priſe de Chartres incommodéroit plus Paris, qu'il ne recevroit de commoditez de Château-Thierry.

1591.

Comme on doutoit de la priſe de Chartres, même dans l'Armée du Roi, on commença de s'appercevoir de la mauvaiſe diſpoſition des eſprits de Tours. On y fit d'abord quelques aſſemblées particuliéres, & l'on dit hautement depuis, que le Roi, qui avoit fait eſpérer de ſe réconcilier à l'Egliſe, avoit oublié toutes ſes promeſſes depuis la Bataille d'Yvry ; qu'il ne ſe ſoucioit plus de répondre aux vœux de ſes peuples ; qu'il fondoit toutes ſes eſpérances ſur la force de ſes armes ; qu'on ſçavoit cependant combien elles étoient incertaines : que le Siége qui l'occupoit depuis ſi long-temps en étoit une preuve ; que ſi une pareille Place avoit pû interrompre le cours de ſes victoires, que ne devoit-on pas craindre de tant de Villes conſidérables & de fortes Citadelles, qui lui réſiſteroient dans toute l'étenduë du Royaume ? Qu'on ſe trompoit de compter ſur ſa bonne foi, tandis qu'il ſe rendoit maître des Villes les unes aprés les autres : qu'il le falloit preſſer de ſonger à lui ſans différer davantage ; qu'autrement ils prendroient les meſures qui leur conviendroient le mieux.

Dans le tems qu'ils faiſoient répandre ces plaintes, Chartres ſe rendit contre leur attente; mais leurs murmures ne ceſſerent pas. Ce Parti s'étoit déja fortifié non-ſeulement parmi ceux qui tenoient celui du Roi; mais il s'étoit inſenſiblement augmenté dedans & dehors le Royaume, par de ſecrettes pratiques & de ſourdes menaces; déja les broüilleries éclatoient à Tours, & les ſoupçons qu'on avoit jettez dans l'eſprit du peuple, y cauſoient du mouvement. Là-deſſus de Thou & Gilles de Souvré Gouverneur de la Ville pour le Roi, & dont le tiers Parti ne pût jamais ébranler l'incorruptible fidélité, furent d'avis de faire venir à la Cour ceux qui étoient à Tours, d'autant plus que le jeune Duc de Guiſe venoit de ſe ſauver de ſa priſon.

Le Roi aprés la ſurpriſe de Louviers étoit à Mantes, où ſon Armée ſe rétabliſſoit, & où il attendoit les ſecours qui lui venoient des païs étrangers. Il ſortit de la Ville au-devant du Cardinal de Vendôme, & le combla de carreſſes; il en uſa de même envers ceux de la ſuite de ce Prélat, qu'il ſçavoit être les principaux Auteurs de ces cabales. Il eſpéroit qu'en leur faiſant voir de plus grands avantages de ſon côté que de celui du Cardinal, il les mettroit dans ſes intérêts, & qu'ils lui ſerviroient de ſurveillans auprés de lui; ce qui ne manqua pas d'arriver. Depuis ce tems-là, il ne ſe paſſoit rien entre eux dont Sa Majeſté ne fût incontinent avertie; cependant ce parti ſe fortifiant de jour en jour, penſa réüſſir dans une entrepriſe qu'il avoit formée pour ſurprendre Mantes, où le Roi étoit alors en perſonne.

Aprés l'arrivée du Cardinal & de quelques autres Prélats, qui s'étoient rendus auprés de lui; mais qui n'entroient point dans ſes intérêts. On fit aſſembler le Conſeil où l'on propoſa diverſes affaires; par-là l'on vouloit leur faire connoître que ce n'étoit pas par défiance qu'on les avoit mandez, mais pour prendre leurs avis. On y propoſa d'abord la révocation des Edits, que la Ligue avoit extorquez du feu Roi, & de faire une Déclaration en faveur des Proteſtans, pour confirmer les Edits de Pacification, & pour affermir la paix du Royaume. Le Cardinal s'y opoſa, & crût rompre la délibération en ſe retirant; mais aucun des Prélats qui aſſiſtoient au Conſeil ne l'ayant ſuivi, ſa tentative fut inutile, & la Déclaration fut dreſſée. Le

Roi

Roi qui fçavoit que de Thou n'avoit que de bonnes intentions pour le repos de l'Etat, & qui connoiffoit l'averfion qu'avoit ce Magiftrat pour toutes les factions qui déchiroient le Royaume, le chargea de faire vérifier cette déclaration au Parlement avec ordre de propofer aux Compagnies d'affifter Sa Majefté de quelque argent, ou de lui en prêter. Il lui donna auffi des lettres pour le Comte de Soiffons, qui étoit refté à Tours quand fon frére, le Cardinal, en partit pour la Cour. Ce Comte, qui avoit la fiévre quarte, étoit allé prendre l'air au Château de Maillé.

Avant que le Roi partît de Mantes il y reçût la nouvelle de la mort de Jacques Amiot Evêque d'Auxerre, Grand Aumônier de France & Garde de la Bibliotéque du Roi. Amiot avoit été précepteur de Charles IX. & d'Henri III. & comblé de grands bien-faits & de riches Bénéfices, par fes magnifiques éleves. Sa dépoüille fut auffi-tôt partagée entre ceux aufquels on l'avoit déja deftinée ; car pendant ces Guerres on en ufoit de cette maniére, du vivant même de ceux qui poffedoient des Charges. Renauld de Beaulne Archevêque de Bourges fut fait Grand Aumônier, & de Thou Garde de la Bibliothéque. Il eft de l'intérêt des gens de Lettres de fçavoir qu'Amiot avoit traduit de Grec en François les Poëmeniques de Longus, quelques Livres de la Bibliothéque hiftorique de Diodore de Sicile, l'hiftoire Ethiopique d'Héliodore, & enfin les Oeuvres de Plutarque. Véritablement il avoit traduit ce dernier Auteur avec plus d'élégance que de fidélité, & s'étoit moins attaché à la vérité du Texte, qu'à la beauté de la diction ; cependant ces traductions lui avoient fait une grande réputation.

La Charge de Grand Aumônier qu'avoit eüë Jean le Veneur de Carrouges Evêque d'Evreux, & celle de Provifeur du Collége Royal, dont les Cardinaux de Lorraine & de Châtillon avoient été pourvûs, ayant vâqué dans le même tems, elles furent données conjointement à Amiot. Abus de grande conféquence pour l'avenir, & qui obligea de Thou d'en avertir l'Archevêque de Bourges, & Jacques-David du Perron, qui lui fuccéda : car fi le hazard avoit voulu que ceux qui les avoient jufqu'alors poffédées conjointement, en fuffent trés-capables, tant par eux-mêmes que par l'inclination qu'ils avoient pour les belles Lettres, & pour ceux qui en faisoient profession, il pouvoit fort bien arriver dans un tems & dans une Cour où tout se donnoit à la brigue & à la faveur, que l'une de ces Charges, & peut-être toutes les deux ensemble, passeroient dans les mains de quelque ignorant, qui disposeroit à sa fantaisie & des Sciences & des Professeurs.

Il engagea donc l'un & l'autre de prendre des provisions particuliéres de deux Charges si différentes, afin que ceux qui brigueroient à l'avenir la premiére comme la plus lucrative & la plus honorable, sçûssent que l'autre ne devoit être remplie que par des personnes qui puissent juger du mérite des gens de Lettres, & que la porte des Muses doit être fermée à des ignorans qui les deshonorent. Ces deux Prélats convenoient de cette vérité ; mais ni l'Archevêque ni le Cardinal, aprés lui, n'y donnérent aucun ordre ; desorte qu'on doit appréhender, comme l'ont bien prévû des personnes trés-habiles, que l'abus ne soit encore plus dangereux à l'avenir.

Si-tôt que de Thou fut arrivé à Tours, il se rendit auprés du Comte de Soissons, & lui présenta les Lettres de Sa Majesté. Il l'instruisit des motifs qui avoient obligé le Roi d'accorder un Edit en faveur des Protestans, & de révoquer ceux que la Ligue avoit extorquez de Henri III. & qui l'excluoient lui-même de la succession à la Couronne ; que Sa Majesté le prioit, & qu'il étoit de son intérêt de se trouver au Parlement, lorsqu'il s'y agiroit de la Vérification, pour faire connoître à toute la France qu'il ne s'étoit rien fait que du consentement de la Maison Royale. Le Comte ne s'en éloigna pas d'abord, mais il s'aigrit depuis pour quelques raisons particuliéres ; & lors que de l'avis de Souvré de Thou retourna chez lui de la part du Roi, pour le presser de venir au Parlement, le Comte le reçût avec des paroles fort desobligeantes, & ne voulut pas s'y trouver. Il est vrai que quelques jours aprés il lui fit quelques excuses de cette dureté, & lui dit qu'il avoit de la considération & de la bonne volonté pour lui, que c'étoit plûtôt par raport à de certaines personnes, qu'il étoit inutile de nommer, que par raport à lui, qu'il en avoit usé de cette maniére.

Cependant aprés la prise de Noyon, le Roi s'en alla sur les Frontiéres du Vermandois, au-devant de l'Armée qui lui venoit d'Allemagne, & qui étoit conduite par Chriftofle Prince d'Anhalt, & par le Vicomte de Turenne. Il fe rendit aprés au Siége de Roüen le jour Saint Martin.

Il manda au premier Préfident de Harlai de l'y venir trouver avec des Députez du Parlement, qui furent Jean de Thumery, Jacques Gillot, & Jean de Villemereau : de Thou les y accompagna. En paffant au Mans ils aprirent qu'en l'abfence du Duc de Mayenne il y avoit eu une fédition à Paris; que le Préfident Barnabé Briffon, qui tâchoit de modérer l'emportement des efprits, y avoit péri honteufement avec Claude Larcher & Jean Tardif, & que le Duc de Mayenne en avoit auffi-tôt fait la punition avec hauteur.

La plûpart furent touchez de la fin malheureufe de ces Magiftrats ; quelques-uns cependant crûrent que la République des Lettres y avoit plus perdu que l'Etat, peu furpris de voir périr le Préfident, puis qu'aux dépens de fon honneur & de fa vie il avoit mieux aimé vivre avec les Ligueurs & occuper parmi eux une première Charge, qui ne lui appartenoit pas, que de fuivre le parti de fon Roi, & de fe contenter de la Place qu'il pouvoit occuper en fûreté avec fes confréres.

Le premier Préfident, les Députez, & de Thou, arrivérent à Dernetal au commencement de Février. Le jour précédent le Roi avoit été bleffé légérement à Aumale par les Troupes du Duc de Parme, qui vinrent fondre fur lui. Cette nouvelle fit trembler non feulement l'Armée, mais encore tous les bons François qui l'aprirent : chacun fit réfléxion fur l'affreux changement qu'auroit aporté la perte d'un fi grand Prince, dont la vie faifoit la fûreté de l'Etat ; principalement dans un tems où fes fucceffeurs étoient trop foibles pour réfifter aux Confeils & aux forces des Etrangers, qui étoient fi puiffans dans le Royaume ; d'ailleurs, fa perte auroit entraîné la leur, puifqu'ils ne fe foûtenoient que par fa conduite & par fa vertu.

1592.

Le Roi qui apprehenda que l'aproche imprévûë de fes ennemis ne mit quelque defordre dans fon Armée, jetta Givri dans Neufchâtel avec une bonne Garnifon, pour les arrêter pendant quelque temps; bien affûré qu'ils ne voudroient pas laiffer derriére eux une fi bonne Place. Il y envoya auffi quelques Troupes Allemandes sous les ordres de Fabien Rebours, dont l'Histoire parle avec éloge en bien des endroits : cependant la Place fut bien-tôt obligée de se rendre à des conditions honorables. Le Duc de Parme prétendoit que Rebours, qui commandoit des étrangers, n'ayant point été nommé dans la Capitulation, ne devoit point y être compris sous le nom général de la Garnison; Rebours prétendoit le contraire : cependant le Duc le retint prisonnier pendant quelques jours, & le renvoya au Roi, qu'il appelloit le Prince de Bearn, & qu'il fit juge de ce différent. Le Roi prononça en faveur de Rebours.

Si-tôt que Rebours fut arrivé au camp, le Roi lui demanda, devant que de lui parler de son affaire, ce que le Duc de Parme disoit de la derniére action de guerre de Sa Majesté. Rebours voulut d'abord s'en excuser; mais comme le Roi lui ordonna de parler, il lui dit, que le Duc étoit surpris qu'un grand Prince comme lui se fût exposé sans nécessité dans un aussi grand péril, où il hazardoit sa personne & tout son parti. Le Roi qui ne s'attendoit pas au sentiment du Duc, qui n'étoit que trop véritable, lui répondit avec indignation & avec chaleur, qu'il n'étoit pas étonnant que le Duc de Parme, qui faisoit la Guerre sous les ordres, avec des Soldats & aux dépens d'autrui, sans rien risquer du sien, parlât de cette maniére; mais que pour lui, qui soûtenoit par son courage & par ses fatigues le poids d'une Guerre dont toutes les suites sembloient principalement le regarder, on ne devoit pas être surpris, si accablé de chagrins & environné de mille périls, il cherchoit aux dépens d'une vie pleine de traverses à finir la Guerre en s'exposant.

Dans ce tems-là, les assiégez firent une furieuse sortie, tuërent & renversérent tout ce qui se trouva dans la tranchée, avec une sanglante perte des assiégeans. Le Maréchal de Biron en rejettoit la faute sur Loüis Breton de Grillon Colonel du Régiment des Gardes : il prétendoit que les fréquentes allées & venuës que Grillon avoit fait faire pour négotier avec André de Brancas de Villars, qui défendoit la Ville & le Fort Sainte Cathérine, avoient donné les moyens aux Assiégez, & fourni l'occasion à Villars d'entreprendre cette sortie.

Un jour que Grillon vint dans le cabinet du Roi pour s'excuser là-deſſus, il paſſa des excuſes aux conteſtations, & des conteſtations aux emportemens & aux blaſphêmes. Le Roi irrité de ce qu'il continuoit ſi long-temps ſur le même ton, lui commanda de ſortir; mais, comme Grillon revenoit à tous momens de la porte, & qu'on s'aperçût que le Roi blêmiſſoit de colére & d'impatience, on eût peur que ce Prince ne ſe ſaiſît de l'épée de quelqu'un, & qu'il n'en frapât un homme auſſi inſolent. Enfin, s'étant remis aprés que Grillon fut ſorti, & ſe tournant du côté des Seigneurs qui l'accompagnoient, & qui avec de Thou avoient admiré ſa patience aprés une brutalité ſi criminelle, leur dit: *La Nature m'a formé colére; mais depuis que je me connois, je me ſuis toûjours tenu en garde contre une paſſion qu'il eſt dangereux d'écouter; je ſçai, par expérience, que c'eſt une mauvaiſe conſeillére, & je ſuis bien-aiſe d'avoir de ſi bons témoins de ma modération.* Il eſt certain que ſon tempéramment, ſes fatigues continuelles, & les différens états de ſa vie, lui avoient rendu l'ame ſi ferme, qu'il étoit beaucoup plus le maître de ſa colére que de ſes plaiſirs.

On remarqua que durant la conteſtation de Grillon le Maréchal de Biron, qui ſe trouva chez le Roi, & qui étoit aſſis ſur un coffre, faiſoit ſemblant de dormir; que plus elle s'échauffoit, & que les voix s'élevoient, plus il affectoit de dormir profondément. Quoique Grillon ſe fut d'abord aproché de lui pour l'injurier, & qu'il lui criât aigrement aux oreilles, qu'il n'étoit qu'un chien galeux & hargneux, la compagnie fut perſuadée qu'il n'avoit affecté ce profond ſommeil qu'afin de ne ſe point commettre avec un emporté & un furieux; ce qu'il eût été contraint de faire, pour peu qu'il eût paru éveillé: on crût encore qu'il avoit voulu laiſſer au Roi toute la fatigue de la conteſtation.

Avant cette ſanglante ſortie des Aſſiégez, Sa Majeſté s'étoit fait un plaiſir, pendant le ſiége, de mener ſouvent le premier Préſident & les Députez, que de Thou accompagnoit, viſiter ſes travaux & ſes tranchées; il les entretint au ſujet des Bulles d'excommunication des Papes, & leur dit: Qu'il étoit preſſé par les Prélats de ſon parti, qui lui demandoient la permiſſion d'envoyer leurs Députez à Rome, conformément au réſultat de leur aſſemblée, tenuë à Chartres pour la cenſure de ces mêmes Bulles, quoiqu'il fut informé que fes Parlemens de Tours & de Châlons en Champagne avoient déja donné leurs Arrêts contre elles. Le premier Préfident & les Confeillers qui n'étoient venus au camp que pour cette affaire, s'opoférent long-temps à cette députation. Ils lui repréfentérent qu'elle avoit été défenduë par Arrêt du Parlement ; que fuivant l'ufage établi par leurs Prédeceffeurs, cét Arrêt devoit avoir la même force pendant ces démêlez, que s'il l'avoit prononcé lui-même ; que s'il vouloit maintenir l'autorité Royale, il ne devoit point fouffrir qu'aucun de ceux qui fuivoient fon parti, fe mêlât de donner atteinte à fes Déclarations ni aux Arrêts de fon Parlement : ainfi de l'avis des Députez, & de celui des Cardinaux & des Prélats qu'on affembla pour cette affaire, l'on dreffa une efpéce de nouvelle Pragmatique, & l'on fit quelques réglemens fur la conduite qu'on devoit tenir dans ces temps de divifion, pour faire venir de Rome les provifions, les difpenfes, & les autres chofes pour lefquelles on a accoûtumé d'y recourir ; que cependant les Parlemens en connoîtroient conformément à ces réglemens. Ceci eft expliqué plus au long dans l'Hiftoire générale.

Mais comme cette délibération fut tenuë fecrette, cela n'empêcha pas que les Prélats n'obtinffent la permiffion d'envoyer à Rome. Cette affaire terminée le Roi congédia honorablement le premier Préfident & les Députez. Il renvoya auffi à Tours de Thou, qui lui avoit apporté trente mil écus d'or, qu'il avoit ramaffez de tous côtez. Il le chargea de travailler encore à lui en envoyer davantage, avec des ordres particuliers de fe fervir de cet argent, comme il le jugeroit à propos, lui donnant même des gens pour executer ce qu'il leur commanderoit, & qui devoient lui obéïr comme à lui-même. De Thou ne s'en fervit qu'avec modération, & tant qu'il pût, ne fit violence à perfonne, à l'exception de quelques-uns, qui fe croyans plus fins que les autres, s'attirérent de trés-fâcheufes affaires en croyant les éviter.

Sur le chemin de Chartres à Tours, il tomba griévement malade ; cependant il fouffrit fon mal le plus patiemment qu'il pût jufqu'à Tours ; tantôt allant à cheval, tantôt en carroffe, quelquefois en litiére, peu s'en falut qu'il ne mourut en chemin la derniére journée. Si-tôt qu'il fut arrivé, Charles Falaizeau & François * Lavau Médécins célébres, & tous deux de ses amis, le vinrent voir. Diane d'Angoulême, qui l'a toûjours constamment honoré de son amitié, & dont la vertu héroïque répondoit à sa naissance, lui envoya aussi son Médecin nommé Jaunai. Son mal venoit du séjour de quatre mois, qu'il avoit fait au camp devant Roüen, où l'air corrompu par la longueur du siége, avoit causé la peste.

Alias, Vertunia.

En effet, au bout de trois jours on apperçût autour de ses reins ces espéces de charbons qui sont les marques certaines de cette maladie, & l'on desespéra absolument de sa guérison. On ne négligea rien contre un mal si dangereux, jusqu'au quatorziéme jour, que de l'avis de Falaizeau, qui disoit s'être quelquefois servi de ce reméde avec succez, on lui fit prendre dans de l'eau cordiale, une infusion d'une pierre de Bézoa ; que la Duchesse d'Angoulême avoit donnée à Jaunai. Ce reméde lui causa de fréquentes défaillances ; mais les charbons se dissipérent, ses forces se rétablirent à mesure que la fiévre diminua, & sa santé revint entiérement quelque tems aprés, avec autant de joye de tous les honnêtes gens de la Ville, que sa maladie leur avoit causé de chagrin.

Ses premiers soins aprés sa guérison furent de donner à Dieu des marques publiques de sa reconnoissance, pour toutes les graces qu'il avoit reçûës de sa bonté ; il mit au jour un Poëme latin †, qu'il composa à l'imitation du Prométhée du Poëte Æschyle, & le dédia à Jean de Thumery & à Claude du Puy ses intimes amis, qui s'étoient intéressez particuliérement à sa santé.

† C'est sa Tragédie intitulée *Prometheus vinctus*, ou le *Démon enchaîné*, qui se trouve dans ses Poësies sacrées.

Sur la fin de l'année il partit de Tours pour aller à Chartres, où la Cour s'étoit renduë. Quelque temps auparavant le Cardinal de Gondi & le Marquis de Pisani, sur le refus du Duc de Luxembourg, en étoient partis pour l'Italie. Ils avoient ordre d'y traiter la réconciliation du Roi avec le Pape ; le Sénat de Venise devoit y employer sa médiation, & le Grand Duc avoit promis de l'appuyer de tout son crédit.

Dans ce tems-là, la Princesse Cathérine, qui pendant ces Guerres avoit toûjours demeuré à Pô, vint trouver le Roi son frére. Ce Prince alla au-devant d'elle, & la reçût à Tours comme elle

1593.

y arrivoit. Pendant son absence les ennemis assiégérent & prirent Noyon. Sur la nouvelle de ce Siége le Roi revint à Chartres, & courut dans le Vermandois pour tâcher de secourir la Place, s'il étoit possible ; mais les assiégez, qui avoient fait leur Capitulation de se rendre, s'ils n'étoient secourus dans un tems marqué, ne reçûrent aucunes nouvelles du Roi, & quand ce temps fut expiré, rendirent la Place.

Sofroy Calignon fait Chancelier de Navarre aprés la mort de Michel Hurault de l'Hôpital, vint aussi à la Cour dans le même temps. Il étoit illustre par sa probité & par son érudition ; d'ailleurs, il étoit homme d'expérience & rempli d'expédiens dans les affaires les plus épineuses, qu'il débarassoit avec une merveilleuse sagacité. Il avoit étudié au Collége de Bourgogne, & comme il étoit plus âgé de quatre ans que de Thou, il lui avoit appris la maniére de faire des Vers; ce que de Thou marque en quelque endroit de ses Ouvrages. De Thou renouvella avec lui une ancienne amitié, que le malheur des Guerres précédentes avoit interrompuë, & la conserva depuis chérement tout le temps de sa vie.

On sçût que sur la fin de l'année derniére le Duc de Mayenne avoit publié un manifeste à Paris. Schomberg & de Thou, du consentement du Roi, furent d'avis d'y répondre au nom des Princes, des Prélats & des Seigneurs qui suivoient Sa Majesté : cela donna lieu de proposer une Conférence entre les Parties, qui ne pouvant la refuser honnêtement convinrent d'un rendez-vous, & du tems qu'ils s'assembleroient. Aprés plusieurs entrevûës on conclut une Tréve, & l'on espéra que dans le temps qu'elle dureroit les esprits échauffez par la chaleur & la violence des troubles, qui leur avoient donné tant d'aversion pour la paix, pourroient enfin revenir de leur emportement, & la souhaiter avec autant de passion qu'ils y avoient témoigné de répugnance.

Ce fut encore dans ce tems-là que de Thou se mit à travailler à ce corps d'Histoire que nous avons de lui, & c'est principalement par raport à cét Ouvrage que l'on écrit sa vie ; il y avoit plus de quinze ans qu'il en avoit formé le dessein. Dans cette vûë il avoit depuis long-temps amassé de tous côtez les mémoires néceſſaires, ſoit dans ſes voyages, ſoit par le commerce de lettres & d'amitié qu'il avoit entretenu dés ſa jeuneſſe, avec tout ce qu'il y avoit de gens illuſtres dans l'Europe & principalement en France. Il avoit apris ce qui s'étoit paſſé de plus particulier ſous le Régne de nos derniers Rois, de ceux qui avoient été employez dans les grandes Ambaſſades : il avoit exactement examiné les mémoires & les inſtructions des Sécrétaires d'Etat : il n'avoit pas même négligé (l'on l'avouë naturellement) tout ce qu'on avoit écrit de part & d'autre dans ces tems de troubles ; mais avec la ſage précaution de diſtinguer la verité du menſonge, par le moyen & par les avis de ceux qui avoient eu part eux-mêmes aux affaires les plus conſidérables.

Ainſi, c'eſt avec une extrême injuſtice que ſes envieux lui ont reproché qu'il s'étoit attaché à de méchans libelles, & à de mauvais bruits répandus dans le public ; on peut aſſûrer qu'il n'a rien écrit qu'il n'ait puiſé dans les ſources mêmes de la vérité, & l'on remarque dans ſa narration, ce rare caractére de candeur également éloigné de la haine & de la flâterie : auſſi l'on voit à la tête de ſon Ouvrage une Ode intitulée * *la Vérité*, qui lui ſert d'introduction. Ceux qui l'ont connu & qui ont été témoins de ſa conduite, peuvent lui rendre ce témoignage ; que ſi par modeſtie il ſe jugeoit inférieur à bien des gens, en d'autres qualitez, il leur a toûjours diſputé le premier rang à l'égard de la ſincérité. Le menſonge lui fut toûjours ſi odieux, qu'à l'exemple de cét † Ancien dont parle Cornélius-Nepos, il ne mentoit pas même dans ſes diſcours les moins ſérieux.

* On trouvera cette Ode traduite à la fin de ces Mémoires.

† Epaminondas.

On ſçait encore que depuis ſa vingtiéme année qu'il entra dans le monde, & qu'il vécut parmi les plus grands hommes de l'Etat, il y aquit la réputation d'avoir beaucoup de candeur & de probité ; qu'il conſerva cette réputation entiére dans le maniement des grandes affaires où il fut, & où il eſt encore employé. Que s'il s'eſt trouvé contraint de raporter quelques faits odieux, du moins, pour peu qu'on veüille lui rendre juſtice, on peut juger par la comparaiſon de ceux qui ont traité le même ſujet, avec quelle modération ſon penchant à interpréter favorablement toutes choſes, lui a fourni les termes les plus doux, pour tâcher d'en diminuër la honte & le reproche : auſſi ſes amis lui ont souvent oüi dire, que tous les matins, outre les prières que chaque fidéle est obligé de faire au Seigneur, il lui adressoit ses vœux en particulier, pour le prier de purifier son cœur, d'en bannir la haine & la flâterie, d'éclairer son esprit, & de lui faire connoître, au travers de tant de passions, la vérité que des intérêts fort oposez avoient presque ensevelie.

Qu'avec un si grand secours, & le témoignage de sa conscience, il ne doutoit pas qu'il n'eût rempli une grande partie des devoirs d'un Historien, si le jugement, qui est la plus nécessaire, ne lui a point manqué: que là-dessus il espéroit que les siécles à venir lui rendroient une justice qu'il n'attendoit peut-être pas du sien; c'est pourquoi, dans la confiance où il étoit que son Ouvrage passeroit à la postérité, il souffrit qu'un de ses amis composât sous son nom le Poëme suivant, pour servir comme d'Apologie, à ce qu'il avoit apris, qu'on n'aprouvoit pas, soit à Rome, soit à la Cour de France. Il est assez à propos de le raporter ici, quoiqu'il ait été fait bien depuis le temps dont nous parlons.

A LA POSTERITÉ.

Fondement de l'Histoire, exacte verité,
As-tu donc parmi nous perdu la liberté?
Quoi! pour avoir suivi tes fidelles maximes,
Exalté les vertus, fait détester les crimes;
A Rome, en France même, on traite d'attentat
Ce que j'ai composé pour l'honneur de l'Etat.
A qui donc me plaindrai-je? où sera mon refuge?
Rome est l'Accusatrice & veut être mon Juge.
Toi qu'on ne peut corrompre, équitable avenir,
Quand on m'attaquera, daigne me soûtenir;
J'ai travaillé pour toi, j'attends ma récompense
De ton jugement seul, & de ma conscience.

Si mon travail te plaît, juste Postérité,
Que pourra contre moi le Vulgaire entêté?
Sa jalouse critique, & ses faux-témoignages
Ne flêtriront jamais mon nom ni mes Ouvrages.
Un jour viendra, sans doute, où l'envie & l'erreur
Ne lançant plus les traits d'une injuste fureur,
Ce qu'on blâme aujourd'hui trouvera lieu de plaire,
Et l'on rendra justice à ma plume sincére.
Cependant sans aigreur & dans de simples Vers,
Je veux me disculper aux yeux de l'Univers;
Je dois cette défense à ma gloire offensée,
Ma plume n'a jamais déguisé ma pensée;
Vrai dans tous mes discours, libre en mes sentimens,
J'ai toûjours de mon cœur suivi les mouvemens:
Eh! que n'eût-on pas dit si ma plume servile,
Au gré de mes Censeurs eût corrompu mon style?
Accusé d'impudence & de mauvaise foi,
Je leur eusse fourni des armes contre moi.
Quiconque a le cœur pur, le jugement solide,
Aime la vérité, comme un fidelle guide;
Si dans l'ennemi même il la faut respecter,
On doit dans ses amis les vices détester.
Que chacun à son gré me condamne ou m'aprouve,
J'honore la vertu, par tout où je la trouve,
Sans distinguer ni rang, ni pays, ni parti;
Ainsi victorieux du monde assujetti,
Aléxandre à Porus accorda son estime;
J'eus toûjours pour objet cette juste maxime.
Je ne m'en repents point; que ces adulateurs
Du mensonge fardé, lâches admirateurs;
Qu'un tas de paresseux, d'ignorans, d'hipocrites,

MEMOIRES DE LA VIE

Vils esclaves des Grands, infâmes parasites,
Perturbateurs secrets du repos des Etats,
Blâment ces sentimens, ou ne les blâment pas;
Pour moi qui suis sans fiel, mais qui hais l'artifice,
Je rends aux bonnes mœurs une entiére justice.
J'ai toûjours regardé comme un bon Citoyen,
Celui que l'on voit même aux dépens de son bien,
Aux dépens de son sang, garder la foi promise,
Qui déteste la fraude & l'injuste surprise,
Que l'or ni les grandeurs ne tentérent jamais;
Qui plus que tous les biens, sçait estimer la paix,
Et qu'on trouve en dedans, quand on le veut connoître
Modeste & vertueux, sans le vouloir paroître;
Une trop longue barbe, un air sombre, affecté,
Témoignent plus d'orgueil, que de sincérité:
Dieu seul sonde les cœurs, démasque les visages,
Et montre dans leur jour tous les faux personnages.
Ici l'on me reproche, avec mille dédains,
D'épargner mon encens aux Pontifes Romains,
Lors qu'à ceux que l'erreur de l'Eglise sépare,
On me voit sans scrupule en être moins avare,
Et qu'au lieu du silence, ou d'un juste mépris,
On voit que leur loüange infecte mes écrits.
Téméraire critique as-tu lû mes Histoires?
N'ai-je pas exalté les Marcels, les Grégoires,
Ceux qui si justement se sont nommez Pieux?
Qu'ai-je dit de Caraffe, & des dons précieux,
Dont le Ciel le combla comme un rare modéle?
Ai-je tû leurs vertus? ai-je oublié leur zéle?
Mais si l'on doit loüer de si dignes Pasteurs,
Tous ont-ils mérité l'éloge des Auteurs?

Combien en a-t'on vû de moins Saints que les autres,
Occuper à leur tour la Chaire des Apôtres ?
C'est le fort des humains d'être tous imparfaits,
Et le Seigneur mesure à son gré ses bien-faits.
Quoi ! pouvois-je aprouver le profane Aléxandre,
Dont l'infâme avarice osa tout entreprendre ?
Pour élever ses fils, enrichir sa Maison,
N'usa-t'il pas du fer, & même du poison ?
Si je monte plus haut, excuserois-je Jule,
Qui du pouvoir des clefs, abusant sans scrupule,
Les jetta dans le Tybre, & les armes en main
Mit en feu l'Italie & le peuple Romain ?
Comment justifier un autre Jule encore,
Qu'une lâche indolence à jamais deshonore,
Et qui dans le réduit d'un Jardin enchanté,
Oublia ses devoirs, ternit sa dignité ?
Pourquoi, me dira-t'on, d'un style pathétique,
Exposer ces défauts à la haine publique ?
Ne valoit-il pas mieux les taire ou les cacher ?
Censeur, sais-tu pourquoi l'on doit les reprocher ?
Rien n'empêche les Grands de suivre leur caprices,
Que le soin de leur gloire & la honte du vice ;
Ce frein seul les arrête & retient leur penchant,
Chacun fuit le reproche & le nom de méchant ;
Tous craignent qu'en secret la renommée instruite
Ne découvre au grand jour leur injuste conduite,
Et qu'un Historien ne montre à l'Univers
Des crimes qu'ils croyoient de ténébres couverts.
Vous donc, ô Souverains ! qui gouvernez la terre,
Vous êtes au Théâtre, & le peuple au Parterre ;
On vous voit d'autant plus, que vous êtes plus haut,

On aperçoit de vous jusqu'au moindre défaut,
On veut vous pénétrer, & même le Vulgaire
Pése vos actions au poids du Sanctuaire.
Si donc de la vertu vous suivez les sentiers,
Aux yeux de vos Sujets montrez-vous tout entiers:
Leur loüange sincére, & vôtre conscience,
Feront vôtre bonheur plus que vôtre puissance ;
Sans craindre alors le peuple, & ses regards malins,
Vous régnerez en paix, & parmi vos festins,
Vous ne tremblerez plus en jettant vôtre vûë,
Sur une épée en l'air, par un fil suspenduë ;
Tel le premier Consul, que Rome eût autrefois,
Se fit aimer du peuple, en observant les Loix.
On voit dans Rome même une Place publique,
Où régnent la Satyre, & l'affreuse critique ;
Là, triomphe Pasquin, qui raille impunément
Des foiblesses des Grands & du Gouvernement ;
Il n'épargne personne, & son voisin Marphore
Lui répond par des traits plus déchirans encore ;
Souvent de leurs bons mots, les termes éfrontez
Révoltent la pudeur par leurs impuretez:
Les Poëtes, sur tout, dont la Muse affamée
Par le mépris des Grands, de rage est animée,
Sans craindre le retour, y versent en tous lieux
De leurs Vers pleins de fiel, le poison odieux ;
En vain pour réprimer cette ouverte licence,
On fait armer des Loix la suprême puissance ;
La Garde vainement veille autour du Pasquin,
On n'a jamais surpris ni lui ni son voisin ;
Et l'Auteur inconnu de leur aigre Satyre,
Toûjours en liberté, peut & pourra médire.

Mais de tous ces brocards les traits si redoutez,
Donnent-ils quelque atteinte aux saintes véritez ?
A cette Foi si pure, aux Chrétiens révélée,
Que jadis Pierre & Paul de leur sang ont scellée,
Qui fut toûjours la même; à qui les Nations
Portent un saint respect dans ses décisions,
Et qui de siécle en siécle, à nos Ayeuls transmise,
Réünit l'Univers dans le sein de l'Eglise.
Qu'à Rome on cesse donc de noircir un Auteur,
Qui ne veut imposer ni paroître flâteur;
S'il prise la vertu, s'il déteste le crime,
Sa liberté n'a rien, qui ne soit légitime,
Et n'a point de raport à la Religion.
Pour moi, quoi-qu'ennemi de toute passion,
Si contre les méchans, ma haine naturelle,
Ou si des vertueux la peinture fidelle,
M'ont fourni des traits vifs & pleins de liberté,
Je suis né Catholique, & l'ai toûjours été.
Dans l'Eglise élevé, dés ma plus tendre enfance,
Je n'ai point démenti cette heureuse naissance;
J'ai marqué mon horreur en tous lieux, en tout tems,
Contre un Schisme suivi de long soûlévemens;
Jamais on ne m'a vû du parti des rebelles,
J'ai blâmé leurs fureurs & leurs Ligues cruelles,
Et détestant la Guerre & les séditieux,
J'ai suivi constamment la Foi de mes Ayeux.

Illustre Cardinal, à qui dés ma jeunesse,
Je fus lié des nœuds d'une étroite tendresse;
D'Ossat, qui m'as connu dans mes divers emplois,
Viens aux yeux du public justifier ton choix;

Mon cœur te fut ouvert tout le tems de ma vie,
Si la lumiére, helas! ne t'étoit point ravie,
Tu fermerois la bouche à mes Accusateurs,
Et la foible innocente auroit des protecteurs.
Favori des neuf sœurs, & l'honneur de nôtre âge,
Du Perron joints au sien ton glorieux suffrage ;
Et toi, témoin si sûr de mes soins pour l'Etat,
Gloire de ta Patrie & du sacré Sénat,
Morosin, qui m'aimas d'une amitié si tendre,
Dépose en ma faveur, & daigne me défendre ;
N'as-tu pas reconnu ma foi, ma probité ?
Sois mon garand fidelle à la Postérité.

Je viens aux Protestans, dont la moindre loüange,
Aux yeux de mes Censeurs paroît un monstre étrange.
L'Histoire, disent-ils, doit les rendre odieux ;
Pouvois-je refuser aux talens précieux
De l'esprit, du sçavoir, de l'adroite éloquence,
D'exercer les beaux Arts, d'en donner connoissance?
Un éloge sincére, & qu'on doit aux vertus,
Dont ceux que j'ai loüez ont été revêtus.
C'est ainsi qu'autrefois un * Auteur de Sicile
Dans sa Bibliothéque, à tous sçavans utile,
Fit passer jusqu'à nous & les dits & les faits
Des grands hommes fameux dans la guerre & la paix ;
L'éloquent Sozoméne a fait la même chose,
Et rendit de sa plume hommage à Theodose.

Je croi, qu'à leur exemple, on doit me pardonner
De loüer Leonclave, & Fabrice, & Gesner,
Et Camérarius, & le docte Xylandre,
Tant d'autres, qu'en ces Vers on ne sçauroit comprendre ;
Ascham & Bucanan, Votton, & Junius,

* Diodore.

Ces

Ces Eſtiennes ſçavans au monde ſi connus,
Dont les ſoins d'imprimer en de beaux caractéres,
De tant d'anciens Auteurs, les rares exemplaires,
Rendront le nom illuſtre à nos derniers Neveux;
J'ai joint le grand Eraſme à ces hommes fameux,
Et n'ai pû me réſoudre à ternir dans l'Hiſtoire,
De ſes rares talens, l'honorable mémoire;
S'il eut quelques erreurs, on dût les excuſer,
Puis qu'Eraſme étoit homme, il pouvoit s'abuſer:
Dans un eſprit de paix, on a dû le reprendre,
Et ne le forcer pas à vouloir ſe deffendre.
Que de ſes ennemis, dans la même rigueur,
On éclaire la vie, on pénétre le cœur:
Que n'y verroit-on pas? de véritables crimes,
Et des erreurs peut-être, ou d'horribles maximes;
Chaque âge a ſes deffauts, je ſçai que jeune encor,
A ſa plume mordante il donna trop l'eſſor;
Mais ſans attention aux traits de ſa critique,
Conſiderons ſa mort Chrétienne & Catholique,
Et jugeons de ſon ame, & de ſes ſentimens
Par ſa derniere Epître adreſſée aux Flamands.

    Dois-je ici repouſſer un reproche honorable,
De montrer pour nos Loix un zéle inébranlable,
D'en ſoutenir par tout la juſte autorité,
Et de blâmer tous ceux qui leur ont réſiſté?
Ces Loix qui de l'Etat ſont les fermes colomnes,
Sont dans l'ordre du Ciel, qui donne les Couronnes
En formant les Etats, Dieu leur donna des Loix,
Quiconque les viole eſt rebelle à ſa voix.
De tout temps on a vû la Juſtice Divine
Des factieux publics permettre la ruïne;

Tel Séjan autrefois dans le Tybre entraîné,
Eprouva la fureur d'un peuple forcené ;
Tel de Catilina, Céthégus le complice
Fut puni justement par le dernier suplice.
Vous n'arracherez point, dit le Texte sacré,
Les limites du champ entre vous séparé.
Ceux donc qui par la brigue, ou de sourdes cabales,
Sapent dans un Etat les Loix fondamentales,
Sont des serpens cachez, qui déchirent son sein,
Prêts à faire éclater un dangereux dessein.
Peut-on penser, ô Ciel ! à la suite du crime
De quiconque renverse un pouvoir légitime ?
Combien de maux affreux traîne infailliblement
Un changement de Loix, & de gouvernement ?
Des esprits scrupuleux, fâchez qu'on les instruise,
S'offencent du recit du Concile de Pise,
Convoqué par Loüis, le plus doux de nos Rois,
Prince dont la mémoire est chére aux bons François ;
Pour le bien de la paix, il tenta cette voye
De séparer enfin le bon grain de l'yvroye,
Et de parer les traits, qu'un Pontife hautain
Alloit lancer sur lui les armes à la main.
Quoi donc ! pouvois-je taire une Histoire publique ?
Vous loüez, diront-ils, cette audace authentique,
Même indirectement le Saint Siége est noté ;
Je voi ce qui les blesse, un trait de liberté.
Oseroient-ils blâmer un Roi rempli de zéle,
De soûmettre au Concile une juste querelle,
D'assembler ses Prélats, afin de prévenir
Des abus que le Schisme alloit entretenir ?
Cette précaution n'est-elle pas permise

Dans un Roi Trés-Chrétien, fils aîné de l'Eglise?
Ne devoit-il donc pas en cette qualité
User de son pouvoir & de sa fermeté?
Soûtenir tous ses droits, & ceux de sa Couronne,
Supprimer pour jamais le nom de Babylone,
Empêcher l'avenir de trouver aucun lieu
Aux défauts prétendus de l'Epouse de Dieu;
Déraciner enfin ces semences fatales
De plaintes, de discordes, & de honteux scandales.
Que nous serions heureux, si les événemens
Avoient justifié de si beaux sentimens!
Qu'un Concile si juste eût été nécessaire!
Jamais Jule *oubliant son Sacré caractére,*
N'eût rempli l'Italie & de feux & de sang.
Léon qui le suivit dans cét Auguste rang,
Profanant, vendant tout, jusques aux Indulgences,
Pour fournir à son luxe, à ses folles dépenses,
N'eut jamais fait revivre un feu mal appaisé,
Dont le monde Chrétien fut bien-tôt embrasé;
Le Nord, la Germanie, & toute l'Angleterre
Reconnoîtroient encor le Siége de Saint Pierre.

 Autre nouveau reproche, effet de passion,
Pourquoi, dit-on, parler de cette Sanction,
Que vos grossiers Ayeux apelloient Pragmatique?
N'a-t'on pas suprimé ce Réglement antique?
Cependant établi par un grand Empéreur,
Deux Rois, deux sages Rois, l'ont remis en vigueur.
Tout le tems qu'il eut cours, la France fut heureuse,
L'Eglise dans la paix, sans Secte dangéreuse;
Si le Schisme est fatal, au Germain, à l'Anglois,
Nous obligera-t'on à relâcher nos droits?

Faudra-t'il oublier un si constant usage ?
N'oserons-nous du moins en informer nôtre âge ?
  Il ne me reste plus, qu'à me justifier
D'un crime atroce, affreux, qu'on ne peut expier.
A quoi bon détester cette heureuse journée,
Ou dans un piége adroit l'Héréfie amenée
Vit ses plus grands supôts de toutes parts meurtris
Ensanglanter la France & les murs de Paris ?
Ignorez-vous, dit-on, qu'une action si sainte,
Dans Rome est approuvée, au Vatican est peinte:
Et que de tous les coups portez à l'ennemi,
Aucun n'égale encor la Saint Barthelemi ?
  Romains, dévots Romains, qui brûlez d'un faux zéle,
Me ferez-vous sans cesse une injuste quérelle ?
Pourquoi confondez-vous & les tems & les lieux ?
Chantez à haute voix un jour si glorieux,
Célébrez tous les ans son illustre mémoire,
Et que le Vatican conserve cette Histoire,
Vous le pouvez dans Rome, & par-delà les monts;
Les Muses de Sicile, ou plûtôt les Démons
Peuvent aussi chanter, au milieu de leur Isle,
Sur un semblable ton, les Vêpres de Sicile.
Ces applaudissemens ne conviennent qu'à vous,
Et nous trouvons amer, ce qui vous paroît doux.
Nous sommes différens de pays, de langage.
Quoi ! j'aurois approuvé cét horrible carnage,
Desavoüé cent fois avec confusion,
L'Eternel deshonneur de nôtre Nation.
J'aurois loüé ce jour, qui nous remplit d'allarmes,
Autorisa la haine & lui fournit des armes ;
Jour affreux qui vit naître un esprit de fureur,

Qui vit verser le sang, sans remords, sans horreur ;
Non ; la fidélité que l'on doit à l'Histoire,
Manquant pour ce Tableau de couleur assez noire,
Je n'ai pû trop marquer mon éxécration ;
Ce ne fut que desordre, effroi, combustion ;
On renversa les Loix, appui de la Patrie ;
L'Etat fut ébranlé, la Justice flétrie ;
On viola la paix, ce Tresor précieux,
Le bien-fait le plus grand qu'on reçoive des Cieux,
Le salut des Etats, pour qui l'Eglise entiére,
Tous les jours au Seigneur adresse sa priére.

 Vous, qui dans la molesse & dans l'oisiveté,
Engourdis de langueur & de sécurité,
Passez vos jours heureux dans une paix profonde,
Digne Postérité de ces Maîtres du monde !
Vous vous trompez, Romains, si vous ne croyez pas
Que rien puisse troubler vos tranquilles Etats.
Ah ! si comme autrefois on voyoit à vos portes
Bourbon accompagné de nombreuses cohortes,
Escalader vos murs, mourir victorieux,
Livrant à vôtre Ville un assaut furieux :
Si le superbe d'Albe, & l'Armée Espagnole,
Venoient encor de nuit au pié du Capitole,
Prêts à bouleverser vos tours & vos ramparts,
Alors, certes alors, fuyant de toutes parts,
Par vos propres périls rendus plus pitoyables,
Vous pourriez compâtir à des malheurs semblables,
Vous chercheriez la paix, dont le fruit précieux
Ailleurs qu'en vos Etats vous devient odieux,
Vôtre tour peut venir aussi-bien que le nôtre :
Aujourd'hui c'est à l'un, & demain c'est à l'autre ;

Un orage fatal, dont nous sentons les coups,
Quoi-qu'il soit éloigné peut passer jusqu'à vous.
Ne voit-on pas aussi dans vôtre propre terre,
De tristes monumens des fureurs de la guerre ;
Le Comtat embrasé se souviendra long-tems,
D'un ravage funeste à tous ses habitans ?
Quand le fier des Adrets vangea la Barbarie,
Que dans Orange en feu Serbellon en furie
Exerça contre un peuple indignement traité ;
Que vous payâtes cher cette inhumanité !
Qu'Avignon est à plaindre! & qu'Orange est voisine!
Si parmi vous un jour ce même esprit domine,
Et si las de la paix, qui vous rend tous heureux,
Vous écoutez encor des conseils dangereux ;
Si tous ces fainéans, vain fardeau de la terre,
Aux dépens de vos biens rallument cette guerre,
Sans craindre des malheurs qu'ils ont déja causez,
Sans prévoir les périls où vous vous exposez,
Helas ! combien de maux vous ferez-vous vous-mêmes ?
Pourrez-vous regarder sans des frayeurs extrêmes
Vos Sujets dans les fers, vos champs sans Laboureur,
Le sang couler par tout, vrai spectacle d'horreur !
Vos Prêtres dispersez, fuyant de Ville en Ville,
Même au pied des Autels ne trouver point d'azile ;
Ou si quelqu'un échape aux fureurs du Soldat,
Le peuple l'accuser des malheurs de l'Etat ?
Mais sans pousser plus loin un odieux présage,
Disons la vérité, rendons-lui témoignage,
Christ a-t-il quelque part dans tous ses mouvemens ?
Est-ce-là pratiquer ses Saints Commandemens ?
Que devient dans le cours d'une guerre cruelle

Cette union des cœurs, cette amour mutuelle ?
Que devient le lien de la societé,
La source des vertus, l'ardente charité,
Qui toûjours du Chrétien fut la marque authentique ?
A ne considérer que l'ordre politique,
Respecte-t'on des Loix, la juste autorité,
L'innocente pudeur est-elle en sûreté ?
La guerre est en un mot le triomphe du vice,
Et l'on n'y voit ni foi, ni pitié, ni justice.

   Ne vous servez donc plus du glaive temporel,
Romains, vôtre partage est le spirituel ;
Le fer détruit de Dieu les images vivantes,
N'élevez vers le Ciel que des mains innocentes
Dont le sang n'ait jamais terni la pureté,
Et desarmez un Dieu justement irrité.
Envers les séparez devenez charitables,
Pour être dans l'erreur, ils ne sont point coupables,
Si par foiblesse humaine, ils ont été surpris,
Ce n'est point par le fer qu'on guérit les esprits.
Quelle est donc la maxime, ou plûtôt l'injustice,
Qui prétend les forcer même par le suplice ?
Quittez ce sentiment indigne de Chrétiens,
Il est pour les gagner de plus justes moyens ;
L'innocence des mœurs, une pure Doctrine,
Des raisons que fournit la Parole Divine,
Des Argumens tirez de la Tradition,
La pitié, la douceur, la conversation ;
Voilà pour les dompter, les armes qu'il faut prendre,
La rigueur les aigrit, les force à se défendre,
Les prisons, les gibets, augmentent leur fureur,
Eh ! qui pourroit, helas ! raconter sans horreur

Les troubles de l'Europe & la funeste suite
De cette dangereuse & sévére conduite ?
J'étois prêt de finir, & je touchois au Port,
Flâté que mes Censeurs ne feroient plus d'éfort,
Et qu'il ne restoit plus de traits à l'imposture,
Quand tout-à-coup s'éleve un odieux murmure;
De mon Pére, dit-on, je trouble le repos,
J'impose à sa mémoire, & dis mal à propos,
Que contre son avis & par obéïssance,
Il excusa ce jour la honte de la France,
Ce massacre inhumain, dont comme Magistrat
Il loüa la justice au milieu du Sénat.

 Nom pour moi si Sacré! Cendres que je révére!
Ici je vous atteste; ô Manes de mon Pére
J'apelle devant vous de ma sincérité!
Vous n'êtes point blessez de cette Vérité!
Jour & nuit devant moi vient s'offrir vôtre image,
Elle éclaire mes pas, observe mon langage,
Et si dans mon chemin je venois à broncher,
Je la voi toute prête à me le reprocher ;
C'est elle, comme un Juge, éclatant de lumiére,
Qui me montre le prix, au bout de la carriére,
Et qui pour m'animer, me met devant les yeux
Les grandes qualitez de mes nobles Ayeux ;
Je les voi signalant leur valeur & leur zéle,
Au Siége * d'Orleans répandre un sang fidéle ;
Je voi deux noms fameux dans les siécles passez,
Au comble des honneurs l'un & l'autre placez,
De Marle & d'Armagnac mourans pour la Patrie,
Du peuple par leur sang apaiser la furie ;
Chef des conseils de paix, & digne Chancelier

* Genabum, se prend ici pour Orleans.

De

De Ganay, je ne puis, ni ne veux t'oublier ;
C'est à de si grands noms *, que je dois ma naissance,
Tous sont de ma Famille, ou dans mon Alliance :
Non, la Postérité, ne m'accusera pas
De m'être indignement écarté de leurs pas ;
Jamais on ne m'a vû, par d'infâmes bassesses,
Mandier à la Cour, les honneurs, les richesses :
Content dans mon état, dans ma condition,
J'ai vécu sans intrigue & sans ambition.

* Voi les Remarques.

   Ressource auprés des Rois, aujourd'hui nécessaire,
Ombres de mes Ayeux, mémoire de mon Pére,
Qui de tes longs travaux délivré pour jamais,
Possedes dans le Ciel une éternelle paix.
Vous sçavez que toûjours fidelle à ma naissance,
Fidéle aux grands emplois dont m'honora la France,
Je n'ai fait en servant ma Patrie & mon Roi,
Rien d'indigne de vous, rien d'indigne de moi.
Que n'ayant refusé ni mes soins ni ma peine,
Mon zéle dégagé de faveur & de haine ;
Mériteroit peut-être un peu d'attention,
Si l'on aimoit la paix, & l'esprit d'union.
Lors que je subirai la Loi de la Nature,
Mon ame auprés de vous se rendra toute pure ;
Je mourrai sans reproche & sans être infecté
Des maximes d'un siécle, ingrat, sans charité.

   Mais puisque Dieu permet dans sa juste colére,
Que l'on n'écoute plus de conseil salutaire,
Qu'on se laisse entraîner par les plus violens,
(Ce que j'avois prévû dés mes plus jeunes ans)
Quand des Faucons legers je chantois le courage,

F f

Maintenant que je touche au déclin de mon âge
Je laisse le champ libre à tous mes envieux ,
Et quitte des emplois qui leur blessent les yeux.

On a déja dit que cette Apologie fut faite sous son nom, par un de ses amis. Depuis long-temps un secret pressentiment lui faisoit aprehender que l'Histoire qu'il nous a donnée ne lui attirât des affaires, (ce qu'il craignoit moins par raport à sa fortune, que par raport à l'utilité publique) cela le fit ressouvenir de son *Poëme de la Fauconnerie*, qu'il avoit composé, il y avoit plus de vingt-sept ans, & qui finit par une espéce de présage de ce qui lui devoit arriver. Il l'avoit fait voir à son ami ; & afin qu'on puisse juger de sa prévoyance, il faut inférer ici les propres Vers de ce Poëme.

Ceux qui passant un jour prés de mon Monument,
Verront qu'un Gazon simple en fera l'ornement ,
Diront, tout étonnez d'une telle avanture ,
Celui qui dans ces lieux choisit sa Sépulture ,
Des plus grands Magistrats avoit reçû le jour ;
Il fut de sa Famille , & l'espoir, & l'amour ;
De grandes qualitez, une juste opulence ,
Tout pouvoit soûtenir l'honneur de sa Naissance.
Pour régler ses devoirs , il eut devant les yeux
L'exemple & les vertus d'un grand nombre d'ayeux;
D'un Pére illustre encor , l'honorable mémoire ,
Se joignoit dans son cœur, à l'amour de la gloire.
Il préféra pourtant aux plus brillans emplois
Une douce retraite & le calme des bois ;
Il préféra l'étude , & le repos des Muses ,
Aux faveurs de la Cour , si vaines , si confuses ;
Aimant mieux sans éclat, vivre & mourir en paix.

Le front ceint d'un Laurier, qui ne flêtrit jamais,
Qu'aux dépens des vrais biens, que donne la retraite,
De joüir dans le Public d'une gloire inquiéte.

Il eſt ſurprenant que de Thou porté naturellement à faire du bien, même à ſes ennemis, qui de ſa vie n'a offenſé perſonne, qui n'a écrit ſes Annales que dans la vûë de la gloire de Dieu, & de l'utilité publique, qui a un ſi grand interêt de connoître la vérité,& de la tranſmettre à nos deſcendans,qui n'a rien avancé que ſur la foi des garans les plus ſûrs,qui fait voir par tout un eſprit ſi dégagé de complaiſance, de haine & d'ambition, ait été cependant attaqué par tant de calomniateurs au ſujet de ſes Hiſtoires.

Il eſt plus ſurprenant encore, que leur malignité ne ſe ſoit pas contentée de relever avec aigreur les fautes legéres où il eſt malaiſé à tout Hiſtorien de ne pas tomber dans le cours d'un ſi long Ouvrage, mais ait encore cherché par les plus mauvais artifices à décrier l'Auteur : juſques-là, que paſſant de l'examen de ſes écrits à celui de ſes mœurs, ils ont voulu pénétrer juſques dans l'intérieur de ſon domeſtique, afin que rien n'échapât à la fureur de leur animoſité.

Ses amis lui en demandant un jour la cauſe, il leur répondit qu'il n'en ſçavoit point d'autre, que ce qu'on ne vouloit point voir dans ſes écrits ce qui y étoit caché, & que ſes ennemis n'avoient oſé attaquer ouvertement ; & lorſqu'ils cherchérent ces raiſons ſecrettes d'une haine ſi violente & ſi peu méritée, ils crûrent que l'averſion & l'horreur qu'il témoigne dans tout le corps de ſes Annales, contre nos Guerres de Religion, en étoit le ſujet. Effectivement il y tâche de détourner ſes Lecteurs d'une voye ſi violente, comme il s'en eſt expliqué plus librement dans ſa Préface, dans laquelle il déclare que la Guerre n'eſt pas un moyen légitime de réparer les bréches qui ont été faites à la Religion. Il y inſinuë en pluſieurs endroits, qu'il eſt néceſſaire de rétablir l'ancienne diſcipline de l'Egliſe, & que conformément aux Decrets du Concile Oecumenique de Conſtance, on dévroit aſſembler des Conciles tous les dix ans, ſi la néceſſité n'oblige de le faire plus ſouvent.

Ce qui les irrite le plus, c'eſt qu'il y défend nos Loix, les prérogatives du Royaume, les Libertez & les Priviléges de l'Egliſe Gallicane, & enfin ce qu'il ajoûte de la *Pragmatique*, qu'il nomme nôtre *Palladium*. Comme ce ſont des uſurpateurs qui ne cherchent qu'à s'enrichir, par ſurpriſe, du bien d'autrui, aux dépens même du Schiſme & de la ruïne de l'Egliſe, ils ne demandent pas mieux que de voir la guerre & la révolte déchirer les Royaumes de la Chrétienté, pour en pouvoir détruire les libertez, & pour établir leur puiſſance déméſurée ſur le mépris de la majeſté des Souverains.

Voilà ce qui leur tient ſi fort au cœur; voilà la ſource véritable de cette furieuſe averſion, & le motif ſecret de ces Libelles répandus par tout, & remplis de tant de venin: il eſt inutile d'en chercher d'autres. C'eſt ce qui a donné lieu à la cenſure qu'on a faite à Rome de l'*Hiſtoire de Jacques-Auguſte de Thou*, ſans aucuns égards pour l'Auteur & ſans écouter ſes raiſons: alors il n'en paroiſſoit encore qu'une partie d'imprimée; mais avec cette fatale Préface qui leur eſt ſi ſenſible, quoi-qu'ils ſe gardent bien d'avoüer qu'elle en ſoit le ſujet.

Cependant lors que le Cardinal Bellarmin l'eut lûë & qu'on lui en eut demandé ſon ſentiment, il répondit qu'il n'y trouvoit rien digne de cenſure. Il eſt vrai qu'il ajoûta que le régne de Henri II. ayant plûtôt été troublé par les Guerres étrangéres que par les Guerres de Religion, il y avoit eu de la précipitation d'en rejetter les cauſes ſur elle: mais comme cette Préface regarde l'Hiſtoire entiére, qui comprend toutes nos Guerres civiles, elle avoit été imprimée avec le Régne de François II. ſous lequel elles avoient commencé.

Cela n'empêche pas que ces envieux de nôtre repos ne continuënt leurs médiſances depuis dix ans. Ils ne ſçauroient ſouffrir que nous joüiſſions d'une Paix concluë & executée de bonne foi: ils reprochent comme un crime à un homme, qui a travaillé depuis treize ans par l'ordre de Henri le Grand à réconcilier les eſprits, de parler des Proteſtans avec modération, & de leur rendre la juſtice, qui eſt dûë à tout le monde. Imbus d'une nouvelle doctrine, & ſe flâtans que la Providence divine favoriſera leurs entrepriſes, ils croyent contribuër à la gloire de

Dieu, par les cabales, les conjurations, par la force, par la Guerre, & par les maſſacres. Les tendreſſes du cœur, les priéres, les larmes, les Conférences paiſibles avec les Séparez, leur paroiſſoient des moyens trop doux contre un mal qui fait de jour en jour de nouveaux progrez. Ils jettent feu & flâme contre ceux qui implorent le ſecours des Conciles, les traitent de dévoyez & d'hérétiques, du moins de gens ſuſpects & peu affectionnez à la Religion. Ces hommes dangereux qui en abandonnant le ſoin des Brebis égarées, ſe ſont dépoüillez de l'eſprit de charité de leurs Ancêtres, aiment mieux traiter avec une dureté hors de ſaiſon, & ſous un faux prétexte de l'indépendance de l'autorité Eccleſiaſtique, ceux qui tâchent de conſerver le lien de la paix & de la concorde. Ils préférent la pompe, le faſte, l'ambition, & leur paſſion ardente de dominer, aux dépens même du Schiſme de l'Egliſe, à la ſimplicité, à la frugalité de nos Ancêtres, à la douceur, à la charité ſi néceſſaire à ramener les Proteſtans : enfin, comme les Sages du monde, ils ſe préparent à la Guerre dans le ſein de la Paix. Les mauvais ſuccez ne les rebutent point ; ils ſe font un jeu de porter le fer, le feu, & la déſolation de tous côtez, pourvû qu'ils ſe vengent, pourvû qu'ils ruïnent & faſſent périr ceux qui n'ont pas aprouvé leurs mauvais deſſeins, ou qui ont oſé s'y opoſer.

Voilà ces gens qui crient ſi haut contre l'illuſtre Auteur dont nous écrivons la vie ; voilà les cauſes de cette haine violente, d'autant plus dangereuſe que c'eſt un feu couvert, que ſa ruïne ſeule peut éteindre : car c'eſt un crime chez eux, mais un crime de léze-Majeſté divine, de deffendre aujourd'hui les droits du Royaume, ſes Libertez, ſa Dignité ; de ſe précautionner à l'exemple de nos généreux Ancêtres, contre les entrepriſes & les uſurpations des Etrangers, de maintenir la juſtice de nos Loix, les franchiſes & les prérogatives de nôtre Egliſe, de deffendre la vie de nos Rois, & de les garantir des conſpirations & de l'aſſaſſinat.

Un homme auquel ils reprochent ces ſentimens, auroit été honoré de la Couronne civique & du triomphe, lors que par nôtre union & par nôtre courage nous défendions autrefois les Priviléges de nôtre Patrie ; mais depuis que par nos diſſentions

& par nôtre lâcheté, nous avons trahi l'Etat, en permettant à nos ennemis jurez d'en pénétrer les secrets, l'on a renversé cette barriére, & l'on a traité de vision la fidélité que nous devons à nos Souverains : aujourd'hui l'on regarde ce même homme avec horreur, comme un monstre éxécrable & frapé de la foudre.

Il faut en demeurer-là, & prier le Lecteur d'excuser la longueur, & peut-être la vivacité, de ce discours. On y fait voir l'innocence d'un illustre Accusé ; mais on le fait contre son intention, & lui-même ne l'auroit jamais fait.

Fin du cinquiéme Livre.

LIVRE SIXIÉME.

1693. DE Thou qui s'étoit établi à Tours avec sa femme, & qui y avoit aporté de Paris, pendant la Tréve, les Livres & les Mémoires nécessaires, qu'il avoit tirez de sa nombreuse & choisie Bibliotéque, y travailla à écrire l'Histoire pendant le reste de cette année.

1694. Au commencement de la suivante l'on résolut de Sacrer le Roi, qui avoit été réconcilié à l'Eglise, & non pas avec le Pape. La Cérémonie du Sacre se fit à Chartres par les mains de son Evêque Nicolas de Thou. Le premier Président & les Conseillers du Parlement que le Roi y avoit mandez, s'y trouvérent avec Monsieur & Madame de Thou.

On délibéra dans la suite sur les négotiations secrettes qu'on entretenoit avec Brissac, pour la réduction de Paris. Anne d'Est, Duchesse de Nemours & mére du Duc de Mayenne, en avoit été avertie par les Emissaires qu'elle entretenoit à la Cour. Elle le fit sçavoir au Duc son fils, comme elle le dit depuis à de Thou, qui s'étoit toûjours conservé auprés d'elle la même amitié qu'elle avoit eûë pour le premier Président son pére. Le Duc négligea ces avis, & allant rejoindre son Armée, laissa la Ville au pouvoir de Brissac, dont il se croyoit trés assûré ; mais qui ayant déja fait son Traité avec le Roi, la remit à Sa Majesté quelque tems aprés.

Aprés le Sacre, de Thou s'en étoit retourné à Tours avec le premier Président d'Harlai. Au mois de Mars suivant le Roi entra dans Paris. Les Officiers du Parlement de Tours qui depuis cinq ans y avoient rendu la Justice, & qui étoient toûjours restez fidelles à Sa Majesté, espéroient qu'on ne rétabliroit point le Parlement de Paris sans attendre leur retour ; mais François d'O, qui avoit eu le Gouvernement de cette grande Ville, & qui ne cherchoit que les occasions de diminuër l'honneur de cette Compagnie, voulut gagner les bonnes graces du peuple, & la faveur des Officiers du Parlement, qui venoient de faire leur paix ; dans cette vûë il follicita inftamment le Roi de les rétablir, fans attendre le retour du premier Préfident. Ce Magiftrat en eut un fenfible déplaifir, & ne pouvoit fe confoler qu'on lui eût fait perdre une fi belle occafion, d'arracher jufqu'à la racine les femences d'une faction dangereufe, & de voir que la grace qu'on leur venoit de faire laiffoit aux Rebelles l'efpérance de pouvoir un jour fe révolter impunément.

La mort imprévûë de d'O, qui arriva peu de tems après, adoucit un peu fa peine, l'on diminua & l'on partagea l'autorité du Gouverneur, & il ne crût pas qu'après lui il s'en trouvât un autre affez puiffant pour rallumer les étincelles d'une faction prefque éteinte.

Sur la fin de cette année l'on bannit les Jéfuites de France. Cét Arrêt fit de la peine à de Thou ; d'un côté, il connoiffoit la néceffité indifpenfable où l'on étoit d'affûrer la tranquilité publique, après un auffi grand péril que celui qu'on venoit d'éviter ; de l'autre, il étoit trés-fâché de fe féparer de Clément du Puy leur Provincial, qui étoit fort de fes amis. Ce Pére venoit fouvent lui rendre vifite avec Pierre Pithou & Nicolas le Févre ; il avoit beaucoup d'éloquence, un jugement trés-folide, & une profonde érudition : d'ailleurs, il témoignoit en toutes rencontres, qu'il n'avoit que de bonnes intentions pour le repos de l'Etat.

Charles de Lorraine Duc de Guife fit dans ce tems-là fa paix avec le Roi ; l'on choifit de Thou & Maximilien de Bethune-Rofny, pour régler les conditions de fon Traité : après qu'il fut arrêté, de Thou, dans l'Ode fuivante, rendit compte au public des motifs qui, contre fon inclination, l'avoient obligé de fuivre la Cour, où les malheurs de la Guerre l'avoient entraîné : il étoit bien-aife auffi de faire voir de quelle maniére il s'en étoit retiré, fi-tôt qu'il en avoit trouvé l'occafion.

ADIEU

ADIEU A LA COUR.
ODE.

COUR, où les Muses méprisée,
Sont sans honneur & sans appui,
Où les ames desabusées
Trouvent tant de sujets d'ennui.
Cour, où des Ministres indignes,
Aux bassesses les plus insignes
Accordent les plus grands bien-faits ;
C'est assez languir dans vos chaînes,
Toutes vos promesses sont vaines,
Je vous dis adieu pour jamais.

Je ne voi chez vous qu'injustice,
Imposture, irréligion ;
L'intérêt, la basse avarice,
Y soûtiennent l'ambition.
J'y voi triompher l'insolence,
De vrais Amis, en apparence,
Dont le cœur est double & jaloux ;
Chacun à l'envi s'y détruire,
L'envieux, toûjours prêt à nuire,
Porter d'inévitables coups.

Donnerois-je un encens coupable
A tant de Scélérats heureux ?
D'un Poëte infâme, exécrable,

Y loüerois-je les Vers affreux ?
Pourrois-je y vivre en Hypocrite,
Ou devenir le parafite,
D'un Grand, de flâteurs obfédé ;
Ou traiter de Galanterie,
Les crimes & l'effronterie,
D'une Laïs au teint fardé ?

O ! que la retraite a de charmes,
J'y pourrai vivre en liberté,
Sans être fujet aux allarmes
De l'ambitieux agité.
J'y garderai mon innocence,
Et les Loix de ma confcience
Y régleront tous mes defirs ;
J'y pourrai, fans inquiétude,
D'une utile & fçavante étude,
Goûter les tranquiles plaifirs.

Non, ce ne fut ni l'avarice,
Ni la voix de l'ambition,
Qui m'apellérent au fervice
D'un Prince dans l'oppreffion.
Ce fut pour m'épargner un crime,
Pour fervir mon Roi légitime,
Qu'à la Cour je fuivis fes pas ;
Une rebellion fatale
Le chaffoit de fa Capitale,
Par le plus noir des attentats.

Schomberg, ce fut par tes fuffrages,
Qu'on m'honora d'emplois divers ;

Je te suivis dans tes Voyages,
Avec toi je paſſai les Mers.
Tous deux zélez pour nôtre Prince,
Allans de Province en Province,
Nous y rétablîmes ſes Loix ;
En Italie, en Allemagne,
Malgré les intrigues d'Eſpagne,
Nous fîmes reſpecter ſes droits.

Aprés que par la main d'un Traître
La France eut perdu ſon appui,
N'y fîmes-nous pas reconnoître
Le Prince qui régne aujourd'hui.
Enfin, ſoûmis par ſa puiſſance,
Par ſa valeur, par ſa clemence,
Tout rend hommage à ce grand Roi ;
Qui peut donc blâmer mon envie,
D'achever doucement ma vie
Dans les devoirs de mon emploi ?

Tu jugeras de ma conduite,
Equitable Poſtérité !
Ma retraite n'eſt que la ſuite,
De ma conſtante activité.
Depuis quatre ans, ſuivant l'Armée,
Ma fidélité confirmée
A mon Roi même pour témoin ;
Muſes, à vos douceurs ſenſible,
Je cherche un azile paiſible,
Pour ne voir la Cour que de loin.

Sur la fin de cette année, les Ambaſſadeurs de Veniſe, aprés avoir été long-tems en chemin, arrivérent à Paris, ſuivis d'un train magnifique. On les y reçût avec des honneurs extraordinaires; de Thou, nommé à l'Ambaſſade de Veniſe, eut ordre du Roi d'aller au-devant d'eux avec André Hurault de Maiſſe, qui étoit de retour de cette Ambaſſade : il eut ordre encor de leur tenir compagnie pendant leur ſéjour.

Dans la même année mourut Auguſtin de Thou ſon oncle, Préſident à Mortier. Il y avoit déja long-tems que de Thou étoit reçû en ſurvivance de cette Charge, il ne lui reſtoit plus que d'en prendre poſſeſſion. Il le fit avec ſi peu d'empreſſement, que quand les Ligueurs mirent ſon oncle à la Baſtille avec le premier Préſident de Harlai, il refuſa d'en occuper la place dans le Parlement de Tours, comme on l'a raporté ci-devant. Aprés ſa mort, il ne voulut point aller au Palais que la cérémonie de ſes Funérailles ne fût achevée, & qu'il n'eut donné à ſa mémoire tout ce qu'il lui étoit dû.

Il avoit déja rendu des ſervices conſidérables au jeune Prince de Condé, & à la Princeſſe ſa mére, lorſque cette Dame fut inquiétée pour la mort équivoque de ſon mari. Cette même année il s'employa pour eux avec la même affection; & quand le Roi les fit amener à Paris, il n'oublia rien, ſoit à la Cour, ſoit dans le Parlement, pour leur faire rendre les devoirs que leur naiſſance éxigeoit; perſuadé qu'il étoit de l'intérêt du Roi, & qu'il importoit au bien de l'Etat d'en uſer ainſi : cela n'empêcha pas que ſes envieux, par le mauvais tour qu'ils donnérent à ſes ſervices, ne rendiſſent ſa fidélité ſuſpecte à la Cour & au Parlement; ce qui lui attira des reproches des deux côtez. Il reſſentit des effets de leur malignité, long-temps depuis; mais comme il étoit accoûtumé à la perte de ſes biens, qu'il faiſoit peu de cas de la faveur que les Courtiſans recherchent avec avidité, & qu'il n'attendoit que du témoignage de ſa conſcience, la récompenſe de tant de peines & de tant de traverſes, il n'eut pas de peine à s'en conſoler.

Afin de faciliter le ſuccez de cette affaire, le Roi, devant que de dépêcher en Poitou le Marquis de Piſani, pour amener le jeune Prince, dont il l'avoit fait Gouverneur, de l'avis du Duc de Nevers, donna à Saint Germain en Laye un Edit en faveur des Protestans, pour éloigner les obstacles qu'ils pourroient apporter sur ce sujet. De Thou le fit vérifier au Parlement sans modification. Cét Edit expliquoit plus amplement l'Article XIX. de celui de 1577. qui les admettoit aux Charges indifféremment avec les Catholiques. Le Procureur Général qui vouloit faire connoître qu'il s'y étoit oposé, fit mettre dans l'Edit qu'il n'avoit point été Requerant ; mais seulement, *Oüi* : ce qui alarma les Protestans, qui crûrent qu'on avoit cherché un moyen de les priver du Bénéfice des Edits précédens : ainsi ils obligérent le Roi de leur en accorder un autre l'année suivante.

1596.

Ils prirent leur tems que ce Prince étoit occupé au Siége de la Fére, & sous le prétexte de la sûreté de leur Religion, lui presentérent une Requête dans la situation la plus fâcheuse de ses affaires. Les suites en étoient dangereuses, & pour les prévenir, ce sage Prince crût qu'il faloit y donner ordre de bonne heure, ne point congédier leur assemblée, & y envoyer un Commissaire fidelle qui traitât avec eux des Articles qu'ils proposoient.

De Thou fut choisi pour cette commission, dans le temps qu'il y pensoit le moins : il travailloit dans sa maison à écrire l'Histoire, & à réparer les pertes qu'il avoit souffertes dans ses biens depuis cinq ans. Les ordres qu'il reçût portoient, que sans prendre congé du Roi, il partît incessamment pour se rendre à Loudun. Comme jusqu'alors il n'avoit reçu que de l'ingratitude de la part de ceux dont il en devoit le moins attendre, il s'excusa auprés de Sa Majesté, & auprés de Villeroi Sécrétaire d'Etat, qui avoit signé les ordres. Il prévoyoit que la négotiation de cette affaire, qui étoit de la derniére importance, lui attireroit l'indignation de Rome, & la disgrace de la Cour, par les intrigues de ses envieux. Pour s'en défendre, il se servit jusqu'à deux fois du crédit de Schomberg son bon ami, qui étoit malade à Paris ; mais Villeroi s'y oposoit avec chaleur, & pressoit Schomberg de le faire partir incessamment, alléguant pour toutes raisons, que le service du Roi demandoit que ce fût lui qui ménageât cette affaire, puisqu'il s'en étoit déja mêlé.

Voyant l'intercession de Schomberg inutile, de Thou fut trouver Nicolas de Harlai-Sanci, Surintendant des Finances, son ancien ami & allié, qui obtint du Roi, que de Vic & Calignon feroient chargez en fa place de cette fâcheufe commiffion ; mais en même tems de Thou reçût ordre d'aller à Tours avec Schomberg, pour la paix du Duc de Mercœur, qu'on devoit traiter avec les Députez de ce Prince, & en prefence de la Reine Loüife fa fœur, qui étoit veuve d'Henri III. Aprés quelques jours employez à cette négotiation, ils fe rendirent à Angers.

Ce fut dans cette derniére Ville que de Thou fut accablé de la nouvelle de la mort de Pierre Pithou, fçavant homme, qui partageoit fes foins, fon confeil dans fes affaires & dans fes études, & qui le premier lui avoit infpiré le deffein d'écrire l'Hiftoire. Cette mort lui fut fi fenfible, que privé d'un auffi grand fecours, il fut prêt de déchirer ce qu'il en avoit déja compofé, & d'abandonner abfolument l'Ouvrage. Il fe retira quelques jours en particulier, & perdit beaucoup de fa gayeté ordinaire, lors que jettant les yeux de tous côtez, il ne trouvoit perfonne qui remplaçât fon ami, ni qui le pût conduire dans fon entreprife ; car en toutes chofes il ne confultoit que Pithou, qui étoit parfaitement inftruit de nôtre Hiftoire, & qui d'ailleurs étoit doüé d'un difcernement admirable, & d'un amour defintéreffé pour la juftice & pour la vérité. Il avoit fait examiner & corriger par un ami fi judicieux tout ce qu'il avoit écrit jufqu'à la fin du régne de Henri II. Son manufcrit même étoit encore entre les mains de Pithou, quand ce fçavant homme mourut ; pour le refte, il fe fervit des lumiéres de fes autres amis.

Lors qu'il fut de retour à Tours avec Schomberg, il répondit à la Lettre de confolation, qu'il avoit reçûë de Jacques Gillot, un des Confeillers du Parlement qui avoit le plus d'intégrité. Il trouva depuis l'occafion d'écrire à Cafaubon, & voulut dépofer fa douleur dans le fein de cet illuftre fçavant. Pour marquer combien il eftimoit Pithou, & combien il fut affligé de fa perte, il faut raporter ici la copie de la Lettre qu'il écrivit à Cafaubon, & qui s'eft trouvée parmi fes papiers.

J. AUGUSTE DE THOU,
Au sçavant Isaac Casaubon.

COMME j'étois, il y a quelques jours, à Angers, où le Roi m'avoit envoyé pour travailler avec Monsieur de Schomberg, à pacifier la Bretagne ; j'y reçûs, Monsieur, la triste nouvelle de la mort de Pierre Pithou. D'abord j'en fus afligé, comme je le devois être, & depuis d'autant plus sensiblement, que ne m'y étant point attendu, je n'avois personne ici qui fît assez d'attention sur une si grande perte & qui pût partager ma douleur. Aussi je vous avoue que j'en fus accablé, je m'oubliai moi-même, & l'emploi que j'avois à soûtenir. Je ne prétends point m'en défendre ; cette perte est de la nature de celles qui peuvent ébranler les plus constans.

Quoique vous n'ayez jamais vû Pithou, vous sçavez assez tout son mérite, & l'estime qu'il s'étoit acquise dans les pays les plus éloignez, qui, comme vous, ne le connoissoient que de réputation. Ainsi vous ne devez pas être surpris si ceux qui le voyoient tous les jours, qui étoient liez avec lui par une affection mutuelle, & par un long commerce, ont été consternez de sa mort. Car qui y a-t'il au monde de plus précieux que l'amitié d'un homme de bien, également sage, & rempli de toutes les connoissances dont l'esprit est capable, dont les mœurs & la vertu étoient pures & sans ambition, qui sçavoit parfaitement l'antiquité sacrée & profane ; nos Loix, nôtre Droit, & nos Coûtumes, qui avoit une prévoyance & une expérience consommées, un jugement solide & éclairé dans la décision des affaires ?

Quoi-que simple particulier, il sembloit qu'il eut la conduite du public ; ceux qui gouvernoient l'Etat le consultoient comme un Oracle, & ne sortoient jamais d'auprés de lui que pénétrez de ses lumiéres & de la sagesse de ses conseils. Aussi les plus vertueux de nos Ministres n'entreprenoient rien d'important ou pour le dedans ou pour le dehors de l'Etat, qu'ils ne lui eussent auparavant communiqué, & qu'ils n'en eussent examiné toutes les conséquences avec lui.

Voilà ce que ceux qui ne le connoissent que de nom, & qui ne l'ont jamais vû, ne sçavent pas. Pour moi, qui ai été assez heureux pour être de ses amis, la perte m'en a été si sensible, que me voyant privé de son conseil & de son secours, j'ai été sur le point d'abandonner mes études, & le soin des affaires publiques, ausquelles j'ai lieu de croire que Dieu m'a apellé ; le respect que je dois à sa mémoire & le souvenir de ses conseils, m'en ont seuls empêché. Je n'oublierai jamais qu'il m'a souvent dit, lorsqu'il me voyoit accablé du desordre de nos affaires, dont il n'avoit pas meilleure opinion que moi ; qu'il espéroit qu'elles se rétabliroient un jour ; & qu'enfin il n'étoit point permis à un bon Citoyen, ni à un brave Soldat, de quitter le poste où la Providence les avoit placez, en quelque mauvais état où les choses soient réduites.

En un mot, c'étoit un homme né pour l'utilité publique ; la fertilité de son esprit & la vaste étenduë de son génie, avoient réüni dans sa personne tout ce qu'on peut sçavoir, & il sçavoit plus que personne n'a jamais sçû. Jamais on ne l'a trouvé sans occupation, toûjours appliqué à feüilleter les anciennes Bibliothéques, à revoir & remettre en meilleur état les écrits des Anciens, dont il a donné une infinité au public ; à fortifier de ses conseils & de son expérience ceux qui se trouvoient dans la peine, ou enfin à aider & exciter ceux dont les talens pouvoient être utiles. Il est donc juste que ceux qui en ont reçû de Dieu, imitent un exemple si estimable, & tâchent de faire passer à la postérité la mémoire d'un si grand homme.

Je suis témoin, illustre Casaubon, de l'amitié qu'il a conservée pour vous toute sa vie, & de la joye que je lui donnois quand je lui montrois les Lettres de nôtre Scaliger, qui vous y nomme le plus savant homme de nôtre temps. Il me disoit que Dieu vous avoit fait naître pour vous oposer à l'ignorance qui nous menaçoit, & qu'il vous regardoit comme le seul homme qui pût rapeller les belles Lettres que nos Guerres civiles avoient bannies.

Ce fut lui qui m'engagea à vous prier de venir en France, & je croi qu'il vous en a écrit aussi plusieurs fois. Comme il n'avoit d'autre plaisir que celui de procurer l'utilité publique, il étoit persuadé qu'elle ne recevroit pas un médiocre avantage de vos Conférences, & se flâtoit que vous ne vous repentiriez pas non plus de celles que vous auriez avec lui. Il avoit commencé plusieurs Ouvrages,

ges, que son âge avancé & ses grandes occupations, ne lui permettoient pas d'achever; il espéroit qu'étant jeune & moins occupé que lui, vous vous en chargeriez volontiers. Sa mort nous en a ravi une partie, & l'autre est si peu en ordre, que si Nicolas le Févre, son ami intime, & le compagnon inséparable de ses études, n'y donne ses soins, nous courons risque d'en être privez entiérement; il n'y a que lui qui sçache ses intentions, & qui puisse mettre ces piéces informes en état de paroître. Je ferai mon possible par mes priéres pour l'obliger à y travailler.

Cependant j'espére de vôtre bon cœur, que vous prendrez part à ma peine, dont je vous entretiens peut-être trop long-tems; persuadé que dans vos écrits vous voudrez bien rendre témoignage du mérite de cét excellent homme, à la postérité. L'on peut dire que si quelqu'un s'est rendu digne des éloges des hommes illustres de nôtre tems, celui-ci les a mieux méritez que personne, par sa réputation qu'il s'est aquise. Je vous prie instamment d'y travailler, & d'animer par vôtre exemple ceux qui sont capables de le faire. Adieu. Obligez-moi de me donner souvent des nouvelles de vos études, & de tout ce qui vous regarde. Comptez que dans l'agitation des affaires qui m'occupent, rien ne sçauroit me donner plus de consolation que vos Lettres. Encore une fois, Adieu.

A TOURS LE 25. NOVEMBRE 1596.

1597.

Tout l'Hyver se passa inutilement à traiter avec le Duc de Mercœur : cependant de Vic & Calignon, qui n'avoient pas mieux réüssi auprés des Protestans, arrivérent de Roüen à Tours avec des ordres du Roi pour Schomberg & de Thou, de les aider dans cette négociation.

Schomberg s'y portoit assez volontiers, mais de Thou qui la regardoit toûjours comme une affaire fâcheuse pour lui, auroit bien voulut s'en excuser, comme il avoit fait la premiére fois ; neanmoins comme il n'avoit jamais pû rien refuser à Schomberg, il s'engagea dans cette négociation, dont il n'y eut que Calignon & lui qui demeurassent chargez dans la suite. Avant sa conclusion le Roi dépêcha de Vic à Lyon, & Schomberg en Bretagne, pour disposer toutes choses à la Guerre contre le Duc de Mercœur, qui tous les jours affectoit de nouveaux délais.

H h

Les Protestans tenoient alors leurs Assemblées à Saumur & à Chastellerault, tandis que les Commissaires de Sa Majesté étoient à Tours, pour être plus proche de la Reine Loüise, qui étoit à Chénonceaux, & qui recevoit de temps en temps des nouvelles du Duc de Mercœur.

Schomberg aprit assez confusément à Tours la surprise d'Amiens: la nouvelle lui en fut aussi-tôt confirmée par un Courrier du Roi. Elle fut reçûë avec une consternation générale, & chacun croyant le Royaume à deux doigts de sa perte, songeoit à ses propres intérêts. Là-dessus les Protestans & leurs principaux Chefs s'assemblérent, moins pour les affaires de leur Religion, que pour prendre leurs mesures dans une conjonćture si malheureuse ; ils n'attendirent point les ordres de Sa Majesté, & n'y apellérent ni Schomberg ni de Thou, quelque instance que ce dernier pût faire pour s'y oposer.

L'affaire d'Amiens, que le Roi avoit résolu de reprendre, partagea diversement les esprits ; ceux qui ne regardoient que leurs intérêts particuliers, fondoient là-dessus de grandes espérances ; les autres en étoient véritablement touchez. La valeur du Roi vint à bout de tout, il reprit Amiens, & rassûra les frontiéres ; ce qui rabatit les efforts de ses Ennemis, & obligea les Protestans, qui dans cette conjonćture s'imaginoient qu'il étoit permis à chaque particulier de pourvoir à sa sûreté, de recevoir d'un Roi victorieux les conditions qu'il leur offrit, jugeans bien que la tranquillité publique se rétabliroit aisément sous un si grand Prince.

Durant la longueur & l'incertitude de ce Siége, de Thou avoit souvent pressé les Ducs de Boüillon & de la Trimoüille de lever des Troupes, & de les mener au Camp devant Amiens, qu'autrement ils s'attireroient la haine du public, & trouveroient les Parlemens moins disposez à faire passer un Edit, qu'ils s'éforçoient d'amplifier par de nouvelles conditions ; mais le desordre étoit si grand, & les esprits si préoccupez, qu'ils n'étoient capables ni d'aucune résolution convenable à leurs intérêts, ni d'écouter ceux qui leur donnoient de bons conseils.

Ainsi le Duc de Boüillon, avec des Troupes qu'il avoit levées dans le Limousin, aux dépens du Roi, s'en alla dans l'Auvergne, & dans le Givaudan, où Montmorenci-Fosseufe avoit renouvellé la Guerre; & le Duc de la Trimoüille, avec des Troupes levées fur le même pié dans le Poitou, y refta inutilement, fans que ni l'un ni l'autre donnaffent de fecours au Roi.

Ce Prince, avec raifon, ne pût jamais l'oublier, & lors que de Thou, qui leur avoit fait des inftances fi vives & fi réïtérées, voulut, par fes Lettres, les excufer auprés de Sa Majefté, le Roi reçût fort mal fes excufes, & l'on le regarda de mauvais œil dans le tems qu'on vérifia leur Edit.

Cependant s'il parloit ouvertement en leur faveur, & dans le public & auprés du Roi, lui qui les blâmoit fi librement dans le particulier, ce n'étoit pas pour s'attirer leurs bonnes graces, mais pour empêcher qu'une faute particuliére ne retardât la conclufion d'une affaire générale, d'où dépendoit le repos de l'Etat, & que le Roi lui-même jugeoit fi néceffaire.

Car ceux qui entretenoient encore des intelligences fecrettes avec les reftes de la Ligue, faififfoient cette occafion, comme fi le hazard le la leur eut offerte. Pour irriter les efprits des Proteftans, ils feignoient d'un côté d'entrer dans leurs intérêts, pour les rendre odieux au Roi, & la conduite de fes Commiffaires fufpecte; de l'autre, ils fe plaignoient fans ceffe au Cardinal de Florence Légat en France, qui étoit alors à Paris. Il eft conftant que par l'intrigue de ces factieux, la difcuffion des Articles de l'Edit des Proteftans donna moins de peine à de Thou, qu'il n'en eut à le faire aprouver du peuple & de la Cour, & à le faire recevoir au Parlement.

Auffi ne pouvoit-il trop fe loüer de la modération & de l'équité du Légat. Toutes les fois qu'il faloit fe rendre au lieu de l'Affemblée, il l'alloit trouver de la part du Roi, pour lui rendre compte des difficultez qui fe rencontroient fur certains Articles, & cela arrivoit fouvent. Il trouva toûjours dans le Cardinal beaucoup de droiture & de defintéreffement: ce Prélat attentif à foûtenir fon caractére, étoit perfuadé qu'on devoit laiffer à ceux que le Roi avoit chargez de cette commiffion & de fes intérêts, le foin d'en ufer avec prudence & avec liberté. Il ne fe fépara jamais du Préfident de Thou, fans lui donner des marques de fa bonne volonté & de fa confiance. Il lui témoigna seulement qu'il espéroit que dans cette négociation, on ne pourroit imputer au Roi ni à ses Ministres aucune partialité, & qu'il ne s'y passeroit rien que ce qu'exigeoient le bien des affaires, & le repos de l'Etat.

Dans le tems de la reprise d'Amiens, de Vic & de Thou s'y rendirent en poste, pour faire voir au Roi les Articles convenus avec les Protestans : mais ce Prince qui étoit allé faire une course dans l'Artois, n'y répondit qu'à son retour à Dourlans. Ce fut aussi dans ce tems-là que Villeroi & le Président Richardot convinrent d'un tems & d'un rendez-vous, pour traiter de la Paix entre les deux Couronnes.

Le Légat se rendit quelque tems après à Vervins, où Pompône de Belliévre & Nicolas Brûlard de Silleri, l'allérent trouver de la part du Roi, pour négotier la Paix avec les Députez du Roi d'Espagne ; mais cette affaire ne fut terminée que l'année suivante.

1598. Le Roi qui avoit pourvû à la sûreté de nos Frontières, laissa dans Amiens le Connétable de Montmorenci, & vint cette année dans l'Anjou avec peu de Troupes. Il voulut bien recevoir obligeamment, comme on en étoit convenu, les Ducs de Boüillon & de la Trimoüille, qui le vinrent saluër à Saumur, d'où Sa Majesté se rendit à Angers. Il mit dans cette Ville la derniére main à l'Edit des Protestans, qui pour quelques nouvelles difficultez ne fut absolument achevé qu'à Nantes ; ce qui le fit appeller *l'Edit de Nantes.*

Avant que le Roi vint dans l'Anjou, Calignon & de Thou, qui s'étoient rendus à Saumur & à Chinon, eurent quelques petites avantures, peu considérables à la vérité ; mais qu'on ne doit pas passer sous silence dans la vie d'un particulier.

Ils étoient logez à Chinon dans une grande maison, qui autrefois avoit apartenu à François Rabelais, Médecin célébre, sçavant dans les Langues Gréques & Latines, & fort habile dans la profession. Il avoit absolument abandonné ses études sur la fin de ses jours, & s'étoit jetté dans le libertinage & dans la bonne chére. Il soûtenoit que la raillerie étoit le propre de l'homme, & sur ce pié-là, s'abandonnant à son génie, il avoit composé un Livre trés-spirituel, ou avec une liberté de Démocrite,

& une plaisanterie outrée, il divertit ses Lecteurs sous des noms empruntez, par le ridicule qu'il donne à tous les états de la vie, & à toutes les conditions du Royaume.

La mémoire d'un homme si agréable, qui avoit employé toute sa vie & toutes ses études à inspirer la joye, donna lieu au Président de Thou & à Calignon, de plaisanter avec ses Manes, sur ce que sa Maison étoit devenuë une Hôtellerie, où l'on faisoit une débauche continuelle ; son Jardin, le rendez-vous des Habitans les jours de Fêtes ; & le Cabinet de ses Livres qui donne dessus, un Celier pour mettre du Vin. A la priére de Calignon, de Thou fit sur ce sujet les Vers suivans.

L'OMBRE DE RABELAIS.

J'Ai passé tout mon temps à rire,
Mes écrits libres en font foi,
Ils sont si plaisans, qu'à les lire,
On rira même malgré soi.

La raison sérieuse ennuye,
Et rend amers nos plus beaux jours :
Que peut-on faire de la vie,
Sans rire & plaisanter toûjours ?

Aussi Bacchus, Dieu de la Joye,
Qui régla toûjours mon destin,
Jusqu'en l'autre monde m'envoye
Dequoi dissiper mon chagrin.

Car de ma Maison paternelle
Il vient de faire un Cabaret,
Où le plaisir se renouvelle
Entre le blanc & le clairet.

Les jours de Fête on s'y régale,
On y rit du soir au matin,
Dans le Jardin & dans la Sale,
Tout Chinon se trouve en Festin.

Là, chacun dit sa chansonnette,
Là, le plus sage est le plus fou,
Et dance au son de la Musette
Les plus guais Branles du Poitou.

La Cave s'y trouve placée
Où fut jadis mon cabinet,
On n'y porte plus sa pensée
Qu'aux douceurs d'un Vin frais & net.

Que si Pluton, que rien ne tente,
Vouloit se payer de raison,
Et permettre à mon Ombre errante
De faire un tour à ma Maison ;

Quelque prix que j'en pûsse attendre ;
Ce seroit mon premier souhait,
De la loüer ou de la vendre,
Pour l'usage que l'on en fait.

L'avanture suivante mérite une attention plus sérieuse. Les Juges d'Angoulême avoient condamné pour crime de Magie un nommé Beaumont, qui se disoit Gentilhomme ; comme il en avoit appellé au Parlement, & qu'on le conduisoit à Paris, il fut arrêté à Chinon par une Dame de la premiére qualité, mais un peu trop curieuse sur ces matiéres : il y séjourna presque pendant deux ans avec assez de liberté. Le bruit se répandit aussi-tôt qu'il y avoit dit & fait des choses surprenantes ; Gilles de Souvré Gouverneur de Tours, qui se trouva à Chinon, eut envie de le voir & de le questionner. Il l'obtint du Président de Thou ; mais comme il le pressoit de l'interroger lui-même, de Thou s'en excusa sur ce qu'étant Président de la Tournelle, il seroit peut-être obligé de le faire à Paris : ainsi ce fut Calignon qui s'en chargea.

Calignon y étoit trés-propre ; outre les belles Lettres il sçavoit fort bien la Philosophie, les Mathématiques, & la Jurisprudence. Aprés les questions ordinaires, il l'interrogea exactement sur les principes de la Magie, sur ses effets, sur son excellence, sur ceux qui en faisoient profession, & sur tout ce qu'il avoit fait devant & aprés sa condamnation. Souvré & le Président de Thou étoient cependant cachez dans l'embrazure d'une fenêtre, pour n'être point découverts. Calignon sçût si bien s'insinuër dans l'esprit du criminel, qui se crût déja en liberté, que ce malheureux prenant confiance en lui, lui avoüa plusieurs choses, qu'il nia depuis constamment, lorsque contre son espérance on lui fit son procez à Paris.

Voici ce qu'on peut recueillir de plus certain de cet interrogatoire, ou plûtôt de cette conférence. Beaumont prétendoit que la Magie, dont il faisoit profession, étoit l'Art de converser avec ces Génies, qui font une portion de la Divinité ; bien différens de celui dont se servent ceux que nous apellons Sorciers, qui ne sont que de vils esclaves du Démon, grands ignorans, & dont les mauvais esprits abusent pour nuire aux hommes par le poison, & par des charmes abominables : au lieu que les sages, qui ne s'apliquent qu'à faire le bien, commandent aux Génies, connoissent par leur commerce les secrets de la Nature les plus cachez, ignorez du reste des hommes, & dont personne n'a jamais écrit ; apprennent aux hommes à connoître l'avenir, les moyens d'éviter les périls, de recouvrer ce qu'ils ont perdu, de passer en un moment d'un lieu dans un autre, entretiennent l'amitié entre les péres & les enfans, les maris & les femmes, entre tous ceux enfin ausquels on la doit.

En un mot, qu'il conversoit avec ces Esprits celestes, habitans de l'air, qui bien-faisans de leur nature, ne sont capables que de faire du bien ; que ceux qui font au centre de la terre & qui commandent aux Sorciers, font des Esprits malins, qui ne font capables que de faire le mal ; que le monde étoit rempli de Sages, qui faisoient profession de cette sublime Philosophie ; qu'il y en avoit en Espagne, à Toléde, à Cordouë, à Grenade, & en beaucoup d'autres lieux ; qu'autrefois elle étoit célébre en Allemagne, mais que depuis l'Héréfie de Luther, l'exercice y en avoit presque cessé ; qu'en France & en Angleterre elle s'y conservoit par Tradition dans de certaines familles illustres ; qu'on n'admettoit à la connoissance de ces Myftéres que des gens choisis, de peur que par le commerce des profanes, l'intelligence de ces grands secrets ne passât à de la canaille & à des gens indignes.

Il se mit à discourir ensuite de toutes les merveilles qu'il avoit faites pour l'avantage de ceux qui avoient eu recours à lui, & cela avec un air si assûré, qu'au lieu d'une extravagance impie & criminelle, il sembloit parler d'une vérité certaine & reconnuë ; après cela l'on le reconduisit au Château. De Thou l'y fit garder exactement, & Souvré, qui avoit écouté cette conversation, ne pût s'empêcher d'admirer l'entêtement de ce malheureux : il obtint de cette Dame, qui l'avoit gardé si long-temps, qu'on le feroit conduire à Paris incessamment ; ce qu'elle fit avant que de Thou y fut de retour. Beaumont n'y avoüa rien de tout ce qu'il avoit dit à Calignon ; on l'y condamna sur les informations d'Angoulême, & l'on le punit d'une mort digne de sa vie.

Comme le Roi étoit encore à Nantes, Jean Valet, & Jean Talhoüet Gentilhomme Breton, auparavant Meftre de Camp dans les Troupes du Duc de Mercœur, lui donnérent avis qu'un Prêtre nommé Cosme Ruggieri, vouloit attenter à la vie de Sa Majefté par les voyes déteftables de la Magie : que sous prétexte qu'il sçavoit peindre, on lui avoit donné une chambre dans le Château : qu'il y avoit fait une figure de cire ressemblante au Roi, qu'il perçoit tous les jours en prononçant de certaines paroles barbares, pour le faire mourir de langueur.

Les Accusateurs donnérent leur mémoire signé de leurs mains. Le Roi commit le Préfident de Thou & Charles Turcant pour en informer. Ce Cofme Ruggieri étoit le même qu'on avoit mis à la queſtion, il y avoit vingt-cinq ans, pour de pareils maléfices, un peu devant la mort de Charles IX. De Thou l'interrogeant là-deſſus, il répondit que c'étoit une calomnie de ſes ennemis; que ſes Juges avoient reconnu ſon innocence, & l'avoient élargi d'une maniére honorable; qu'il étoit vrai qu'il avoit une connoiſſance particuliére de l'Aſtrologie, & que peu de gens pouvoient, auſſi-bien que lui, prendre le point de la nativité; que par ce moyen il avoit prédit pluſieurs événemens à quantité de perſonnes; que cela avoit donné lieu de l'accuſer d'avoir commerce avec les mauvais Eſprits; mais qu'en tout cela il n'y avoit rien que de naturel : que s'il avoit réüſſi dans ſes prédictions, on n'en devoit pas conclure qu'il fût coupable; que l'affection qu'il avoit conſervée pour Sa Majeſté depuis tant d'années, étoit une preuve de ſon innocence & de ſon averſion pour le crime dont on l'accuſoit.

Qu'aprés la journée de la Saint Barthélemi, le Roi de Navarre & le Prince de Condé étant au pouvoir du Roi, la Reine-mére, qui avoit beaucoup de créance en lui, lui demanda la nativité de ces Princes; qu'il lui répondit qu'il l'avoit priſe exactement, & que ſuivant les principes de ſon Art, l'Etat n'avoit rien à craindre de leur part; que cette aſſûrance les ſauva, & les garantit des deſſeins qu'on avoit formez contre leurs vies; qu'il s'en étoit ouvert à François de la Nouë, qui vint à la Cour dans ce tems-là, qu'il l'engagea à le faire ſçavoir adroitement à ces Princes & à les avertir de ſa part que s'ils vouloient éviter le péril qui les menaçoit, ils juſtifiaſſent par leur conduite ce qu'il avoit répondu à la Reine; que la ſeule affection qu'il leur portoit, lui avoit dicté cette réponſe, & non l'expérience de ſon Art, puiſque l'affaire étoit de ſa nature impénétrable à l'Aſtrologie; qu'il croyoit que Sa Majeſté n'avoit pas oublié un ſi grand ſervice, perſuadé qu'aprés des preuves ſi certaines de ſon affection, la généroſité du Roi ne lui permettroit pas de le voir tous les jours expoſé à de pareilles calomnies.

De Thou raporta cette réponſe à Sa Majeſté. Ce Prince aprés avoir fait quelques tours dans ſa chambre, lui dit qu'il s'en ſouvenoit, & qu'il étoit vrai que la Nouë lui en avoit parlé; mais qu'il ne mettoit sa confiance qu'en Dieu, & qu'il ne craignoit rien de ces sortes de charmes, qui n'ont de pouvoir que sur ceux qui se défient de la divine Providence.

Ainsi cesserent les poursuites contre Ruggieri, que l'on mit en liberté. Il s'étoit adroitement insinué dans l'esprit des Dames de la Cour, & par leur moyen le Roi lui avoit promis sa grace secretement.

On a crû devoir s'étendre sur cette affaire, d'autant plus que ce scelerat a eu l'insolence de publier, que ce que de Thou a raporté de lui sur des preuves certaines (ce qui se trouve à l'année 1573. dans l'Histoire générale, qui dans ce tems-là n'étoit pas encore imprimée) ne le regardoit point; que de Thou avoit été abusé par la conformité du nom d'un certain Jardinier, qui étoit alors accusé du même crime. Il eut même l'éfronterie de solliciter une pension, qui lui fut accordée pour écrire l'Histoire : mais pour prouver le contraire de ce qu'il avance, on n'a qu'à lire sa confession signée de lui, qui est encore entre les mains de Charles Turcant Magistrat incorruptible ; il y demeure d'accord que c'est lui-même, accusé injustement à la vérité, mais renvoyé honorablement, comme on l'a dit ci-dessus. En quoi il ment encore avec impudence ; car par les Registres du Parlement, il est constant qu'après la question on l'envoya aux Galéres, dont il ne s'exempta que par le crédit des Courtisans, qui fort portez pour ces sortes de Devins, le retirérent de la chaîne comme on le conduisoit à Marseille, & le ramenérent à la Cour.

Ceux qui se sont acharnez à noircir la réputation du Président de Thou, par toute sorte de calomnies, n'ont osé nier que ce Cosme Ruggieri, qui sous le Régne de Charles IX. fut mis à la question pour crime de Magie, ne fût le même qui fut interrogé à Nantes du tems de Henri IV. ils ne le connoissoient que trop. Mais pour ne laisser passer aucune occasion de décrier cet illustre Auteur, ils ont dit qu'il avoit malicieusement affecté de charger un Prêtre d'un crime si détestable. Qu'ils sçachent donc, ces impudens calomniateurs, que Ruggieri n'étoit point dans les Ordres quand on l'apliqua à la question. Que quand de Thou, en l'interrogeant là-dessus, lui reprocha son

Aſtrologie, c'eſt à-dire la Judiciaire, comme un crime impie défendu à tout Chrétien, & bien davantage à un Prêtre, il s'en excuſa comme il pût, & proteſta avec ferment que depuis qu'il avoit pris les Ordres (ce qui ne fut que long-temps après) il n'avoit tiré l'horoſcope de perſonne, comme on le voit dans ſes réponſes que garde Mr Turcant.

Sa fin déplorable ſuffit pour faire connoître ſi c'étoit à tort que de Thou avoit ſi mauvaiſe opinion de lui. Ce malheureux qui avoit vécu dans une profonde diſſimulation, fit connoître à ſa mort ſon éloignement pour le Chriſtianiſme : comme il ne voulut recevoir aucun des Sacremens que l'Egliſe donne aux Fidelles, on le mit dans un lieu profane, non-ſeulement au ſcandale du Public ; mais encore à la honte de ceux qui protégoient à la Cour un impoſteur ſi abominable.

Tout le tems que de Thou pouvoit dérober aux affaires, il l'employoit à écrire l'Hiſtoire. Quand l'Edit de Nantes fut enfin ſcellé après pluſieurs difficultez, que des intérêts particuliers y faiſoient naître. Il demanda congé au Roi devant que ce Prince quittât la Bretagne, de revenir à Paris, où il arriva ſur la fin de Mai avec Calignon ſon compagnon inſéparable.

La plûpart y étoient d'avis qu'on devoit preſſer la Vérification de l'Edit au Parlement, avant que les Ligueurs, qui dans l'ame n'en étoient pas contens, quoi-qu'abaiſſez par tant de proſpéritez, fiſſent quelque cabale ou excitaſſent quelque mouvement. C'étoit le ſentiment du Préſident de Thou, qui vouloit qu'on terminât abſolument cette affaire, ſans donner aux factieux le tems de remuër, perſuadez que tout le monde ſe ſoûmettroit ſans peine aux volontez de Sa Majeſté, après une Paix procurée par un Prince ſi bon & ſi ſage.

1599.

Mais le Légat, à qui l'Etat avoit tant d'obligation, en demanda, & on obtint la ſurſéance juſqu'après ſon départ. Le Duc de Boüillon ſe chargea de l'agréement des Proteſtans, & d'empêcher qu'ils ne le priſſent en mauvaiſe part ; ainſi cette affaire fut remiſe à l'année ſuivante ; & enfin après pluſieurs difficultez & pluſieurs délais, l'Edit vérifié au commencement du Carême.

On avoit prévû qu'il s'y trouveroit de grandes oppoſitions,

& que pour les lever, la presence du Président de Thou, chargé de cette négotiation, y seroit nécessaire. Mais comme il ne sortoit plus de chez lui, depuis qu'on l'avoit nommé à l'Ambassade de Venise, on y envoya en sa place le Président Antoine Séguier. Tout ce qui regarde le reste de la Vérification de ce fameux Edit, est raporté plus au long dans le 122. Livre de l'Histoire générale.

Cette même année lui fut funeste, par la perte qu'il fit de trois hommes illustres, qui étoient ou ses alliez ou ses meilleurs amis. C'étoient le Comte de Schomberg, le Chancelier de Chiverni, & le Marquis de Pisany, qui moururent tous trois dans ce temps-là.

Ici, suivant les Recueils de Mr de Thou, on doit expliquer un peu plus amplement ce qui se passa sur le sujet du Concile de Trente, parce que comme l'affaire ne réüssit point, il n'en a touché qu'un mot dans l'Histoire générale.

Aprés la Vérification de l'Edit de Nantes en faveur des Protestans, plusieurs choses faisoient encore de la peine à Sa Majesté : il sembloit que pour apaiser les Catholiques, dont le mécontentement étoit fomenté par l'animosité des Ligueurs, il étoit nécessaire de faire quelque coup d'éclat, équivalent à la perte qu'ils prétendoient souffrir par les graces qu'on venoit d'accorder aux Protestans. Le Pape, entr'autres conditions, avoit imposé au Roi celle de recevoir le Concile de Trente, & l'on en demandoit l'exécution, tant de fois tentée & toûjours refusée.

Villeroi, qui prétendoit que ç'avoit été l'intention du feu Roi, étoit un des plus échauffez. Ses amis l'apuyoient avec chaleur dans cette poursuite, & tous de concert avoient persuadé à Sa Majesté, que puisqu'il l'avoit promise au Pape, il ne pouvoit trouver de conjoncture plus favorable pour contenter les Catholiques, chagrins de la publication de l'Edit de Nantes, que les Protestans n'en avoient pas le moindre ombrage ; qu'ils en prenoient à témoin deux des principaux d'entr'eux. Le Duc de Boüillon & Rosny, ausquels ils avoient persuadé que ceux de leur Religion n'avoient aucun intérêt à la publication du Concile ; que l'Edit du Roi, qui l'ordonneroit, pourvoiroit avec soin qu'elle ne pût préjudicier en aucune maniére à ses droits ni à ceux de sa Couronne, aux Libertez de l'Eglise Gallicane, ni à aucun des Articles accordez par les Edits de Pacification. Qu'à ces conditions l'Etat y trouvoit toute sa sûreté, tant à l'égard de sa dignité, de l'honneur de la France, & des Immunitez de l'Eglise Gallicane, qu'à l'égard de la satisfaction des Protestans: qu'ainsi il n'étoit point nécessaire que le Parlement, qui devoit vérifier l'Edit, examinât scrupuleusement & en détail les Articles du Concile, ni qu'il apportât des délais à sa publication.

De cette maniére, aprés avoir, comme il leur paroissoit, disposé la Cour en leur faveur, il ne leur restoit plus qu'à gagner ceux des Conseillers du Parlement, qu'ils croyoient les plus dificiles; le premier Président, sur tout, qu'ils s'attendoient de trouver plus contraire que pas un autre. Mais comme il étoit alors malade & allité, ils firent avertir de la part du Roi les principaux Conseillers d'Etat de se rendre dans la maison du premier Président, & en même tems le font sçavoir à ce Magistrat, sans lui marquer les intentions de Sa Majesté. D'abord il s'excusa sur sa maladie de l'honneur que le Roi lui vouloit faire; & ajoûta enfin, qu'ayant pris médecine ce jour-là, il n'étoit pas en état de parler d'affaires.

L'objet de cette cabale, qui pressoit cette publication avec tant de chaleur & d'artifice, étoit d'étourdir le premier Président par la visite imprévûë de Sa Majesté, de le mettre hors d'état de pouvoir répondre en sa presence & par de solides raisons, sur une matiére à laquelle il n'étoit point préparé ; du moins de l'engager par cette délibération à ne pas opiner ensuite dans le Parlement, aussi fortement qu'il auroit pû faire.

Le Roi déja en carrosse pour aller chez le premier Président, reçût en chemin les excuses de ce Magistrat ; ce qui l'obligea de tourner bride pour se rendre chez Zamet. Il fit avertir de Thou de se rendre au Conseil ; ainsi le Président, sans sçavoir dequoi il étoit question, s'y trouva avec la Guesle, Procureur Général. Surpris de se voir seul de Présidens, il vit bien que c'étoit un piége que lui tendoient ceux qui vouloient le rendre suspect personnellement, il jugea donc qu'il devoit se conduire avec précaution, & ne donner prise ni à ses envieux ni à ses ennemis, principalement aprés que de Maisse l'eut en secret averti du sujet qui les assembloit.

Il ne fut pas plûtôt entré, que le Roi l'entretint quelque tems de la Conférence propofée entre du Perron & du Pleſſis-Mornai, & lui dit enſuite qu'il étoit réſolu de ſatisfaire le Pape au ſujet de la publication du Concile de Trente. Alors de Thou prit la liberté de lui en repreſenter les conſéquences, & pour le convaincre, ajoûta : Que depuis trente-ſept ans elle avoit été propoſée pluſieurs fois inutilement; premiérement ſous Chatles IX. puis ſous Henri III. Prince zélé pour la Religion Catholique & ennemi déclaré des Proteſtans; d'où Sa Majeſté pouvoit connoître combien dés ce tems-là il s'y rencontra de difficultez, qui y ſubſiſtoient encore : qu'ainſi elle meritoit bien qu'on l'examinât à loiſir, & que tout intérêt à part, on en peſât meurement tous les Articles, premiérement dans ſon Conſeil & aprés dans le Parlement : Qu'il ſuplioit Sa Majeſté de ne le pas obliger à dire ſur le champ ſon avis ſur une matiére ſi importante, qu'il n'avoit pû prévoir, & ſur laquelle il devoit opiner à ſon tour dans le Parlement.

S'étant excuſé à peu prés de cette maniére, le Roi, avec ſes principaux Miniſtres, paſſa d'une antichambre où il étoit, dans un cabinet. Là, aprés avoir ordonné à la compagnie de s'aſſeoir, il ſe mit ſur un lit, & leur dit : Qu'il avoit pris la réſolution de s'acquitter de la promeſſe que ſes Procureurs avoient donnée, de faire publier le Concile de Trente : Que ſes Prédeceſſeurs en avoient été détournez moins par le danger de cette publication, que par la mauvaiſe volonté de ceux qu'on avoit chargez de cette affaire : Que cependant on n'en devoit rien aprehender, & qu'il ſçauroit bien maintenir ſes droits, & les libertez de l'Egliſe Gallicane, contre les prétentions de ceux qui n'ont pour toutes armes que les intrigues & l'artifice : Que les Proteſtans de leur côté ne devoient point s'en allarmer, puiſqu'ils trouvoient leur ſûreté dans les Articles des Edits de Pacification qu'il leur avoit accordez : Que le Duc de Boüillon & Roſny, qu'il avoit amenez, convenoient que cette publication ne les préjudicioit en rien : Que ce n'étoit plus un Cardinal de Lorraine qui la leur demandoit, mais leur Roi en perſonne; auſſi éloigné de toute mauvaiſe intention, que capable de maintenir ſes Sujets dans la paix qu'il leur venoit de procurer par ſa prudence, par ſon affection pour eux, & par ses armes : Qu'il souhaitoit donc que la satisfaction qu'il vouloit sur cela donner au Pape, à qui il avoit obligation, se fit de bonne grace, sans rapeller à contretemps les horreurs du passé : Que pour cet effet le Parlement devoit s'abstenir de ses contestations ordinaires en pareil cas : Que sans entrer dans un examen trop rigoureux des Articles particuliers du Concile, il devoit en consentir la publication, aprés y avoir ajoûté quelques clauses pour le maintien de nos Libertez.

Paroles qui furent reçûës avec un grand aplaudissement par le Chancelier de Belliévre & par Villeroi, qui dirent que les Lettres Patentes étoient déja signées & scellées avec ces mêmes clauses ; qu'il ne restoit plus qu'à les envoyer au Parlement pour consommer cette affaire sans bruit & sans autres conditions.

Aprés cela, chacun se regarda & demeura dans un profond silence : enfin, de Thou reçût ordre du Roi de parler. Il s'en excusa une seconde fois, sur ce qu'ayant à dire son avis au Parlement, ce seroit lui en ôter la liberté par une demande anticipée ; mais le Roi le pressa de lui déclarer ses sentimens avec la même confiance qu'il le pourroit faire dans le Parlement. Comme il s'y vit absolument contraint, il dit enfin qu'il connoissoit bien par le discours de Sa Majesté & par celui de ses Ministres, que l'intention du Roi étoit que non-seulement on reçût le Concile ; mais qu'on le publiât sans une plus grande discussion, ni sans d'autres conditions que celles qu'il y avoit mises. Que cependant puisque le Roi, en lui commandant de parler, lui faisoit la grace de lui permettre de dire librement son avis, il se croyoit obligé de déclarer à Sa Majesté, qu'Elle trouveroit dans le Parlement des difficultez sur cette publication, qui seroient fort oposées à ce qu'on avoit voulu lui persuader, & peu conformes à ses intentions.

Que cette Compagnie voudroit s'instruire exactement & examiner tous les Articles : Que depuis l'établissement de nôtre Monarchie, la plus puissante de la Chrétienté, on ne trouveroit aucun exemple d'un Concile reçû de cette maniére : Que les Rois les plus jaloux de la Religion & du maintien de la discipline Ecclesiastique, n'avoient jamais porté leurs mains au Sanctuaire :

Qu'ils avoient laiſſé le ſoin aux Prélats, qui régloient en leur nom la pratique de cette diſcipline, conformément aux Conſtitutions & aux Saints Décrets des Conciles : Que les Empereurs & les Rois de la ſeconde Race en avoient uſé de même pour le bien de l'Etat, & qu'ils s'en étoient toûjours bien trouvez : Qu'on en voyoit des preuves dans les Capitulaires de Charlemagne, de Loüis le Débonnaire, de Lothaire, & des autres Rois ; que c'étoit un exemple à ſuivre : Qu'il n'y avoit pas deux cens ans que nos Théologiens de retour des Conciles de Conſtance & de Bâle, où ils avoient aſſiſté, avoient propoſé & inſiſté vivement qu'on en reçût les déciſions en France, tant pour l'avantage de l'Egliſe univerſelle que pour celui de la nôtre en particulier : Que là-deſſus s'étoit tenuë la célébre Aſſemblée de Bourges, où par ordre du Roi & devant les Prélats, les Grands du Royaume & les Députez des Parlemens, on avoit examiné avec attention tous les Articles des Conciles l'un aprés l'autre ; que ſur ceux qui recevoient quelque difficulté, on avoit conſulté le Pape par des Courriers exprés.

Qu'enfin, au nom de Charles VII. on avoit arrêté ce qu'on apelle *la Pragmatique-Sanction* : Qu'elle fut reçuë par tous les Ordres de l'État, & publiée dans tous les Parlemens, comme une Loi conſtante & ſacrée, qui paſſe encore aujourd'hui pour inviolable dans la doctrine de nos plus ſolides Theologiens : Qu'il n'y avoit en France que ce ſeul exemple de la publication d'un Concile, qu'on s'en ſouviendroit toutes les fois qu'on parleroit de recevoir celui de Trente : Que tous les Parlemens, & principalement celui de Paris, dont le luſtre & l'autorité ſervent de régle aux autres, demanderoient dans l'examen & la publication du Concile, qu'on gardât les mêmes formalitez qu'on avoit obſervées du tems de la Pragmatique de Charles VII.

La plûpart des aſſiſtans, aprés avoir entendu ce diſcours, convinrent, que puiſqu'on ne pouvoit propoſer cette publication ſans rapeller la Pragmatique, qui avoit été faite aprés le Concile de Bâle, il valoit mieux s'en déſiſter ; que ce ſeroit bleſſer le Pape dans une partie trop ſenſible, & qu'au lieu d'une grace qu'il attendoit de la part du Roi, il en receyroit la derniére injure.

Ainſi

Ainsi, reprit le Président de Thou, *c'est imposer bien hardiment au Roi de vouloir lui persuader qu'on peut délibérer sur cette matiére, sans parler de la Pragmatique. Je puis assûrer sur ma tête, que de cent Conseillers qui opineront sur ce sujet, il y en aura quatre-vingt-dix & davantage qui seront d'avis de suivre l'exemple de l'Assemblée de Bourges.*

Là-dessus le Roi qui par sagesse ne vouloit pas rompre le Conseil sans cause, qui d'ailleurs reconnut l'imprudence de ceux qui pressoient cette publication si mal à propos, prit la parole : *Ne croyez pas*, dit-il, *que je vous aye ici assemblez pour décider de la publication du Concile, ni pour résoudre si j'envoyerois mes Lettres Patentes au Parlement; ce n'a été que pour examiner avec vous comment on pourroit terminer une affaire d'une aussi grande importance, à la satisfaction du Pape, du consentement de mes Parlemens, & sans préjudicier à l'intérêt de mon Royaume. J'en veux parler séparément aux autres Présidens & à mes Avocats Généraux, devant que d'envoyer mes Lettres, & devant qu'on opine sur cette affaire.*

Aprés cela, tout le monde s'étant levé, de Maisse fit voir à Belliévre & à Villeroi le danger de cette publication, & leur representa qu'il n'y avoit personne assez hardi pour se charger du péril où elle exposeroit le Roi & l'Etat. Ils lui répondirent qu'aprés la conclusion du Concile de Trente, l'on proposa dans le Conseil à Fontainebleau de le revoir : Qu'il étoit vrai qu'on y avoit appellé les Présidens du Parlement ; que Christofle de Thou, Chef de cette Compagnie, homme ferme & parfaitement instruit de nos droits, s'y étoit oposé, & avoit parlé longtems, & avec chaleur contre ce Concile, jusqu'à entrer en de rudes contestations avec le Cardinal de Lorraine, qui en pressoit la reception ; mais que le second Président, Pierre Séguier, avoit été d'une opinion contraire, & avoit montré par plusieurs raisons aussi fortes, qu'on pouvoit le recevoir en y aportant quelque modification : que ces deux avis avoient alors partagé le Parlement ; ce qu'ils disoient exprés pour y faire naître le même partage par la suposition de ces différentes opinions : mais leur artifice ne servit de rien.

Car le Président de Thou, ami de Séguier, qui avoit succedé à la Charge du Président Séguier son pére, & qu'on n'avoit point exprés appellé à cette délibération, lui demanda aussi-tôt ce qui s'étoit passé au Conseil de Fontainebleau, & s'il étoit vrai que leurs Péres eussent été d'avis oposez. Séguier lui soûtint que rien n'étoit plus faux, & qu'ils avoient toûjours été d'un même sentiment sur la publication du Concile: il assûra la même chose à tous ses amis, tant en général qu'en particulier.

Cela ferma la bouche à ceux qui insistoient si fort sur la publication, & qui furent informez de cet éclaircissement. Ils virent bien qu'ils ne devoient plus compter sur ce prétendu partage qu'ils vouloient introduire, & qu'il faloit cesser une poursuite commencée avec chaleur, & soûtenuë avec artifice.

1600. Peu de tems aprés se tint à Fontainebleau cette célébre Conférence entre l'Evêque d'Evreux & du Plessis. Quand elle fut finie, le Roi partit pour l'expédition de la Savoye. On peut voir plus au long les particularitez de ces deux affaires, sur la fin des Annales du Président de Thou.

Comme ce Magistrat s'étoit utilement apliqué pendant deux ans avec Renaud de Beaulne Archevêque de Sens, à la Réformation de l'Université de Paris, dont le Parlement avoit homologué les Articles, cette Compagnie le députa cette année avec deux des plus grandes lumiéres de son Corps, Lazare Coqueley & Edoüard Molé, pour les faire recevoir dans des Assemblées générales de l'Université, qu'on tint exprés. Cela lui attira encore des reproches de la part de ses ennemis; car parmi ces Articles, la conjoncture des tems y en avoit fait inférer plusieurs pour la sûreté du Roi & de l'État, contre cette pernicieuse doctrine introduite depuis quelques années par les Etrangers, qu'il est permis de détrôner les Rois & de s'en défaire. Nouveau sujet de plainte à ces esprits broüillons, & à ces restes cachez de la Ligue, dont les têtes, comme celles de l'Hydre, se renouvelloient de tems en tems, par la lâche indolence des Courtisans, ou par leur prévarication. Cette erreur avoit fait de nouveaux progrez pendant les troubles de la derniére Guerre, même avec un si grand cours, que ceux qui pensoient autrement, suivant la constante doctrine de nos Ancêtres, étoient regardez comme gens suspects, qu'on éloignoit des emplois publics, & qu'on privoit des graces de la Cour, abusée par de fausses maximes.

La perte de Madame de Thou, qui mourut l'année suivante 1601. aprés une longue & fâcheuse maladie, consterna le Président son époux, qui l'aimoit uniquement. Il témoigna ses regrets dans l'Elegie qui finit ces Mémoires, & qu'il composa dans les tristes momens de sa douleur.

ELEGIE CHRÉTIENNE DU PRÉSIDENT DE THOU.

Sur la mort de Marie de Barbanson, sa premiére Femme.

VOICI le même jour, où par un heureux choix,
Un doux & chaste Hymen m'engagea sous ses Loix;
Le cours de quatorze ans n'éteignit point ses flâmes,
Jamais tant d'amitié n'avoit uni deux ames.
Jour malheureux, helas! veux-tu de ton flambeau,
De ma fidelle Epouse, éclairer le Tombeau?
Jour fatal! qui jadis, m'as enlevé mon Frére,
A mes biens, à mes maux, prêtes-tu ta Lumiére?
Et toi, qui fus l'objet de mes tendres Amours,
Que la mort ravit jeune, & dans tes plus beaux jours,
Veux-tu que pour jamais, privé de ta presence,
J'éprouve tous les maux d'une éternelle absence?
Laisses-tu ton Epoux en proye à ses douleurs?
Crois-tu qu'il puisse vivre accablé de malheurs?
Encor si de nos feux, il me restoit un gage,
Je me consolerois en voyant ton Image.
Mais je me plains en vain, mes pleurs ni mes regrets
Ne peuvent point changer de souverains Decrets.

Pardonnez-moi, Seigneur, cette indiscrette plainte,
C'est à moi de subir vôtre volonté sainte ;
J'avois reçû de vous, un bien que vous m'ôtez,
A vos ordres soûmis, j'adore vos bontez,
J'étouffe de mon cœur le coupable murmure ;
J'espérois que suivant le cours de la Nature,
Une si chére main me fermeroit les yeux :
Vous voulez retirer un don si précieux.
Je benis vôtre Nom, & la raison m'éclaire ;
Je n'en étois, Seigneur, que le dépositaire :
Ce que vous m'ordonnez, est le soin d'imiter
L'exemple des vertus, qu'elle fit éclater.
Son ame, dés long-temps, à la mort préparée,
Envisageoit ses traits d'une vûë assûrée ;
Ses innocentes mœurs, sa pure piété,
Le mépris de ce monde, & de sa vanité ;
Dans la Croix de JESUS, son unique espérance,
Lui montroient le trépas, comme sa délivrance ;
Comme un passage heureux, pour se joindre au Sauveur,
La longueur de ses maux redoubloit sa ferveur ;
Et sa voix s'éteignant, articuloit encore,
Le Saint Nom de JESUS, que l'Univers adore ;
Ainsi dés son enfance, instruit dans la vertu,
Je Juste meurt en paix, comme il avoit vécu,
Tous ses jours commençoient, à l'exemple des Anges,
Par benir l'Eternel, & chanter ses loüanges ;
Et trois fois, chaque jour, en tout tems, en tout lieu,
Par une régle exacte, elle invoquoit son Dieu.
A ses Commandemens, & soûmise & sensible,
Sans cesse elle pensoit à ce moment terrible.

Qui surprend les mortels dans leur sécurité,
Et le vit approcher avec tranquillité,
S'occupant le matin d'une lecture utile,
Elle la commençoit par le Saint Evangile,
De ce divin Oracle en son ame écouté,
Elle aprit jeune encore, à sentir la beauté,
Par une mére sage, instruite dés l'enfance
A préférer ce Livre à toute autre science.
Que son esprit fut doux, & qu'il fut cultivé !
Quels nobles sentimens ! quel courage élevé !
Dirai-je que son ame, aux pauvres secourable,
Et prompte à soulager l'innocent qu'on accable,
Etoit sans avarice, & sans ambition ?
Dirai-je que contente en sa condition,
Elle sçût tempérer l'éclat de sa naissance,
Et méprirer la Cour & sa fausse aparence ?
Toûjours humble & modeste en sa prospérité,
Et n'aspirant jamais qu'à l'immortalité.
Tant de dons réünis dans la même personne,
Sont le comble des biens que le Seigneur nous donne;
Celui qui la posséde a droit de se vanter
D'avoir ce qu'un mortel peut jamais souhaiter :
Ce sont ces qualitez, ce sont ces avantages,
Qui pour me consoler me sont autant de gages.
Puissent durer toûjours, ces restes précieux,
Et puissent ses vertus, présentes à mes yeux,
Pour régler mes devoirs & fournir ma carriére,
Jusqu'à mon dernier jour, me servir de lumiére.
Que pourrois-je ajoûter à ces ardens souhaits ?
Finissons cette plainte, & les vœux que je faits ;

Confacrons ces momens, qui me reftent à vivre,
A m'élever aux Cieux, & tâcher de l'y fuivre;
On allume déja fon Funébre flambeau,
Il faut lui préparer les honneurs du Tombeau;
Qu'il foit digne de moi, s'il n'eft pas digne d'elle,
Et gravons fes vertus fur un Marbre fidéle.
Pardonne, chére Epoufe, au defordre où je fuis,
Soûpirer & me plaindre, eft tout ce que je puis;
Je m'exprime avec peine, & ma Mufe tremblante,
Que l'on vit autrefois, fi forte & fi touchante,
Se glace par mon âge & par mes déplaifirs,
Les Vers ne coulent point au milieu des foûpirs.
Tel qu'un homme frapé d'une foudre imprévûë,
Je cherche vainement la voix que j'ai perduë;
Au moment que j'écris, un torrent de mes pleurs
Vient moüiller ce Tableau, témoin de mes douleurs;
Je le laiffe imparfait, & ma Langue muette
Ne peut plus de mes maux devenir l'Interpréte.
Veüille le Ciel plus doux, & prompt à les finir,
A ma chére moitié, bien-tôt me réünir;
Puiffent ces triftes Vers, voüez à ta mémoire,
Parvenir jufqu'à toi, dans le fein de la Gloire.

On voit à Saint André des Arts, dans la Chapelle de Thou, une Statuë du plus beau Marbre, & de la façon de B. Prieur. Le Préfident la fit élever pour une Epoufe fi chére. On y lit fur les faces du Piédeftal l'Epitaphe de cette Dame en Latin, avec un autre en Vers Grecs, compofé par Cafaubon.

Fin du fixiéme & dernier Livr-

ADITION.

EN 1614. un Jésuite nommé le P. Jean Machaud fit imprimer en Allemagne un Libelle intitulé, *Remarques sur les Histoires de J. A. de Thou.* Il s'y déguisa sous le nom de *Joannes Baptista Gallus*, & quoi-qu'il ne soit point parlé de la Ville où ces *Remarques* sont imprimées, cependant le Titre porte, qu'elles le sont avec privilége de l'Empereur chez Elizabeth Angermaër & de l'Imprimerie d'Eder. Tous ces noms, aussi-bien que ce prétendu Privilége qu'on n'y voit point, sont suposez ; & véritablement il faloit bien que ce R. Pére se cachât ainsi, pour debiter avec tant d'impudence les plus horribles calomnies, & les injures les plus atroces, contre la personne de Mr de Thou, & contre cette belle Histoire de son tems, qu'il nous a donnée. Comme quelques Libraires François raportérent des Foires de Francfort plusieurs exemplaires de ce Libelle à Paris, le Lieutenant civil, qui étoit en ce tems-là Henri de Mesmes, le fit condamner comme séditieux, tendant à troubler la tranquilité publique, pernicieux, plein d'impostures & de calomnies contre les Magistrats établis par le Roi, & contraire aux Edits de Pacification. Cette Sentence se voit dans l'Original à la fin de ces Mémoires.

Cela ne satisfit point Mr de Thou, qui voulut se défendre par des raisons ; c'est dans cette vûë qu'il publia les Mémoires de sa Vie, dans lesquels il a inséré son Apologie, qui est dans le cinquiéme Livre, & dans le Poëme à la *Postérité*. Outre cela, l'on voit à la fin de ces Mémoires un Discours composé, dit-on, par Messieurs du Puy ; on y répond nommément à ce *Baptista Gallus*, ou plûtôt à ce Jésuite ; & comme il prétendoit que Mr de Thou n'avoit pris toute la matiére de ses Histoires, que dans un certain tonneau ; qui étoit dans la Bibliotéque du premier Président son pére, & où l'on jettoit ces Livrets couverts de papier bleu & de parchemin, qui se débitoient en France pendant la Ligue, & durant les Guerres civiles. On lui fait voir que cet illuftre Préfident, d'une des plus anciennes Familles de la Robe, allié à de grandes Maifons, parent & connu des plus grands hommes de l'État, doüé d'ailleurs d'excellentes qualitez perfonnelles, n'a pas tiré d'un tonneau tous ces beaux traits de l'Hiftoire de fon tems; mais des Actes mêmes, & des Mémoires de nos Généraux, de nos Evêques, & de nos Ambaffadeurs, qu'on trouve encore dans fa Bibliotéque, qui eft peut-être la mieux choifie qu'il y ait en Europe. On lui répond encore qu'on a grand tort de reprocher à Mr de Thou, ce qu'il a dit du mal dont mourut le jeune Roi François II. puifqu'il n'a raporté que ce que difoient là-deffus les Medecins, qu'afin de faire voir les menfonges que debitoient fur cette maladie des gens femblables à ce Jéfuïte.

Pour le reproche qu'on fait à Mr de Thou de s'être marié, aprés avoir été Chanoine & deftiné à l'Evêché de Chartres, on répond, ce que tout le monde fçait, qu'il n'y a rien de plus aifé à obtenir en Cour de Rome, qu'une difpenfe pour ce qu'on appelle les *quatre Mineurs*; qu'aprés l'avoir obtenuë, rien ne l'empêchoit de fe marier, & de vivre dans l'état du Mariage auffi fidellement, & auffi chrétiennement qu'il y a vécu. Enfin, l'on fait voir à ce calomniateur, que ce fage Magiftrat a toûjours conftamment perfévéré dans la profeffion de la Religion Catholique, Apoftolique & Romaine, & qu'il auroit crû faire un grand crime de s'en éloigner dans la moindre chofe.

Voilà ce que contient ce Difcours, dont j'ai mieux aimé raporter la fubftance, que de traduire les termes, qui n'auroient point eû de grace en François.

On trouve encore à la fin de ces Mémoires le Teftament de Mr de Thou, qui n'a jamais été écrit qu'en Latin : ce qui longtems aprés en a fait contefter la validité, à l'égard de la difpofition des biens; mais où l'on voit la plus pure doctrine & les plus beaux fentimens de la Religion Chrétienne.

LA VERITÉ.
ODE.

TOI, que l'envie & l'imposture
En vain s'éforçent de flétrir ;
Fille du Ciel, Vérité pure,
Que la Terre ne peut souffrir ;
Doux repos de la conscience,
Solide appui de l'innocence,
Nous as-tu quittez pour jamais ?
En quels lieux t'es-tu retirée ?
Et quelle est l'heureuse contrée
Qui te posséde avec la paix ?

Alpes de neiges couronnées,
En quels climats est son séjour ?
Monts de Rodope, Pyrénées,
Où découvrirai-je sa Cour ?
Est-elle aux rives de l'Euphrate,
Chez l'Arabe, ou chez le Sarmate ?
Est-elle au milieu des deserts ?
La trouve-t'on dans cette plaine,
Où l'Affrique ne nous proméne
Que parmi des Monstres divers ?

Ah ! c'est en vain que sur la terre
Je jette d'avides regards,
Tous les peuples lui font la Guerre,
On la bannit de toutes parts.
Soins perdus ! recherche inutile !
Je ne puis trouver son azile,
Elle abandonne des ingrats ;
Et les nuages les plus sombres
Ne leur presentent que des Ombres
Qui les égarent sur ses pas.

Pourquoi fuïs-tu, chére Déesse ?
Exauce au moins des vœux secrets,
C'est à toi seule que s'adresse
Mon cœur, charmé de tes attraits ;
Rassûre mon esprit timide,
Que ta voix me serve de guide,
Viens dissiper mes préjugez,
Viens m'éclairer de tes lumiéres,
Et confonds les erreurs grossiéres
Où tant de peuples sont plongez.

Tu nous donne la connoissance
Du Dieu qui forma l'Univers,
Et tu convaincs d'extravagance
Les libertins & les pervers.
Insensez, quel est ce blasphême ?
Vous déniez au Dieu suprême
Ce que vous donnez au hazard.
Vérité, fais-leur rendre hommage,

L l

Et confeſſer qu'en cét Ouvrage
La fortune n'a point de part.

La calomnie en ta preſence
Se tait avec confuſion,
Ni la crainte, ni l'eſpérance,
Ne te font point d'impreſſion :
Faveur, haine, ſecrette injure,
Ne ſont jamais la ſource impure
De tes jugemens reſpectez;
La vertu ſeule, qui te touche,
Peut t'obliger d'ouvrir la bouche
Pour des éloges méritez.

A tes yeux vainqueurs des nuages
Le vice en vain veut ſe céler;
Par d'infaillibles témoignages,
Tu ſçais bien-tôt le dévoiler;
Dans tes Annales immortelles,
Les faits certains que tu révéles,
Paſſent à nos neveux ſurpris:
Vivans & morts, tous ſont en vûë
Chacun de ta bouche ingénuë
Reçoit l'eſtime ou le mépris.

Heureux le ſage, ton éléve,
Il ſert ſon Dieu ſelon tes Loix,
Une longue habitude achéve
De le convaincre de tes droits.
Tout ce que la grandeur étale,
L'argent, l'or, la pourpre Royale
Ne ſéduiſent jamais ſon cœur;

Il rend également juſtice;
Et quelque part que ſoit le vice
Il en découvre la noirceur.

Des Princes, la faveur brillante,
N'eſt point l'objet de ſes deſirs,
De ſon état il ſe contente,
Son devoir fait tous ſes plaiſirs;
Par une lâche complaiſance,
Il ne vend point ſon éloquence
Aux ſuppôts de la vanité;
Iſſu de vertueux Ancêtres,
Il n'aſſervit point à des Maîtres
Sa précieuſe liberté.

Il mépriſe la raillerie
Des eſprits vendus à la Cour,
Pour ſes amis, pour ſa Patrie,
Toûjours prêt à perdre le jour.
L'horreur d'une action infâme
Saiſit plus fortement ſon ame
Que le plus ſenſible malheur.
Que dis-je? une mort infaillible
Eſt à ſes yeux bien moins terrible,
Que ce qui peut bleſſer l'honneur.

Reviens, Vérité fugitive,
Décends du céléſte ſéjour,
Nôtre bouche ici bas captive
Pour s'ouvrir attend ton retour.
Que la pudeur naïve & pure,
La ſimplicité, la droiture,

ODE.

Suivent ton Char avec Thémis ;
Mais, Ciel! quelles sont mes alarmes
Prépare tes plus fortes armes
Contre une foule d'ennemis.

Déja furieux, te menace
Le mensonge aux secrets replis,
De la discorde & de l'audace
J'entends les Serpens & les cris ;
L'inconstance & l'incertitude,
Monstres nez d'une vaine étude
Attaquent la Religion ;
Que ma frayeur est légitime,
Sans ton secours l'erreur l'oprime
Sous le joug de l'opinion.

Un Schisme dangereux partage
Nos Autels presque desertez,
La Guerre civile & la rage
Se répandent de tous côtez ;
A leur injuste tyrannie
Du cœur, la charité bannie
N'opose plus ses doux attraits ;
Son feu céleste va s'éteindre,

Eh! que n'avons-nous pas à craindre
De tant de zélez indiscrets.

Répare ce desordre extrême,
Protége tes plus chers Sujets ;
De l'hypocrisie au teint blême
Détruis les odieux projets ;
Fais connoître aux Rois de la terre
Que la discorde, que la Guerre,
Ne forment point les vrais Heros;
Dis-leur que la plus juste gloire
Consiste moins dans la Victoire
Qu'à maintenir un doux repos.

Reviens à ta presence Auguste,
Nous verrons refleurir la Paix ;
Sers de rempart au cœur du Juste
Et ne l'abandonne jamais ;
Conduis-nous par de sûres routes,
Eclaircis jusqu'aux moindres doutes
Dont nôtre esprit est agité.
O Dieu! régne, & que ta puissance
Affermisse nôtre constance
Dans l'amour de la Vérité.

REMARQUES
SUR LA TRADUCTION
DU POEME A LA POSTERITÉ,
QUI EST DANS LE CINQUIE'ME LIVRE
DE CES MEMOIRES.

COmme il ne m'a pas été possible de me dispenser de prendre quelques libertez dans la Traduction en Vers François, d'un aussi long Poëme que celui-ci, j'ai crû que je devois marquer ici les endroits que je n'ai pû rendre dans toute l'exactitude du Texte : c'est ce qui m'a fait ajoûter les Remarques suivantes. Je dois dire aussi que je les ai tirées la plufpart d'un Commentaire sur ce Poëme, qui parut en Hollande en 1678. imprimé chez Daniel Elzevir. L'Auteur y prend le nom de J. Mélancton, & l'on m'a dit qu'il se nommoit Chambrun; ce nom François signifiant à peu prés la même chose que Terrenoire, qui étoit celui de Philippe Mélancton, on ne doit pas être surpris de ce nom Grec: quoi-qu'il en soit, les Notes qui suivent sont presque toutes de lui, excepté dans les endroits où il s'est trompé.

Pag. 210. v. 5. *A Rome, en France même, &c.*

Mr de Thou eut à peine publié une partie de l'Histoire de son siécle, qu'elle fut mise à Rome à l'*Index* expurgatoire; depuis ayant été imprimée toute entiére, elle fut fort défigurée; comme on peut voir dans l'*Index* expurgatoire, imprimé à Madrid par Diaz en 1667.

Pag. 211. v. 31. *Qu'un tas de paresseux, d'ignorans, &c.*

Il en veut sans doute aux Moines. Mélancton raporte ici les paroles de Loüise de Savoye mére de François I. qu'il a tirées de Guichenon : *Mon fils & moi, dit-elle, par la grace de Dieu,* commençâmes à connoître les Hypocrites blancs, noirs, gris, enfumez, & de toutes couleurs, desquels Dieu, par sa clémence infinie, nous veüille préserver & défendre; car si JESUS-CHRIST n'est menteur, il n'est point de plus dangereuse génération en toute nature humaine. Le Texte les nomme *Muscæ*, ce qui signifie proprement des Mouchars; il ajoûte, *Cohors indigetanda nomine ficûs nigræ*, c'est-à-dire, des Sycophantes, des Délateurs, qui est le nom qu'on donnoit à Athénes à ceux qui dénonçoient ceux qui y voloient des figues. Il les nomme encore *Fuci*, Frélons, qui mangent le miel des Abeilles.

J'ai toûjours regardé comme un bon Citoyen.   Pag. 112.

Il fait une peinture des Protestans, par oposition aux Moines dont il vient de parler.

Et qui de tous les biens, sçait estimer la Paix.   Ibid.

Cela n'est point dans le Texte, mais le sens y conduit; & c'est encore une oposition à cette troupe de Moines, dont il a dit, *Nostræ insidiosa quieti*.

N'ai-je pas exalté les Marcels, les Grégoires ?   Pag. 112.

Il entend le Pape Marcel II. qui ne tint le Pontificat que vingt-deux jours, & dont il fait l'éloge au Livre quinziéme du premier Tome de son Histoire. Les Grégoires, c'est Grégoire XIII. qui se nommoit Hugues Boncompagnon; il vivoit en 1582. & c'est lui qui a fait le Calendrier Grégorien. Mr de Thou lui donne de grandes loüanges au Livre quarante-neuviéme de son premier Tome.

Ceux qui justement se sont nommez Pieux.   Au Vers suivant.

C'est Pie V. qui avoit été Dominicain. On peut voir son éloge au Livre trente-septiéme du premier Tome.

Qu'ai-je dit de Caraffe, &c ?   Au Vers suivant.

C'est Paul IV. qui se nommoit Pierre Caraffe, & dont il décrit les vertus au Livre quinziéme du premier Tome.

Pag. 213.

Qui pourroit approuver le prophane Alexandre ?

C'eſt Aléxandre Farnéſe, qui prit le nom de Paul III. & qui ſuſcita tant de Guerres entre François I. & Charles-Quint. Le Texte ajoûte : *In caros quid avo nimiùm indulgente nepotes* ; ce que j'ai traduit : *Pour élever ſes fils, enrichir ſa Maiſon* ; c'étoient les enfans de Pierre-Loüis Duc de Parme ſon fils. Ils étoient trois; le Cardinal Alexandre Farnéſe, Horace Farnéſe, & Octave Farnéſe, qui épouſa Marguerite d'Aûtriche, fille naturelle de Charles-Quint, dont il eut le fameux Aléxandre Farnéſe Duc de Parme & Gouverneur des Païs-bas. On dit que Paul III. déteſtant à ſa mort l'ingratitude de ſes enfans, qu'il avoit élevez par toutes ſortes de voyes, s'écria qu'il ſeroit heureux de n'en avoir jamais eû ; ajoûtant ces paroles remarquables : *Si je n'en euſſe pas fait des Princes, je me ſerois épargné bien des crimes, & je mourrois aujourd'hui ſans tache.*

Ibid.

Si je monte plus haut, excuſerois-je Jule ?

C'eſt Jules II. aſſez connu dans l'Hiſtoire de Loüis XII. Le Texte le nomme ἔρνος ἄρηος, *Germen Martis*, le fils de Mars, plûtôt que de l'Egliſe, à cauſe des Guerres continuelles qu'il eut avec les Princes Chrétiens, j'ai ajoûté : *Mit en feu l'Italie & le peuple Romain* ; le Texte dit, *Italiæ cunctos, qui non errante ſubegit clave duces*. Celui qu'il perſécuta le plus fut Alphonſe d'Eſt Duc de Ferrare ; mais il eſt certain qu'en ſortant de Rome pour faire la Guerre, il jetta les clefs de Saint Pierre dans le Tybre, & s'écria : *Puiſque les clefs de Saint Pierre ne ſervent de rien, ſervons-nous de l'épée de Saint Paul.*

Ibid.

Comment juſtifier un autre Jule encore.

C'eſt Jules III. qui ſe nommoit auparavant le Cardinal *de Monte*, qui avoit préſidé comme Légat du Pape au Concile de Trente ; & qui dans le réduit d'un Jardin enchanté, *allia qui vacuo dum grandia mordet in horto*. Onuphre dit, dans la vie de ce Pape, qu'il n'aimoit que les viandes groſſiéres & les oignons. Il faut voir dans Mr de Thou, Livre quinziéme, la deſcription qu'il fait du Jardin de ce Pape, ou plûtôt de la Grotte magnifi-

du Poëme à la Postérité.

que où il se retiroit, & où il passoit tout le tems à joüer, à voir représenter des Comédies, & à se divertir ; *vacuo*, qui n'admettoit que les confidens des plaisirs du Pape.

Tel le premier Consul, que Rome eut autrefois. Pag. 213.

C'est Valerius Publicola. Brutus & lui furent les deux premiers Consuls de Rome.

Révoltent la pudeur, par leurs impuretez. Pag. 214.

Le Texte porte : *Vix prætextatis, vix referenda cynœdis prætextata verba*, sont des mots pleins d'ordure. *Voy Suétone dans la Vie de Vespasien*.

Les Poëtes sur tout, dont la Muse affamée. Ibid.

Il y a dans le Texte, *annum Sylvester claudit* ; dans le Calendrier Romain le dernier jour de l'année est dédié à Saint Sylvestre, & c'est dans ce tems-là que les Poëtes affamez presentent leurs Ouvrages aux grands Seigneurs, qu'ils déchirent par leurs Satyres quand ils n'en sont pas récompensez. Le Texte nomme leurs Pasquinades, *Sophismata* ; ce qui se doit prendre pour des mots à deux sens, pour des équivoques. J. Volsius dit, qu'on voyoit déja de son tems deux Volumes de ces Pasquinades.

Qui fut toûjours la même, &c. Pag. 215.

Le Texte dit : *Semper eamdem & ubique, & ab omni gente probatam* ; cela est tiré de Vincent de Lérins.

J'ai blâmé leurs fureurs, & leurs Ligues cruelles. Ibid.

Mr de Thou cite dans le Texte la Ligue de Smacalde, & la Conjuration d'Amboise ; mais le mot de *Ligues* comprend tout.

Morosin, qui m'aimas d'une amitié si tendre. Pag. 216.

Le Texte dit simplement *Francisce*, sans le nommer. Mélancton s'est ici fort trompé ; car il prend ce François pour le Chancelier François Olivier ; ce qui ne peut pas être, car ce Chancelier mourut en 1560. & Mr de Thou n'avoit alors que sept ans, étant né en 1553. ainsi ce ne peut être que le Cardinal François Morosin, dont il parle avec tant d'éloge au quatriéme Livre de ses Mémoires, & auquel il dédia sa Paraphrase en Vers Latins du Prophête Jéremie.

Un Auteur de Sicile, &c.

C'eſt Diodore, & il eſt nommé dans le Texte Latin.

L'éloquent Sozoméne a fait la même choſe,
Et rendit de ſa plume hommage à Théodoſe.

Cette circonſtance n'eſt point dans le Texte, je l'ai raportée parce que Mr de Thou a auſſi dédié ſon Hiſtoire à Henri IV.

De loüer Leonclave, & Fabrice & Geſner.

Voi les éloges de tous ces Sçavans, dans Mr Teiſſier.

Ces Eſtiennes ſçavans, au monde ſi connus.

L'eſtime de Mr de Thou pour Robert Eſtienne, étoit ſi grande, qu'il n'a point fait difficulté de dire, que la Chrétienté lui avoit plus d'obligation qu'au plus grand de ſes Capitaines. Mr Mettayer vient de donner en Angleterre la Vie de ces illuſtres Imprimeurs.

Par ſa derniére Epître adreſſée aux Flamands.

C'eſt ſa réponſe aux Miniſtres de Strasbourg, qui ſe trouve au dernier Tome de ſes Oeuvres, & qu'il adreſſe aux Fréres de la Germanie inférieure & de la Friſe Orientale : C'eſt l'ouvrage d'un homme en coléré, & qui l'étoit, parce qu'on lui reprochoit ſon peu de courage, & ſes variations. J'ai tiré cette remarque de la Bibliotéque choiſie du ſçavant Mr le Clérc.

Dois-je ici repouſſer un reproche honorable ?

Il en veut ici, ſans doute, à Meſſieurs de Guiſe & à la Ligue.

Peut-on penſer, ô Ciel ! à la ſuite du crime ?

J'ai tranſporté ces Vers, *Quantoque tot uſurpata per annos mutentur jura periclo.*

Convoqué par Loüis, le plus doux de nos Rois.

Voici comme cela ſe paſſa : Loüis XII. ayant été proſcrit par Jules II. aſſembla les Prélats de ſon Royaume à Tours, & delà à Lyon, où il cita le Pape ; enſuite, il indiqua le Concile à Piſe, pour réformer l'Egliſe dans ſon Chef & dans ſes Membres.

Suprimer pour jamais le nom de Babylone.

Jules II. avoit fait battre de la Monnoye avec cette Inſcription, *Qui non ſervit mihi, peribit :* Celui qui ne m'obéit pas, périra ; Loüis XII.

du Poëme à la Postérité. 273

XII. en revanche, en fit fraper d'autres, & fit graver dessus: PERDAM NOMEN BABYLONIS, *Je détruirai Babylone.* Cette Médaille n'est pas rare ; cependant un Jésuite a prétendu prouver depuis peu, que ce ne fut pas Loüis XII. mais un Loüis Roy de Naples & de Sicile, qui a fait battre cette Médaille au sujet de la Guerre qu'il avoit contre les Turcs.

Dans un Roi Trés-Chrétien, fils aîné de l'Eglise.   Pag. 219.

J'ai étendu le mot de *Tanto rege,* qui emporte cette signification.

Jamais Jules oubliant son Sacré caractére.   Ibid.

C'est Jules II. dont on vient de parler.

Leon qui le suivit dans cet Auguste rang.   Ibid.

C'est Leon X. de la Maison de Médicis. On sçait comme il fit vendre les Indulgences ; ce qui donna lieu aux Prédications de Luther. C'est pourquoi j'ai traduit, *sibi Indulgens ; vendant tout jusques aux Indulgences,* quoique le sens soit détourné.

Cependant établi par un grand Empereur,   Ibid.
Deux Rois, deux sages Rois, l'ont remis en vigueur.

L'Empereur est Charlemagne, & les deux Rois, sont, Saint Loüis & Charles VII. Le Texte ne parle point de ce dernier, mais il est certain que Charles VII. la renouvella par ses Edits; & Mr de Thou, dans le sixiéme Livre de ses Mémoires, & dans le huitiéme de la grande Histoire, la nomme *la Pragmatique Caroline.*

Nous obligera-t'on à relâcher nos droits ?   Ibid.

Dans le Concile de Trente, Amiot demanda, de la part de la France, que l'on cassât le Concordat de François I. avec Leon X. & que l'on remit les François dans leurs anciens droits : ce qu'il ne pût jamais obtenir.

Authorisa la haine, & lui fournir des armes.   Pag. 220.

Cela est si vrai, que les Catholiques se vangérent dans cette terrible journée, de leurs ennemis Catholiques. Messieurs de Montmorenci étoient proscripts ; mais la retraite du Maréchal à Chantilli, les sauva.

Prêt à bouleverser vos Tours & vos Ramparts.   Pag. 221.

Le Texte porte, *in mediâ ponat vexilla Suburra.* Suburra étoit

M m

274 *Remarques sur la Traduction*

un quartier de Rome où logeoient les Courtisanes : ce Vers est tiré de Juvenal.

Pag. 221.   *Si le superbe d'Albe, &c.*

Sous le Pontificat de Paul IV. le Duc d'Albe parut devant Rome avec du canon, pour obliger le Pape à la Paix ; ce qui fit trembler toute la Ville.

Pag. 222.   *Que dans Orange en feu, Serbellon en furie.*

Ce Serbellon étoit parent de Paul IV. & commandoit les troupes du Pape. Il n'y eut point de cruautez qu'il ne commit dans Orange, comme on le voit au Livre trentiéme de la grande Histoire de Mr de Thou à l'année 1562. Le Texte ne parle point du Baron des Adrets ; mais il est certain que ce fut lui qui ravagea tout le Comtat, & qui auroit pris Avignon, s'il n'eut été obligé de retourner en Dauphiné.

Ibid.   *Si tous ces Faineans, vain fardeau de la terre.*

Il y a dans le Texte, *Laris expertes, & jure gravati, exlegesque.* Laris expertes, est proprement ce que dit Rabelais, qu'ils vinrent de deux contrées, dont l'une se nomme, *trop d'iceux* ; & l'autre, *jour sans pain* ; *Jure gravati*, qui ne veulent point reconnoître l'autorité des Princes ; *Exlegesque*, qui ne prétendent point être soûmis à la Jurisdiction séculiére.

Ibid.   *Aux dépens de vos biens rallument cette Guerre.*

Multi urgent, dit le Texte. Mr de Thou, au Livre 65. de la grande Histoire, dit, que c'est une de leurs maximes, qu'un Prince zélé pour l'accroissement du Christianisme, doit plûtôt faire la Guerre aux Sectaires qu'aux Turcs & aux Payens ; parce qu'il a plus à craindre de ceux-là que de ceux-ci ; & que plus le venin de l'Hérésie a de facilité à s'insinuër dans le cœur des Chrétiens, plus le Prince doit détester & fuïr la compagnie de ceux qui en sont infectez, & qu'il est plus obligé de les exterminer, que de détruire les Payens & les Mahometans.

Ibid.   *Ou si quelqu'un échape aux fureurs du Soldat.*

Il y a dans le Texte, *cùm Mars lymphatus* ; ce qui veut dire, *mente captus*, furieux.

du Poëme à la Postérité. 275

Remains, vôtre partage est le spirituel. Pag. 223.

Ce glaive est nommé *Anceps* dans le Texte; ce qui veut dire à deux tranchans; & qui, comme dit S. Paul, pénétre jusqu'à la division de l'ame; il ajoûte, *sydera fornace recoctum*, forgé dans le Ciel.

Que ce fut par contrainte & par obéïssance.

On peut voir ce qu'il en dit au premier Livre de ces Mémoires & dans la grande Histoire, où il raporte ces beaux Vers du Poëte Stace, que le P. Président son pére apliquoit à ce massacre.

Que du jour où l'on vit une action si noire,
Périsse pour jamais l'execrable mémoire;
Du moins, qu'aucun de nous n'en ait le souvenir,
De peur de soûlever l'équitable avenir :
Laissons ensevelir dans une nuit obscure
Nôtre lâche attentat, l'horreur de la Nature.

Au siége d'Orleans le Latin dit *Genabi*, qui veut dire ici Or- Pag. 124. leans, comme dans les Commentaires de César, quoi qu'ailleurs il signifie *Gyen*.

Je voi deux noms fameux dans les siécles passez. Ibid.

Il parle du Connétable d'Armagnac & du Chancelier de Marle, qu'il apelle, *Palati quæstorem*. Ils furent tous deux massacrez par le peuple de Paris l'an 1418. sous le régne de Charles VI.

Quoique le Texte porte, *Areta consanguinitate propinquos*, cependant il ne paroît point que Messieurs de Thou soient décendus du Connétable d'Armagnac; aussi le Texte dit encore *Officio* : mais j'ai mieux aimé faire cette remarque que de changer ce Vers : *C'est à de si grands noms que je dois ma naissance.*

Ce que j'avois prévû dés mes plus jeunes ans, Pag. 225.
Quand des Faucons legers je chantois le courage.

Melancton fit ici une grande note inutile, & ne sçait point qui est ce Poëme dont l'Auteur veut parler : il est certain que c'est de son Poëme de la Fauconnerie, qui commence par *Aerias acies, &c.*

Et quitte des Emplois, qui leur blessent les yeux. Pag. 226.

Le Latin dit, *Fasces, trabeamque relinquo*; c'étoient à Rome les marques de la souveraine Magistrature. Effectivement, aprés la mort d'Henri le Grand Mr de Thou se défit de sa Charge de Président à Mortier ; ce qui me fait juger que ce Poëme ne fut composé qu'aprés la mort de ce Prince. Ce qu'il dit de son âge, *Senii in limine primo*, me confirme dans cette pensée ; car il étoit âgé de cinquante-sept ans quand Henri IV. fut assassiné.

Au reste, un de mes amis, qui est de l'Academie Françoise, & excellent Poëte, m'a dit, que quelques endroits de cette Traduction lui paroissoient Prosaïques. J'en suis demeuré d'accord avec lui, & l'ai fait convenir en même temps que les matiéres qui sont traitées dans ce Poëme, ne peuvent recevoir aucuns ornemens ni aucuns traits de Poësie. Mr de Thou lui-même avoit prévû qu'on pouvoit lui faire la même objection :

> *Intereà liceat mihi simplice crimina versu*
> *Diluere objecta, &c.*

Je demande, dit-il, *permission de me justifier dans des Vers simples.* S'il demande cette permission pour des Vers Latins, ne dois-je pas l'obtenir pour des Vers François ? N'étois-je pas obligé de me conformer à mon Original ? Et dans une matiére si grave & si sérieuse, où il ne s'agit que de répondre à des objections, devois-je enfler mon style & chausser le Cothurne ?

AUTRES REMARQUES SUR LES AUTRES POESIES insérées dans ces Mémoires.

Pag. 180. Dans les Vers *sur la Mort du Duc de Montbazon*, le Texte dit, *que Mars s'arracha les cheveux & qu'il se donna mille coups* ; mais cela n'auroit point eu de grace en François.

Pag. 194. Dans les *Stances irréguliéres aux Zéphirs*, il y a dans le Texte quelques allusions aux Métamorphoses d'Ovide, que je n'ai point exprimées pour être plus précis.

Pag. 233. Dans l'Ode de l'*Adieu à la Cour*, le Texte entre dans le détail des Voyages de Mr de Thou avec Schomberg, dont il a parlé ci-dessus en Prose. J'ai passé ces endroits-là, dont la répétition n'auroit point eu de grace en Vers François.

Pag. 185. à la fin du quatriéme Livre. Dans l'*Ode à Henri IV*. on voit dans le *J. Baptista Gallus*, quelques Strophes qui ont été retranchées de cette Ode, & que Mr de Thou a supprimées.

FIN

www.ingramcontent.com/pod-product-compliance
Lightning Source LLC
Chambersburg PA
CBHW071516160426
43196CB00010B/1544